천지인신

현무경

天地人神玄武經

精山 왕의선

천지인신
현무경

한국학술정보㈜

통일국기-皇極旗

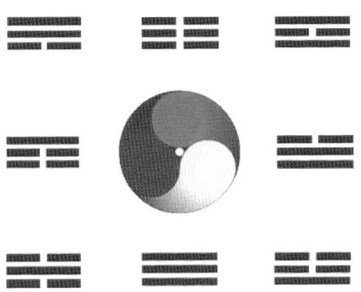

　언젠가 남북한의 운동선수들이 한반도가 그려진 깃발을 들고 함께 세계무대에서 입장한 일이 있었다. 그 후로 2002 壬午 월드컵 때나 중요 행사가 있을 적마다 흰 바탕에 푸른 한반도 깃발이 마치 한국을 상징하는 국기처럼 펄럭이게 되었다.

　그러나 그것은 중국 본토를 호령했던 민족의 역사를 스스로 포기하는 셈이다. 국토의 지형이 어찌 국가를 상징한단 말인가? 이 기회에 우리는 통일에 대비한 국기를 미리 준비해야 할 것이다.

　통일국기의 모형은 중앙에 적, 청, 황의 3극이 있는데, 그것은 과거의 적, 청의 태극과는 달리 천지인 3합을 상징한다. 현재 사용하는 태극은 위에는 붉은 불이 있고, 밑에는 푸른 물이 있어 양과 음을 각기 상징한다. 물론 음양의 합이 태극이요, 불은 양이므로 위에 있어야 하고, 물은 음이므로 밑에 있어야 한다는 사실을 상징하는 것은 이치에 맞다.

　하지만, 그것은 어디까지나 형상을 상징할 뿐, 음양의 변화를 가리킨 것은 아니다. 음양의 변화는 음은 위에서부터 밑으로 내려오고, 양은 밑에서부터 위로 올라간다. 그러므로 주역에서는 하늘이 위에 있고, 땅이 밑에 있으면 '天地否'라고 하여 음양이 서로 교류하지 못하는 미완의 괘로 본다. 반대로 땅이 위에 있고, 하늘이 밑에 있는 '地天泰'는 음양이 서로 교류하는 완성의 괘로 본다. 그러므로 굳이 태극을 중심에 놓는다면 지천태를 상징하도록 해야 할 것이다.

하지만, 그것은 어디까지나 천지나 음양을 위주로 보는 견해다. 지금은 천지가 아니라 인간이 우주의 주인공이 되는 시대다. 음양이 아니라, 음양이 합일하여 나온 결과물 중에서 가장 위대한 인간이 주인공이 되는 시대다. 과거에는 인간의 의식이 미숙하여 서로 물고, 물리는 상극의 기운이 세상을 지배하였지만, 이제는 모든 인류의 의식이 성숙하여 모든 인류가 '한 식구'로 되어 가는 추세 속에서 살고 있다.

인류는 하나가 되지 않으면 안 된다. 그것이 하느님의 본래 뜻이며, 인류의 희망이다. 그러기 위해서는 천지인이 하나 된 상징을 우리의 국기로 내세워야 한다. 그것이 바로 통일국기의 모형이다. 그것은 요즘 새로 만든 것이 아니라, 이미 오랜 역사와 전통 속에서 우리 민족의 의식 속에 녹아 있던 것이다. 그 대표적인 예가 3극으로 된 부채다.

어디 그뿐인가? 현재의 태극기의 4방에는 건곤감리를 상징하는 4괘가 있다. 건곤은 하늘의 음양이요, 그것이 땅에서 다시 나누어지면 4상을 상징하는 건곤감리가 된다. 따라서 현재의 태극기는 천지의 면모만 나타낸 것이다. 하늘의 음양 2, 땅의 음양 2, 인간의 음양 2를 곱하면 8괘가 된다. 8괘라는 것은 본래 천지인 3재가 곱하여 나타난 우주만물의 형상을 의미한다. 천지만 곱한 상태는 4수다. 이처럼 현재의 태극기는 중심이나 변두리나 모두 천지만 있을 뿐, 그 어디에도 인간은 끼어들 여지가 없었다.

　우리 남북한의 통일은 모든 인류의 통일이다. 서구에서 발생한, 특히 유대민족의 머리에서 나온 공산과 자본이라는 이데올로기는 지나간 역사의 총결정판이다. 자본주의는 개인주의의 전형이며, 공산주의는 전체주의의 전형이다. 즉 음양을 다른 말로 표현하고 있을 따름이다. 우리는 그간 우리민족이 만든 것도 아닌 공산과 자본이라는 허깨비의 망령에 속아 허리가 분단된 채, 통한의 세월을 보내야만 했다. 그것은 우리 한민족이 아니면 인류의 부조리를 근원적으로 해결할 수 없다는 하늘의 계시였다. 전화위복이라는 말이 있는 것처럼, 우리가 당하는 인류의 비극을 우리가 해결할 수 있다면 얼마나 좋은 일인가? 공산과 자본의 부조리를 시원하게 해결하여 모든 인류가 하나되어 평화와 번영을 구가할 수 있다면 얼마나 좋은 일인가?

　그것을 상징하는 것이 바로 통일국기의 팔괘다. 4괘가 아닌 8괘로 어엿하게 장성한 인간이 당당히 우주의 한 축임을 만방에 선포하는 국기가 바로 통일국기의 모형이다. 인간만이 아닌 천지인신이 한데 어울린 통일의 모델이 바로 통일국기의 모형이다.

　아마 그렇게 하느님과 모든 조상신명들은 음우하고 있음을 알아야 할 것이다. 이제 우리는 통일국기를 기치로 내걸어 민족단합의 구심점과 세계평화의 초석으로 삼아야 할 것이다. 물질문명에서는 태극을 기준으로 하였으므로 국기도 태극기라고 했지만, 정신문명에서는 황극을 기준으로 하게 되어 국기도 황극기라고 한다.

序 文

　이글은 그간 인터넷 카페 <진리의 광장 http;//cafe.daum.net.unith>과 <천부동 htt;//cafe.daum.net.11boo>에 연재했던 글과, 천부동 강좌를 통하여 발표했던 내용들을 요약한 것입니다.

　인류의 역사와 문명은 점점 국경과 담이 없는 한 가족으로 변모하고 있는데, 이것은 앞으로 한 마음과 한 몸이 되지 않으면 어차피 공존, 공생, 공영을 할 수 없다는 명제를 깨닫게 해주고 있습니다. '하나 되는 것' - 이것이야말로 누구도 거스를 수 없는 큰 물결이며, 하늘의 뜻입니다.

　그럼에도 불구하고 우리 주변을 돌아보면 아직도 지역 간의 갈등, 정파 간의 갈등, 빈부 간의 갈등 등, 무수한 갈등과 장벽들이 에베레스트보다 더 거대한 봉우리로 서 있습니다. 이런 장벽을 해소하는 일은 무엇보다도 의식개혁이 기본적입니다. '한 생각'이 같으면 모두가 하나 될 수 있지만, 반대로 그것이 다르면 아무리 몸을 섞고 동거하는 부부라고 해도 결코 하나라고 할 수 없습니다.

　하나 되기 위한 의식개혁은 하늘의 뜻을 바로 보고 들으며, 실천하는 데에 있습니다. 이것을 가리켜 天道라고 우리 조상들은 이름하였습니다. 그러나 천도라는 것을 논한 경전이나 책자를 보면 대부분 막연하고, 추상적이며, 아전인수 격으로 흐른 감이 많습니다.

그 원인은 사물의 진실을 대하는 기준이 명료하지 못한 데에 있었다고 봅니다. 천도에 입각한 자연은 사심이 없어 아무런 거짓이 없건만, 그것을 바라보는 인간의 의식이 그릇 되었기에 나타난 결과입니다. 이런 비뚤어진 의식과 견해를 바로 잡기 위해서 개벽주께서 친히 인간의 몸으로 나타나서 9년간의 천지공사라는 전무후무한 개벽을 단행하고 그 증거물로 남긴 것이 '현무경'입니다.

현무경은 우주의 주체인 천지인신 四物이 인간의 자성 속에 집을 짓고 함께 살 수 있도록 하기 때문에 선천의 그 어떤 종교나, 수련, 학문과는 감히 비교할 수 없는 위력과 심오한 이치가 들어 있습니다. 물질의 형상에 속아 자신의 자성을 바로 볼 수 없었던 것을 완전하게 안팎으로 교통할 수 있는 '天地人神有巢文'인 용담도를 세상에 내어 놓았으니, 일심이 있는 자라면 누구나 주겠다고 하신 海印이 세상에 출현하게 된 것입니다.

이처럼 위대한 현무경과 용담도가 나왔는데도 세상은 아직 그 존재조차도 모르고 있는 까닭은, 그것이 너무 어렵기 때문입니다. 하지만 처음만 그렇지, 들어가면 들어갈수록 간단하면서도 명료해지는 것이 하늘의 법입니다. 어느 것이건 마찬가지이겠지만 특히 현무경과 용담도는 기초가 튼실해야 합니다. 기초가 약하면 모래 위에 지은 집처럼 반드시 무너지고 맙니다.

그간 무수한 분들과 교유하면서 천문 40자의 절대적인 필요성을 절감하였지만, 워낙 천학비재한 탓에 차일 피일 미루다가 이제야 비로소 이렇게 책으로 출간하게 되었습니다. 부디 뜻 있는 분들의 많은 열독과 질타를 동시에 기대합니다. 이것이 초석이 되어 앞으로 양질의 책들이 많이 나오길 기대합니다.

끝으로 무지몽매했던 저를 진리의 길로 인도해 주신 월학대선사님께 지면을 빌어서 큰 절을 드리고, 내 핏줄과도 같은 천부동과 오운 회원들과 함께 우주가 뒤엎어질 정도로 외쳐봅니다.

"侍天主造化定 永世不忘萬事知 至氣今至願爲大降"

공항동 우거에서 精山 王義善

차 례

3장 간지와 수리 / 261

1장 천문 40자

1. 상서(祥書)의 출현

인간은 인간의 스승이 될 수 없습니다. 교육을 통해서 인간을 만들려는 생각은 처음부터 불가능한 일입니다. 오늘날 우리 사회의 고질적인 교육의 병폐는 이런 사실을 직시(直視)하지 못한 데에 원인이 있습니다. 인간의 탄생은 교육을 통해서가 아니라 천명(天命)을 받아야 합니다. 즉 인간은 천지의 부모님으로부터 정기와 혈기를 받아서 태어난 천지의 자식이라는 진실을 외면해서는 안 됩니다.

부모는 자신이 고통을 당해도 자식이 잘 되는 걸 보고 싶어 합니다. 마찬가지로 천지부모도 인간들이 잘 되는 걸 보고 싶어 합니다. 그래서 갖은 수단과 방법을 동원하여서라도 인간들이 바른 길을 찾아 갈 수 있도록 천지부모님은 지금 이 순간에도 애를 쓰고 있습니다. 그러므로 이런 천지부모님의 소리에 귀를 기울여 그 뜻을 헤아리는 일이 무엇보다도 급선무라고 하지 않을 수 없습니다.

교육이라는 것은 사실 이런 걸 찾기 위한 방편으로 대두한 것인데
도, 오늘날의 교육은 그 본질과는 거리가 먼 정보나 지식을 팔고 사
는 장사 터로 변한 지 오래입니다. 이제라도 우리는 다시 천지부모를
다시 찾아 효도를 하고, 충성을 다하며, 참다운 공부를 해야 합니다.
그것이 땅에 떨어진 충, 효, 열을 다시 찾아 세우는 첩경입니다.

천명을 가리켜 옛 어른들은 성(性)이라고 하였습니다(天命之謂性).
성(性), 명(命), 정(精)으로 부르는 삼진(三眞)의 첫 번째가 성인데,
이것이 바로 천명입니다. 그것은 그 누구도 거역할 수 없는 천지의
말씀이며, 명령입니다. 이것을 성경에서는 '태초에 말씀이 계셨으니
이 말씀이 곧 하나님이라'고 기록했습니다. 이 말씀은 인간의 음성
을 통해 나오는 말씀이 아니라, 영원한 진리를 전하는 천지의 말씀
입니다.

오늘날 우리 사회는 살림이 거덜 날지라도 내 자식만큼은 좋은 학
교, 좋은 학원, 좋은 선생님을 만나 좋은 교육을 받아야 한다는 교
육 강박증에서 벗어나지 못하고 있습니다. 심지어 자녀의 교육비를 벌
기 위해서라는 명분으로 어머니가 술집에서 1차, 2차도 불사(不辭)하
는 접대부 노릇을 하는 현실이 되었습니다.

상품을 만들 적에도 애초부터 우수하게 만드는 게 중요합니다. 잘
못 만들어 놓고, 그 위에 아무리 덧칠을 한들, 그 결과는 너무나 뻔
하게 마련입니다. 자녀를 만들 적에 애초부터 잘 만들 수 있도록 정
성과 노력을 기울여야 하는데, 현대인들은 별 뜻 없이 쾌락으로 자
녀를 만들어놓고, 학원이다, 과외다 하면서 온갖 덧칠을 하고 있습니
다. 그런 면에서는 우리 조상들이 예로부터 그 어느 민족보다 우수
한 태교(胎敎)를 지녔다는 사실을 상기하여, 그 전통을 되살리는 일

이 매우 중요하다고 하지 않을 수 없습니다.

인간도 이러할진대, 하물며 천지는 어떠하겠습니까? 인간은 천지의 자녀입니다. 인간의 영혼과 정신은 하늘로부터 온 것이며, 육신은 땅에서 왔다고 합니다. 그러므로 인간은 언젠가 하늘과 땅으로 다시 그것들을 되돌려주어야 하는데, 그것을 가리켜 '돌아 간다'고 하였습니다. 이처럼 인간이란 존재는 천지를 부모로 하여 태어나기 때문에, 어쩔 수 없이 천지의 유전체라고 할 수밖에 없습니다. 천지의 운기가 좋으면 좋은 인간이 태어나고, 나쁘면 나쁜 인간이 태어나게 마련입니다.

이런 면에서 인간을 '외계인의 작품'이라고 하는 일부 단체의 주장은 일고의 가치도 없다고 하지 않을 수 없습니다. 왜냐하면 설령 그것이 사실이라고 하여도 철저하게 인간은 천지자연의 기운과 감응하면서 살아가고 있기 때문입니다. 즉 자연의 법칙과 기운을 적절히 활용하기만 한다면 얼마든지 부모님인 천지자연처럼 살 수 있습니다.

부모는 자녀를 생육하고 번성하게 하는 것처럼, 천지부모도 인간의 생육과 번성을 위하여 부단한 정성과 노력을 기울일 건 당연한 노릇입니다. 따라서 진정한 부모도 천지요, 스승도 천지이며, 임금도 천지라는 사실을 유념해야 합니다. 인간이 제 아무리 위대하다고 하여도 천지의 은덕과 능력에 비한다면 구우일모(九牛一毛)에 지나지 않습니다. 그러기 때문에 우리에게는 그 무엇보다도 천지부모의 심정을 닮는 일이 시급합니다. 천지부모는 세상에 공기를 공급하고, 물을 보급하며, 태양 볕을 비춰주지만 단 한 푼의 금전을 바라지도 않습니다. 인간들은 자신들이 만든 땅도 아니면서 멋대로 금을 그어 놓고, 네 땅, 내 땅을 따지면서 웃돈을 얹어 팔아먹기 일쑤요, 그것도 모자라서 무력을 동원하여 무자비한 살육을 감행해서라도 기어이 남의 것을 **빼앗아야** 직성이 풀립니다. 이런 못 된 심성을 순화하고 정화하기 위해서 종교가 탄생하여, 마음이 가난해야 하나님을 본다고 하였으며, 방하착(放下着)을 하라는 등, 깨달음의 말씀을 전하였습니다.

하지만 인구가 증가하면서 세상은 점차 금수의 세상으로 전락하였으며, 급기야는 종교마저 세속화하여 여느 기업과 별반 다를 것이 없는 상태가 되었습니다. 공산주의와 자본주의라는 거대한 망령의 틀에 싸여 1차 수전(水戰), 2차 육전(陸戰)이라는 세계대전(世界大戰)을 거친 인류는 이제 마지막 3차 공전(空戰)을 치루고 있습니다. 3차 공전은 영적인 전쟁이며, 정신적인 전쟁입니다.

부모의 입장에서 자녀들이 서로 헐뜯고 싸운다면 얼마나 가슴이 아프겠습니까? 자식들이 서로 상부상조하면서 오순도순 잘 살아간다면 얼마나 흐뭇하겠습니까? 천지도 마찬가지입니다. 백인종, 황인종, 흑인종 가릴 것 없이, 모두 한 식구가 되어 사이좋게 사는 모습을 보기를 얼마나 원할까요? 그러나 세상은 그런 뜻과는 아랑곳없이 약육강식의 참혹한 상태로 흘러왔습니다.

그래서 등장한 것이 교육이었습니다. 처음에는 순수하게 인성을 순화 하고, 제대로 된 인격의 도야(陶冶)를 위해서 시작한 교육이었는데, 세월이 가면서 사람들은 남을 밟고 이기기 위한 교육으로 변모하였습니다. 그 결과 오늘날과 같은 아비규환(阿鼻叫喚)의 교육이 되고 말았습니다. 그리하여 모든 이들의 안녕과 번영을 위한 가르침을 베풀려는 천지부모의 거룩한 신성은 사라지고, 자신과 자신의 가정과 가문을 위한 이기적인 욕심이 팽배하게 되고 말았습니다. 이것이 작금(昨今)의 현실입니다.

이기적인 욕망으로 눈이 먼 사람들에게는 안 보이게 마련이지만, 천지는 자식인 인간들을 위해서 시의적절(時宜適切)하게 친히 가르침을 베풀었습니다. 그것이 있었기 때문에 인류는 그나마 지금까지 찬란한 문화와 전통을 이어 올 수 있었습니다. 인간이 사용하는 언어나 문자도 실은 이런 천지의 가르침을 기초로 해서 나왔다는 사실을 아는 사람이 과연 얼마나 될까요? 만약 천지부모가 이런 가르침을 베풀지 않았다면 아마 책임(責任)회피나 직무유기(職務遺棄)에 해당한다고 해도 무방할 것입니다.

천지가 인류를 위해 직접 베푼 가르침을 가리켜 상서(祥瑞)라고 합니다. 천지는 음양의 운동을 하는데, 그것이 소리를 발하면 율려(律呂)라 하고, 형상이나 조짐(兆朕)으로 나타나면 상서라고 합니다. 천지는 리기(理氣)가 있는 법인데, 리는 지혜와 지식이라는 음양으로 발현되고, 기는 율려와 상서라는 음양으로 드러납니다.

상서는 각기 때를 따라 나타나는데, 봄, 여름, 가을에 걸쳐 그 모습을 나타냅니다. 겨울은 근원처이기 때문에 굳이 상서를 나타낼 필요가 없습니다. 왜냐하면 우주의 겨울이 되면 빙하기가 되므로 인간을 비롯한 생물체는 육신을 벗어야 하기 때문에 세상에 상서가 나타날 이유가 없습니다. 봄에는 씨를 뿌리는 것처럼, 천지도 모든 사물의 씨를 상서로 보여주는데, 그것을 가리켜 하도(河圖)라 합니다. 여름에는 씨앗이 발아하여 화려한 꽃을 피우게 마련인데, 이것을 가리켜 낙서(洛書)라 합니다. 낙서를 가리켜 화기팔문(花奇八門)이라고 한 것은 꽃에 해당하기 때문입니다. 화기팔문은 화려한 물질문명을 가리킵니다. 그러나 그 속에는 열매가 없으니 허상이라고 부릅니다. 가을이 되면 알곡을 거두어 들여야 하는데, 이것을 상징하는 상서를 가리켜 용담도(龍潭圖)라고 합니다. 알곡이 드러나는 가을을 가리켜 실상의 문명이라고 합니다.

인간은 인간의 스승이 될 수 없다고 한 이유는 바로 상서가 충분히 스승의 역할을 하기 때문입니다. 인간의 머리에서 나온 것이 아니라, 천지가 친히 자신의 기운을 감응하여 인류에게 그 모습을 보여주었으니 신기하면서도 신비한 이치와 기운이 갈무리 되어 있는 건 당연하겠지요. 하도는 지금으로부터 5400여 년 전에 하늘에서 내려온 용마(龍馬)의 배에 그려진 문양(文樣)이며, 낙서는 우임금이 9년 홍수를 다스릴 적에 황하에서 나온 신구(神龜)의 등에 그려진 문양입니다. 용담도는 지금부터 약 100년 전에 선천의 천지를 개벽하여 그 결과를 전하신 개벽주께서 친필로 남기신 현무경에 비장(秘藏)된 상서입니다. 하늘의 이치는 하늘을 상징하는 용마의 배에 그려져서 나온 것이며, 땅은 땅을 상징하는 거북이 등에 그려져 나왔고, 인간은 친히 인간을 통해 나왔습니다. 하도는 하늘의 이치를 가리키고, 낙서는 땅의 이치를 전하며, 용담도는 인간의 이치를 전하여 주므로 천지인 3재의 완성은 이 3대 상서를 통하여 이루어진다고 할 수 있습니다. 집을 지으면 위에는 용을 그리고, 밑바닥에는 거북을 그리는 전통이 있는데, 이는 곧 하늘은 용마가, 땅은 거북으로 상징한 하도와 낙서를 그대로 보여주는 것이라고 할 수 있습니다.

3대 상서를 통하여 천지는 우리 인류에게 무엇을 전하려고 하였을까요? 그것은 간단합니다. 천지부모는 자신의 형상대로 인간이 닮기를 원합니다. 성경에도 기록하기를 '하느님이 가라사대 우리가 우리의 형상대로 사람을 짓자'고 하였습니다. 이 세상에서 가장 위대한 존재는 하느님입니다. 전지전능한 상태를 하느님이라고 한다면 인간도 그렇게 되기를 하느님이 바란다는 것은 필연적인 일이겠지요. 제일 좋은 것을 물려주려고 하는 것이 인간의 심정이듯이, 하느님도 가장 좋은 것을 자식인 인간에게 물려주려고 할 것은 당연한 일입니다. 이처럼 하느님의 형상을 닮은 인간을 가리켜 신인(神人), 혹은 그리스도, 인내천(人乃天), 시천주(侍天主)라고 합니다. 이 강좌의 목적도 이와 같은 인간과 그들이 모여 사는 사회를 이루고자 하는 데에 있습니다.

우선 3대 상서를 소개하도록 하겠습니다. 이것은 매우 중요한 것이므로 안 보고도 얼마든지 그릴 수 있도록 각인하기 바랍니다.

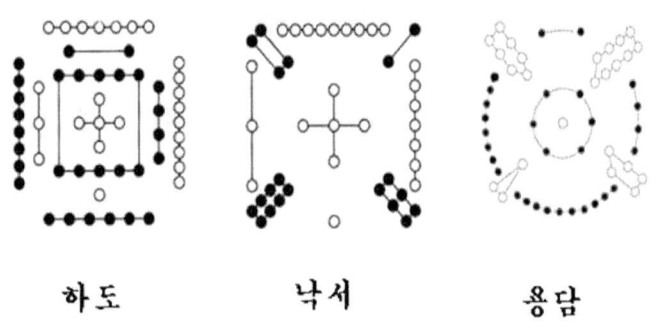

하도   낙서   용담

* 하도 낙서 용담 지지

河圖 地支   洛書 地支   竜潭 地支

* 하도 낙서 용담 천간

다시 한 번 말씀드리지만, 이 3대 상서야말로 천지부모의 성정이 담긴 인류의 지복(至福)입니다. 일념으로 이 상서를 탐구하면 반드시 깨달음에 이를 것입니다.

2. 천문 40자란 무엇인가?

3대 상서를 보면 흑백의 점으로 이루어진 걸 알 수 있습니다. 이 것은 천지만물이 음양으로 이루어졌다는 걸 가리키는데, 흑점은 음이요, 백점은 양입니다. 따라서 천지가 인간을 가리키는 요령은 음양이 단서(端緒)가 된다는 걸 알 수 있습니다. 물론 이것만으로도 충분히 천지의 이치와 변화를 알 수 있지만, 그것은 일심을 가지고 문리(文理)가 터진 극소수의 사람에 국한 된 것일 뿐, 대부분의 사람들은 아무리 보아도 그 뜻을 터득(攄得)하기가 심히 어렵습니다.

그러기 때문에 하도가 세상에 출현 한 지, 102년이 지났어도 그 의미를 모르고 있었는데, 103년 차(次)에 복희(伏犧)라는 분이 그것을 풀이하여 인류에게 밝음을 전하여 주었습니다. 복희라는 이름 자체가 '밝음을 잠복하게 한다'는 뜻이 있습니다. 복희 성인은 당시에 문자가 없었으므로 팔괘를 그려 획(劃)을 그었으므로 '획기적(劃期的)'인 일을 최초로 행하신 분입니다. 그러므로 개벽주는 '응수조종태호복하사도인다불가(應須祖宗太昊伏何事道人多佛歌)'라고 하였으며 또한 '박람박식수복희천황공정표일운(博覽博識誰伏犧天皇公庭表日暈)'이라고 말씀을 하셨습니다. '응수조종태호복하사도인다불가'는 '마땅히 모든 조종은 태호 복희씨가 되어야 하건만, 어찌하여 사람들은 부처를 노래하는가?'라는 뜻이고, '박람박식수복희천황공정표일운'은 '박람박식은 어찌 복희씨를 능가하겠는가? 천황공정으로 태양을 둘렀다'는 뜻입니다. 이처럼 태호 복희 성인은 모든 문화와 학문의 조종이며, 박람박식의 상징입니다. 즉 전지전능의 상징적인 첫 번째 성인이라는 말이지요. 하도는 천황공정이요, 낙서는 지황공정이며, 용담은 인황공정이라고 합니다.

복희 성인이 하도를 풀이한 것을 가리켜 후세 사람들은 '천개(天開)갑자'라 하고, 하도가 나타난 때를 가리켜 '천시(天始)갑자'라고 합니다. 복희 성인이 그린 팔괘를 가리켜 '복희팔괘' 혹은 '복희도'라고 하며, 낙서를 풀이하여 팔괘를 그린 문왕을 기려 사람들은 '문왕팔괘' 혹은 '문왕도'라고 부릅니다. 문왕은 두 번째로 획을 그었고, 용담도의 체가 된 정역팔괘를 그린 일부 선생도 역시 성인의 반열에 속하며, 세 번째의 획을 그은 분이라고 할 수 있습니다.

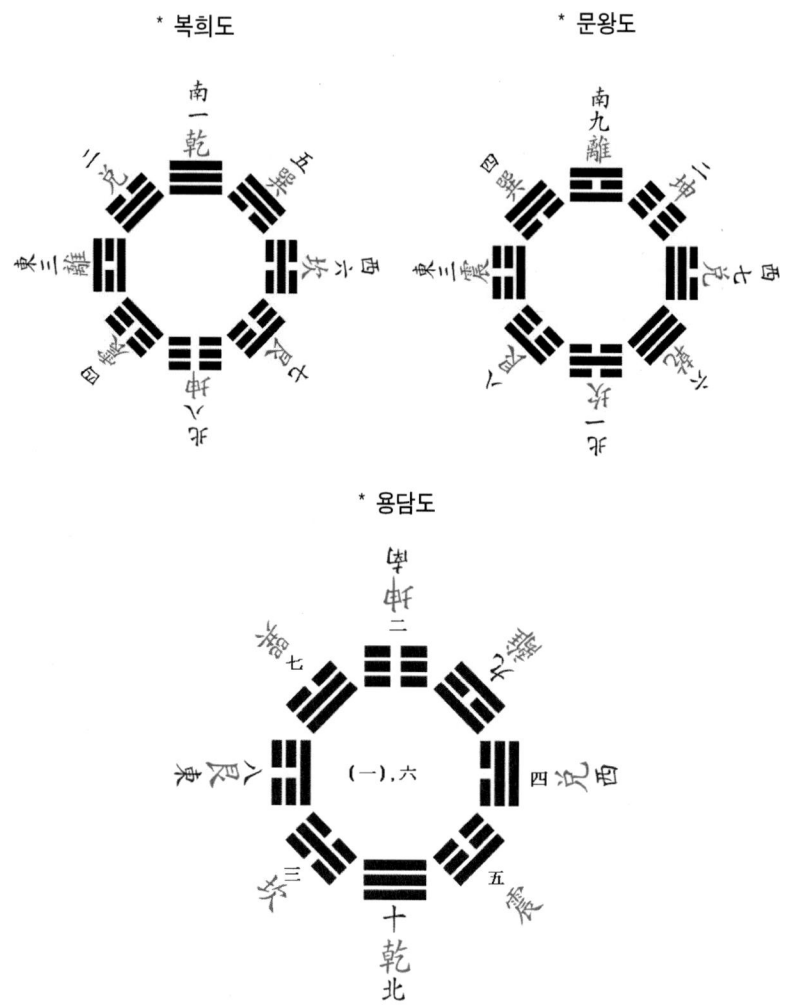

* 복희도

* 문왕도

* 용담도

(* 괘를 그리는 순서는 문왕은 9변이니 안에서 밖으로
용담은 9복이니 밖에서 안으로)

복희도, 문왕도, 용담도의 3도를 보면 팔괘가 기본 바탕을 이루고, 거기에 숫자를 붙여 놓았습니다. 팔괘를 가리켜 상(像)이라 하고, 거

기에 수(數)가 있으니 이 둘의 관계를 연구하는 학문을 가리켜 상수
학(像數學)이라고 합니다. 그러므로 수리를 연구하려면 반드시 팔괘
와연관하지 않을 수 없습니다. 여기에 천간과 지지를 붙여 놓으면
완벽한 천문 40자가 됩니다.

  천문 40자는 여덟 개의 팔괘, 열 개의 숫자, 10개의 천간, 12개의 지
지를 합한 것을 가리킵니다. 천문(天文)이라고 하는 까닭은 그것이 천
지가 직접 수상(垂像)한 3대 상서를 깨닫게 하는 것이기 때문입니다.
오늘날의 학교 교육은 천문이 아니라, 생존경쟁에서 이기기 위한 이
기적인 교육이기 때문에 천문이라고 할 수 없습니다.
  팔괘는 천지의 음양이 형상으로 나타나고 변화하는 과정을 가리키
며, 천간은 하늘의 이치인 공간의 법칙을 나타내고, 지지는 땅을 바
탕으로 하여 벌어지는 천지인 3재의 변화인 시간의 법칙을 나타내
며, 숫자는 팔괘와 천간, 지지를 표현하는 수단입니다. 비유하자면
사람의 형상은 팔괘로 나타내고, 형상이 자리 잡은 바탕을 가리켜
천간이라 하며, 형상이 내외에서 변화하는 상태를 가리켜 지지라 하
고, 이 모든 걸 이치로 보여주는 걸 가리켜 수리(數理)라고 합니다.
  천문 40자에 능통하면 능히 천지를 닮아갑니다. 천지가 상서로 보
여준 것을 통달하면 당연히 천지와 더불어 여천지합기덕(與天地合其
德)하고, 여일월합기명(與日月合其明)하며, 여사시합기서(與四時合其
序)하고, 여귀신합기길흉(與鬼神合其吉凶)하여 신인의 반열에 오를
수 있습니다. 자신을 찾고 본성을 회복하여 대자유를 누리고 싶다면
천문 40자를 통달하는 일이야말로 첩경(捷徑) 중의 첩경이라고 하겠
습니다.

3. 천문 40자와 개벽

천문 40자는 어디에 쓰였을까요? 물론 앞에서 3대 상서에 천문 40자가 함께 붙어 있다는 말을 하였으니 당연히 천문을 통달하는 데에 쓰였을 건 두말할 필요도 없습니다. 40자라는 숫자가 4×10이라는 데에서도 알 수 있듯이, 4방에 10이 충만한 상태입니다. 4방은 동서남북을 가리키고, 10은 무극(無極)을 가리키는 것이므로 40은 곧 무극이 사방에 충만한 상태임을 알게 됩니다. 10은 0과 동일한 것이므로 무극이란 것은 결국 0과 같은 공간(空間)을 의미한다고 보아도 무방합니다. 공간에는 그 어느 것도 걸림이 없습니다. 아무 것도 가두어 두지 않으면서, 모든 것을 담고 있으니 신기하기만 할 따름입니다. 무극에 대해서는 '2장'에서 다루고 있으니 그곳을 참고하면 될 것이고, 무극이 4방에 충만한 상태를 나타내는 것이 천문 40자라고 하였으니, 이는 곧 천문이야말로 사방으로 인간의 의식과 자성이 자유롭게 통달하는 관문이라고 말할 수 있습니다. 그러므로 자신을 찾아 방황하는 사람들에게 천문 40자는 필수적인 과목이라고 하지 않을 수 없습니다.

자신을 찾는다는 말은 자성(自性)이 밝아진다는 의미입니다. 자성은 본성이 스스로 일어선 상태인데, 본성은 누구에게나 다 있는 것이지만, 그것을 밝히는 일은 아무나 할 수 있는 일이 아닙니다. 사람이 죽고 사는 것은 자성을 밝히느냐, 아니냐에 달린 것이라고 본다면 우리에게 시급한 것은 바로 자성을 밝히는 일이라고 하지 않을 수 없습니다. 자성이 밝아지면 신성(神性), 혹은 불성(佛性)이 발현되어 시공을 초월한 영원한 대생명을 누리게 됩니다.

이런 현상을 가리켜 우리 조상들은 '개벽(開闢)'이라고 표현했습니다. 기독교에서는 '창조(創造)'라고 하며, 물리학자들은 '생성(生成)' 혹은 '순환(循環)'이라고 달리 표현을 하고 있지만, 이 모든 것을 다 담고 있는 것은 개벽이라는 용어(用語)입니다. 개벽은 '열린다'는 뜻이 있는데, 하늘이 열리는 것을 개(開)라 하고, 땅이 열리는 것은 벽(闢)이라 합니다. 물질적으로나 정신적으로나 모든 것은 누가 있어서 만들고, 부수고 하는 것이 아니라, 시공이 열리고 닫히면서 벌어지는 현상입니다. 따라서 공간이 열리는 것은 '개'이고, 시간이 열리는 것을 '벽'이라고 볼 수 있습니다.

이처럼 시공이 열리는 현상을 개벽이라고 한다면, 천문 40자도 역시 시공이 열리고 닫히는 암호요 상징이라는 말이 되겠군요. 사람으로 비유한다면 공간은 정신이 열고 닫히는 틀이며, 시간은 육신이 열고 닫히는 틀로 볼 수도 있으니, 개벽이란 것은 정신과 육신이 열고 닫히는 상태를 가리킵니다. 이처럼 천지가 열리고, 닫히며, 인체가 열리고, 닫히는 것이 개벽입니다.

특별한 존재가 우주만물을 만들었다는 창조론은 시간과 공간을 제한적인 것으로 보는 것인데, 이는 매우 그릇된 견해입니다. 시간과 공간은 본래 무형이며, 무한입니다. 그것은 무시무종(無始無終)입니다. 오늘 있던 것이 과거에도 있었으며, 과거에 있던 것이 지금도 얼마든지 있을 수 있는 것이 자연입니다. 과거는 흘러갔고, 미래는 오지 않았으며, 현재는 금방 과거가 되고 맙니다. 이처럼 모든 것이 무상(無常)한 것이 철칙인데, 어찌 천지창조나 시공의 발생을 틀 속으로 묶어버릴 수 있단 말입니까?

따라서 우리 조상들은 창조라는 용어보다 개벽이라는 용어를 즐겼던 것입니다. 개벽은 '지금(시간), 여기(공간)'를 가리키기 때문에 항상 진실할 수밖에 없습니다. 천문 40자는 지금, 여기에서 벌어지는 나의 개벽, 우리의 개벽을 보여주고 있습니다. 인류가 물질이란 허상에 눈이 멀어 내면의 세계를 찾지 못하고, 미증유(未曾有)의 혼란을 겪고 있을 때에 전설처럼 내려오던 '개벽장이'가 인간의 몸으로 화신(化身)하여 '하늘과 땅을 뜯어 고치고, 물 샐 틈 없는 도수를 짜놓았으니, 돌고 도는 대로 기틀이 열리리라'고 하셨습니다.

개벽은 전체 개벽과 개인 개벽으로 구분할 수 있는데, 천지만물이 새로운 운기로 접어드는 개벽의 시기가 있는가 하면, 개인적인 영육의 변동을 가져오는 개벽의 시기도 있습니다. 전체와 개체는 서로 떨어진 것이 아니라, 불가분의 관계에 있습니다. 그러므로 개인적인 영육의 개벽은 반드시 전체적인 천지의 개벽과 밀접하다는 사실을 망각해선 안 됩니다. 선천 물질세상에서 제아무리 도통을 하고 싶어도 할 수 없었던 까닭도 실은 천지의 개벽에 관한 것을 몰랐기 때문이었습니다. 그러나 다행하게도 때가 이르러, 친히 도솔천 내원궁에 계시던 개벽주께서 개벽의 물꼬를 터주셨으니 이제 모든 개인의 개벽도 얼마든지 가능하게 되었습니다.

이처럼 개벽은 천지와 인간이 하나 되게 하는 자아발견과 완성의 상징이며, 그것을 이루게 하는 수단이 바로 천문 40자입니다. 오늘날 수많은 사람들이 자아를 발견하기 위하여 '명상'이나 '요가' '단전호흡' 혹은 '기공수련' 등을 하고 있지만, 천문 40자를 통달한 사람은 별로 없습니다. 오히려 그들은 말하기를 '식자우환(識字憂患)'이라고 하면서 지식이나 정보를 마치 깨달음에 방해물이나 되는 것처럼 멀리하라고 합니다. 그러나 버려야 할 것이 있으면, 반드시 취해야 할 것도 있는 법입니다. 조상들이 애써 물려준 천문 40자를 등한시 하는 것은 '전통의 단절'을 가져와, 결국 뿌리 없는 혈통과 문화, 사상을 만들 수밖에 없는 어리석음을 범하게 마련입니다.

또한 민족의 혼을 오늘에 되살리고, 맥을 부흥시키겠다는 갸륵한 심정으로 '민족운동'이라는 가시밭길을 가시는 분들도 천문 40자를 먼저 터득하길 간절히 권유(勸諭)합니다. 홍익인간, 이화세계, 개천입교는 반드시 조상들이 남겨 놓은 천문 40자를 통해야 그 실체가 보이게 마련입니다.

그런데도 우리는 지금 온통 서구의 문물에 젖어들어 심지어 달력에서 간지를 아예 빼버리고 있습니다. 개천절을 기린다고 하면서 양력으로 기념식을 하는 희한한 모습이 매년 매스컴을 타고 전해집니다. 개천의 뜻만 새기면 그만이지, 그깟 음력이건, 양력이건 무슨 소용이 있겠느냐고 힐난(詰難)할 분들도 많겠지만, 도대체 개천의 뜻이라는 게 뭡니까? 하필이면 왜 국조께서는 10월 3일에 나라를 여시게 되었는지 아는 사람들이 몇이나 될까요? 사람들도 자신의 사주(四柱)를 중시하여 일생의 노정(路程)으로 삼고 있는데, 하물며 민족과 국가의 생일을 정할 때에는 큰 뜻이 그 속에 담겨 있으리라는 짐작을 왜 못한단 말입니까?

간지도 그렇지만, 팔괘도 역시 흘러간 옛 날 이야기가 되어 버린 지 오래입니다. 그런 건 먼지 풀풀 나는 주역 책에나 들어 있으며, 점쟁이들이나 써 먹는 것으로 인식하고 있는 게 현실입니다. 숫자도 역시 입시를 위한 학문이나, 계산을 할 때 이용하는 정도로 인식하고 있을 따름입니다. 하지만 세계를 이끌어가는 위대한 물리학은 수학이 기본이라는 점은 만천하가 다 알고 있습니다.

이제 우리는 천문 40자를 재인식해야 할 때가 되었습니다. 각급 교과서에 천문 40자를 교재로 넣어서 죽어가는 민족의 혼과 넋을 다시

살려야 합니다. 이 글이 한 알의 밀알이 되어 무수한 열매를 맺기를
간절히 바랍니다.

4. 3대 상서로 본 천문

우선 3대 상서에 들어 있는 팔괘와 간지, 숫자 등을 눈을 감고도
훤히 보일 수 있도록 해야 합니다. 복희도는 1건천, 2태택, 3리화, 4
진뢰, 5손풍, 6감수, 7간산, 8곤지라고 저절로 입에서 나올 정도가
되어야 합니다. 문왕도는 1감수, 2곤지, 3진뢰, 4손풍, 5중앙, 6건천,
7태택, 8간산, 9리화가 절로 나와야 합니다. 용담도는 2곤지, 3감수,
4태택, 5진뢰, 6중앙, 7손풍, 8간간, 9리화, 10건천이 절로 외워져야
합니다.

그리고 덧붙여 문왕도의 천문을 외워야 하는데, 북방으로부터 임
자계(壬子癸), 축간인(丑艮寅), 갑묘을(甲卯乙), 진손사(辰巽巳), 병오
정(丙午丁), 미곤신(未坤申), 경유신(庚酉辛) 술건해(戌乾亥)의 24자
를 암송(暗誦)해야 합니다. 물론 다른 것도 많이 있지만, 우선 이 정
도는 기본적으로 알아야 합니다. 물론 용담도도 이런 식으로 저절로
입에서 나올 정도로 암송(暗誦)해야 합니다. 용담도는 계사갑(癸巳
甲), 오감미(午坎未), 을신병(乙申丙), 유손술(酉巽戌), 정해무(丁亥戊),
자이축(子離丑), 신인임(辛寅壬), 묘진진(卯震辰)의 24자입니다.

천문 40자의 이치를 깨치기만 하면 굳이 암기하려고 하지 않아도

저절로 다 알게 되지만, 초보자들에게는 무조건 암송하는 것도 좋은 방편입니다. 일단 입으로 먹어두면 그것이 다 피가 되고 살이 되는 것과 같은 이치입니다. 이것을 외우지 못하면 앞으로 나올 많은 사항들을 이해하기에 매우 어려움이 따르기 때문에 잔소리 같지만 반드시 암송하고 넘어가기 바랍니다.

5. 개벽과 현무경

개벽주께서 사람의 몸으로 나타나시어 천지를 개벽하고 그 증거물로 남겨 놓은 게 바로 현무경(玄武經)입니다. 현무경은 지금 현재 월학대선사의 강론을 편찬하여 '현무경 대논리 - 중화출판사, 2007년)'라는 이름으로 시중에 나와 있으니 참고하면 될 것입니다. 그러나 그것을 이해하는 데에는 많은 어려움이 있으니, 그 까닭은 기초가 되는 천문 40자에 대한 설명이 너무 결여되었기 때문입니다. 이 글을 쓰게 된 동기도 그런 데에 있음은 두말할 것도 없습니다.

개벽은 앞에서 이미 얘기한 것처럼, 우주만물과 개인의 시공을 열어서 모든 것을 살아 있게 만드는데 그 목적이 있습니다. 우주만물이 비록 광활하다고 하여도 시공을 바탕으로 하여 움직이고, 인간도 역시 그 속에서 움직이면서 살아가고 있습니다. 시공에는 반드시 법칙이 있게 마련이며, 그것이야말로 모든 사물의 진실입니다. 모든 사물은 반드시 변합니다. 변하지 않는 것은 아무 것도 없습니다. 그러기 때문에 예로부터 많은 성인들이 말씀하시기를 세상은 무상한 것이며, 뜬 구름 같다고 하였습니다. 허망한 세상사에 붙들리지 말고 오직 그 속에 들어 있는 진실을 발견하라고 가르쳤습니다.

그 진실이라는 것은 바로 '모든 것을 변하게 하는 것은 안 변한 다'는 사실입니다. 태양과 지구가 움직이는 것은 제멋대로 하는 것이 아니라, 일정한 규칙에 의한 것입니다. 인생이 살아가는 것도 일정한 룰에 따르게 마련입니다. 한 국가를 지탱하는 것도 국법이 있기 때문입니다. 이처럼 일정한 규칙을 가리켜 천지에서는 율려(律呂)라 하고, 일반적으로는 진리(眞理), 혹은 법(法), 도(道)라고도 합니다.

세상에서도 법에 밝은 사람은 법망에 저촉(抵觸)이 안 되게 행동하는 것처럼, 천도(天道)에 밝으면 시공의 법칙에 얽매이지 않게 됩니다. 시공에 걸리지 않으면 대자유를 누리게 되는데, 이런 상태를 가리켜 모든 것이 다 열렸다고 하여 '개벽'이라고 합니다. 개벽을 간단하게 말하자면 시공에 걸리지 않는다는 말입니다. 시간과 공간에 구애받지 않는다고 한 번 가정을 해봅시다. 예전에 통행금지 시간이 있을 때에는 얼마나 불편했겠습니까? 또한 무슨 일을 벌였는데, 시간이 촉박하게 되면 무리수를 둘 수밖에 없습니다. 공간도 마찬가집니다. 감옥에 갇힌 사람에게는 바깥세상이 한 없이 부러울 수밖에 없습니다. 비록 육신은 감옥에 갇히지 않았을지라도 대부분 사람들은 자신의 틀 안에 갇혀 갑갑한 채 살아가고 있습니다. 의식의 속박! 바로 이것이 정신적인 질병은 물론이요, 육신적인 질병을 유발하는 원인입니다. 과거, 미래, 현재를 내 집 드나들 듯 하며, 천상이건, 지하이건, 미국이건, 일본이건, 동물이건, 식물이건, 광물이건 자유자재로 넘나드는 자유를 맛보게 하는 것이 바로 개벽입니다. 어느 시간이건, 어느 곳이건 다 의식이 열린 상태! 이것이 바로 진정한 개벽입니다.

그러자면 하늘과 땅이 열려야 하는데, 그것이 바로 천간과 지지에 막힘이 없어야 하고, 천지간에 있는 인간과 만물(이를 줄여서 인물이라고 함)에도 막힘이 없어야 하는데, 그것은 팔괘와 수리에 막힘이 없는 상태입니다. 이처럼 모든 것이 사방, 팔방으로 다 열려 있는 상태를 가리켜 개벽이라고 합니다.

이렇게 된다면 얼마나 좋겠습니까? 그러나 대부분의 사람들은 그것을 '꿈'으로만 치부해 버립니다. 하지만 친히 개벽주께서 사람의 몸으로 나타나, 천지공사(天地公事)라는 전무후무한 개벽을 단행하시고 증거물로 현무경을 남겨 놓았으니, 어찌 인류의 축복이라고 하지 않겠습니까? 앞의 3대 상서에서 본 것처럼 현무경에는 천문 40자로 새로운 후천의 판을 짜 놓았는데, 그것은 언어도단(言語道斷)이요, 불립문자(不立文字)라고 한 오의(奧義)를 반영합니다.

자세한 현무경 해설은 다음 천부동 카페 '이야기 현무경'을 참고하거나, 아니면 이 책에서 밝힐 예정인 현무경 해설을 참고로 하시면 될 것이므로 여기에서는 생략하기로 하고, 다만 여기서는 현무경을 구성하는 6대 요소들에 대한 언급을 하도록 하겠습니다.

현무경에는 1100자의 문자와 더불어 다른 경전에서는 찾아 볼 수 없는 영부(靈符)가 있습니다. 1100자의 문자도 사실 필요 없지만, 영부를 이해하는 데에 있어 필요하기 때문에 어쩔 수 없이 차용하게 되었다는 기록이 현무경에 있습니다.

"궁상각치우(宮商角徵羽)로 성인(聖人)이 내작(乃作) 선천하지직(先

天下之職)과 선천하지업(先天下之業)하시니 직자(職者)는 의야(醫也)
요 업자(業者)는 통야(統也)니 불가불(不可不) 문자(文字)로 계어인(戒
於人) 성지직(聖之職) 성지업(聖之業)이니라"

 문자는 인간이 만들어서 사용하는 도구이지만, 영부는 하늘이 사
용하는 문자입니다. 하늘이 사용하는 문자라니? 하고 의아심을 가질
분들이 많겠군요. 하늘이 사람처럼 문자가 필요하단 말인가? 하늘은
그저 말 없는 말을 하는 이심전심(以心傳心)이라고 하면 될 텐데,
무슨 사람처럼 문자가 필요하단 말인가? 하는 의문을 품을 분들이
많을 겁니다. 맞습니다. 하늘은 말이 필요 없습니다. 천둥이나 번개,
비, 구름, 바람 등의 기후(氣候)로 하늘은 저희들끼리 통하고 있습니
다. 기후라는 말을 잘 음미해 보세요. 기후는 '기의 징후(徵候)'라는
말입니다. 기가 나타내는 징후! 그러니까 하늘은 기를 가지고 서로
통한다는 말이지요. 물론 하늘만 그런 게 아니라, 땅이나 인간도 마
찬가지입니다. 그렇다고 하여도 인간들은 육신이 마음을 가로막고
있어서 기를 느끼기가 쉽지 않습니다. 하늘은 아무런 형상이 없으니
당연히 기만 가지고서도 능히 상통할 수 있습니다. 하늘의 기는 반
드시 땅의 물질을 형상화 하게 마련인데, 그걸 가리켜 24절기, 혹은
4계절이라 하며 그것이 구체적인 형상으로 드러난 것을 가리켜 물질
이라고 합니다. 이처럼 하늘과 땅은 기만 가지고서도 상통하지만, 그
것을 자식인 사람들에게 전달해 주기 위해서는 무언가를 사람들의
눈에 보이도록 해주지 않으면 안 됩니다. 그만큼 용의주도한 것이
천지요, 천지부모의 심정입니다. 그걸 닮은 것이 육신의 부모님이기
에 그들이 자녀에게 해주는 정성과 은공은 하해(河海)와 같다고 하
는 것입니다.

이렇게 해서 나타난 것이 바로 3대 상서였음은 이미 언급했습니다. 그리고 그것을 다른 말로 영부라고도 합니다. 영부를 이루는 기본적인 요소는 다음과 같은데, 그것을 가리켜 6대 요소라고 합니다. 6대 요소는 다음과 같습니다.

·	─	∣	○	□	△
점(點)	횡(橫)	종(從)	원(圓)	방(方)	각(角)

점, 횡, 종은 하늘의 요소이며, 원, 방, 각은 땅의 요소입니다. 점은 하늘의 하늘을 가리키고, 횡은 하늘의 땅을 가리키며, 종은 하늘의 사람을 가리킵니다. 점이 땅으로 내려와 물상을 형성하면 원이되고, 횡이 물상을 취하면 방이 되며, 종이 물상을 취하면 각이 됩니다. 따라서 원방각은 제2의 천지인인 셈이죠. 이런 원리에 의거해 나온 것이 한글입니다. 한글을 잘 보면 점, 횡, 종으로 이루어졌습니다. 원방각에 대해서는 2장 수리 10항 '원방각'편에 상세하게 언급하였으니 참고하기 바랍니다.

이처럼 현무경의 영부는 6대 요소로 이루어졌는데, 그 까닭은 6수는 천지의 합으로 이루어진 기운을 상징하기 때문입니다. 천지는 음양의 운동을 하는데 음도 3변을 하고, 양도 3변을 하므로 이 둘을 합하면 6변이 되고, 이것은 6기(六氣)에 의해서 나타나는 현상입니다. 만약 여기에 덧붙여 인간의 형상을 말하라고 한다면 당연히 원은 원통, 방은 사각면체, 각은 삼각면체라는 입체물로 나타납니다. 이런 것은 너무 다양하게 나타나게 마련이므로 굳이 영부의 요소에 들어가기에는 무리가 있습니다. 아마 점, 횡, 종은 1차원, 원, 방, 각은 2차원, 입체물은 3차원 정도로 말할 수 있겠군요. 여하튼 모든 도형이나 영부에는 이와 같은 6대 요소가 들어 있음은 분명합니다.

6수에 대해서는 다시 수리를 언급할 적에 상세하게 나오겠지만, 천지인의 음양인 천2, 지2, 인2를 합한 수도 되고, 앞에서 말한 것처럼, 천지의 3변을 가리키기도 합니다. 이처럼 형상과 변화가 동시에 일치하는 수가 6인데, 그것은 곧 6이야말로 천지인의 형상과 변화의 기본이 된다는 사실을 일러줍니다. 그러기 때문에 물질의 기본인 물도 6각형의 분자구조를 이루고 있으며, 태양 별도 6각형을 이루고 있습니다. 역대 파라오들의 시신을 썩지 않게 보존해 온 피라밋이 6면체라는 사실도 매우 흥미로운 일입니다.

2장 수리(數理)

수리는 천문 40자 중에서도 가장 기초에 해당합니다. 이미 앞에서 언급한 것처럼, 천지인물(혹은 천지인신)을 상징하는 모든 면에 걸쳐 숫자는 안 통하는 곳이 없습니다. 그러기 때문에 수를 통하면 신과 같아진다고 옛 어른들은 말씀을 하셨습니다.

1. 수의 탄생과 우주의 탄생

우주의 탄생을 숫자를 통해서 알아보도록 할까요? 우주의 탄생은 내 몸의 탄생과 같다고 할 수 있으니, 결국 나를 찾는 한 방편으로라도 반드시 한 번쯤은 짚어보아야 할 문제라고 봅니다.

숫자의 근원은 0이니까 당연히 0에 대한 걸 먼저 알아보는 게 순서이겠군요. 0을 지금 한 번 써보세요. 한 점으로부터 시작하지요?

그 점이 끊어지지 않고 계속 이어져 다시 만나면 원을 이룹니다. 그러니까 0은 한 점의 연속이라고 할 수 있습니다. 이 한 점을 찍는 걸 가리켜 '삼신할머니가 점지(點指)했다'고 우리 조상들은 표현했습니다. 어머니 뱃속에서 삼신할머니가 빨리 나가라고 볼기를 세게 쳐서 생긴 몽고반점이라는 게 있죠? 암튼 생명의 탄생을 가리켜 '점지' 받는다고 합니다.

　　요즘 과학계에서는 '초끈이론'이 과거의 상대성 이론과 통일장 이론을 함께 묶을 수 있는 대안으로 생각하고 있습니다. 그 이론에 의하면 우주의 시공간은 11차원이라고 합니다. 물질을 구성하는 미립자가 서로 이어져서 마치 초끈처럼 생긴 선으로 구성되었다는 게 초끈이론입니다. 그리고 그 초끈은 빛을 발하는 빛덩어리라는 것도 밝혀냈습니다. 이걸 0이라는 숫자의 탄생과 연결시켜 보면 기막히게 유사하다는 걸 알 수 있습니다. 0은 점들이 이어져서 생긴 선(線)이므로 초끈과 같지 않나요? 그러므로 과학계에서 말하고 있는 초끈은 0을 가리키는 것이라고 보면 될 겁니다. 0은 10이요, 그것은 또 하나의 차원이므로 도합 11차원이라고 하는 수리와 너무도 흡사하지 않나요? 즉 앞으로 과학이 아무리 소립자를 분석해 보아도 결국은 10무극과 그 속의 1태극이 합한 11귀체(황극)라는 사실이 만물의 근원이라는 사실을 증명할 수밖에 없지요. 무극과 태극, 그리고 황극의 삼극이 합한 삼신이 만물의 근원입니다. 이걸 우리 조상들은 삼신할머니라고 하였던 겁니다. 할머니는 할마니라고도 하는데, 할은 크다, 밝다는 뜻을 지닌 '한'의 변음이며 마니는 '머리' 혹은 '마리'와 같은 으뜸을 가리키는 용어이므로, 결국 '하느님'의 음적인 면을 가리키는 용어라고 할 수 있습니다.

태극 1	3	5	7	9	:	양신(陽神)	삼
무극 10	8	6	4	2	:	음신(陰神)	
황극 11	11	11	11	11	:	중천신	신

위에서 본 것처럼 우주의 탄생이나 우리 인간의 탄생은 삼신할머니로부터 비롯되었습니다. 이걸 좀 더 세부적으로 말할 것 같으면, 우주의 정신이나 영(靈)을 숫자로 말한다면 0이라고 하며, 수량을 말한다면 1이라고 할 수밖에 없습니다. 이것은 인체에도 그대로 적용되는데, 정신이나 마음은 0이라고 하며, 수량으로는 1이라고 합니다. 이른바 '한 마음, 한 몸'이라는 건 바로 이를 가리킨다고 할 수 있습니다. 그러니까 0과 1은 '질량(質量)'을 가리킨다고 보면 되겠군요. 질은 무형이므로 불변한다고 하며, 양은 항상 늘기도 하고, 줄기도 하는 등, 변하게 마련입니다. 이렇게만 보면 질은 불변이요, 양은 항상 변화하는 것처럼 보이지만, 그건 유형이냐, 무형이냐를 놓고 말할 때에 해당할 따름입니다. 물질이나 몸과 같은 것은 눈에 잘 보이기 때문에 변화하는 모습도 금방 눈에 띄지만, 마음이나 정신 같은 무형은 눈에 안 보이므로 변하지 않는다고 하게 마련이지요. 그러나 사실은 마음이나 정신처럼 잘 변하는 것도 없습니다. 오히려 몸은 일정한 시간이 흐른 후에 변화하지만, 마음은 시도, 때도 없이 변하고 있습니다.

그것은 같은 원(○)이나 영(0)이라고 하여도 얼마든지 그 크기기 변할 수 있다는 사실에서도 잘 알 수 있습니다. 그러기 때문에 같은 한 바퀴를 돌아서 360도를 이룬 원이라고 하여도 1분은 60초요, 1시간은 120분이며, 하루는 1440분, 5일이면 7,200분, 15일이면 108,000분, 한 달이면 216,000분……등등, 무수한 일원상(○)을 만들어 냅니다. 즉 원의 크기나 형태가 무수하게 다르다는 말이지요. 한 시간도 원형이요, 하루도 원형이며, 한 달도 원형이요, 1년도 원형입니다. 이처럼 무수한 원형이 있다는 것은, 그만큼 다양한 마음과 하늘이 있다는 증거입니다. 무형적인 원형이 이처럼 다양하기 때문에 그것이 겉으로 드러난 1도 역시 무수한 형태를 취하게 마련입니다. 그러므로 1은 2, 3, 4……등으로 벌어져 삼라만상을 이루게 되었습니다.

그런데 가만히 보면 유형을 상징하는 1, 2, 3, 4……등의 숫자에는 1, 3, 5……등의 음양이 있습니다. 이것은 결국 유형으로 드러나기 전의 근원인 0에도 음양이 있었다는 걸 증거(證據)하는 셈입니다. 그러고 보니 크고 작은 무수한 0이 있을 수밖에 없는 원인은 바로 그 속에 음양이 있었기 때문이었습니다. 음만 있고, 양이 없거나, 반대로 양만 있고, 음이 없다면 아마 아무런 변화도 일어나지 않을 겁니다. 애초부터 그런 건 있을 수 없습니다.

따라서 우주만물의 탄생과 인생의 탄생은 '음양의 조화' 때문이라는 건 의심의 여지가 없습니다. 유형적인 음양을 나타내는 숫자는 양수인 1, 3, 7, 9와 음수인 2, 4, 6, 8입니다. 눈치 빠른 분들이라면 금방 '어? 왜 5와 10은 음수와 양수 속에 안 보이지?'하고 의아(疑訝)해 할 것입니다. 그것은 '2장 수리 5항 중심수'에서 상세히 나오겠지만, 눈에 보이는 수는 4방에 있는 음양이므로 8괘로 상징되는 여덟 개요, 0속에 들어 있는 숫자도 음양이 있는데 그것이 바로 5와 10입니다.

여하튼 우주와 만물, 그리고 인간의 탄생은 0과 1, 그리고 이 둘이 합한 11귀체입니다. 이를 가리켜 삼신이라고 하였습니다. 물론 0속에도 음양이 있고, 1속에도 음양이 있다고 하였지만, 0과 1 자체도 역시 음과 양이라는 상대적인 것입니다. 이는 곧 몸과 마음은 상대적이라는 것과 같습니다. 하늘을 0이라고 하면 땅은 1입니다. 하늘과 땅은 본래 같은 것인데, 무형적인 기운이 뭉친 곳이 하늘이며, 하늘의 기운이 응기(凝氣)하여 물질이 모인 곳이 땅입니다. 인체로 말할 것 같으면, 마음이나 정신은 하늘의 기운이라 하고, 몸뚱이는 땅의 물질에서 온 것이라는 말이 되는군요. 그래서 사람이 죽으면 혼비백산(魂飛魄散)이라고 합니다. 하늘에서 온 혼은 하늘로 날아가고, 땅에서 온 백은 땅으로 흩어진다는 뜻입니다.

그럼, 하늘과 땅의 시작은 언제부터일까요? 모(某) 종교에서는 인간의 역사를 약 6,000년이라고 하는데, 과연 그런 말이 신빙성이 있을까요? 천지는 무시무종(無始無終)입니다. 그것을 굳이 계산하려고 하는 자체가 어리석다고 하지 않을 수 없습니다. 왜냐하면 천지는 하느님의 심신인데, 어찌 하느님의 시종을 말할 수 있을까요? 성경에도 말하기를 '하늘은 나의 보좌요, 땅은 발등상'이라고 하였는데, 그것은 그만큼 천지는 하느님의 몸과 마음 그 자체라는 뜻입니다. 다만 천지는 철을 따라 그 모습을 달리합니다. 그것은 마치 사람이 철 따라 옷을 갈아입는 것과 같습니다. 옷은 영원한 것이 아닙니다. 즉 천지의 형상은 영원한 것이 아니라는 말이지요. 천지 자체는 영원하지만 그 형상은 철을 따라 다양하게 변모합니다. 이렇게 변모하는 모습을 계산할 수는 있습니다. 봄, 여름, 가을, 겨울 4계절은 각기 3개월씩 걸린다는 건 누구나 계산할 수 있습니다. 이런 계산은 역학(易學)을 알면 쉽게 누구나 할 수 있습니다.

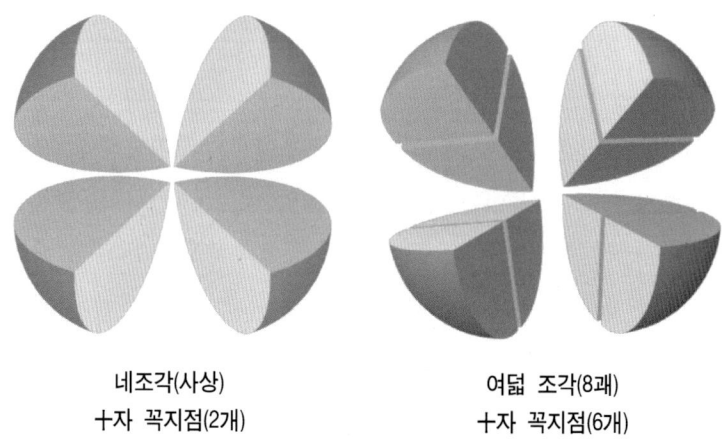

네조각(사상)
十자 꼭지점(2개)

여덟 조각(8괘)
十자 꼭지점(6개)

이번에는 그림을 통해서 우주와 숫자의 상관관계를 알아보기로 하겠습니다.

우주를 하나의 구(球)로 보고, 그것을 한 통의 수박으로 가정해 봅시다. 그것을 한 번 가르면 두 개가 되고, 두 번 가르면 네 조각이 되며, 세 번 가르면 여덟 조각이 됩니다. 이것은 우주를 하늘의 입장에서 깨달으면(天開) 두 조각(음양)을 알게 되고, 땅의 입장에서 깨달으면(地闢) 네 조각(사상)을 보게 되며, 인간의 입장에서 깨달으면 여덟 조각(8괘)을 먹을 수 있다는 의미입니다.

이때 가만히 살펴보면 눈에 보이는 형상은 2, 4, 8이라는 음수로 나타나지만, 그걸 세 번 가른 선(線)은 무형이므로 눈에 안 뜨입니다. 이것은 우주만물을 구성하는 형상은 누구나 잘 알 수 있지만, 그 속에 들어 있는 3변과 그 주체인 3신은 눈에 안 보이기 때문에 사람들이 그 존재에 대해 잘 모를 수밖에 없다는 뜻입니다. 그래서 예로부터 신을 발견한다는 것이 어렵다고 했습니다. 하지만 여덟 조각의 형상으로 갈라지게 한 것은, 조각 그 자체가 아니라 예리한 지혜의 칼이었습니다. 이것이 바로 삼신입니다.

하늘을 가르면 두 조각의 음양이 나오고, 땅을 가르면 네 조각의 사상이 나온다고 하였는데, 그것은 천지의 합을 의미합니다. 천지가 갈라지면 눈에 보이는 형상은 네 조각이지만, 눈에 안 보이는 선(線)도 넷이 있습니다. 그리고 그 중심까지 합하면 5가 됩니다. 이를 가리켜 5中이라고 합니다. 그러나 평면이 아니라 입체적인 구에서 보면 상하에 꼭지점이 상하로 두 개가 생깁니다. 이것은 천지의 두 개가 한데 합했기 때문에 필연적으로 나타나는 현상입니다. 따라서 5中 뿐 아니라, 6中도 있게 마련이지요.

이런 원리에 의해 천지를 가른 네 조각 즉 1, 2, 3, 4는 합이 10이 되고, 그 중심은 5와 6의 두 개가 있게 된 것입니다. 하늘의 양은 1에서 9로 전개되는데, 그 중심은 5이고, 땅의 음은 2에서 10으로 벌어지는데, 그 중심은 6입니다. 이걸 천간으로 말하면 5는 戊요, 6은 己라고 하여, 무기는 천지의 한문(閑門)이라고 합니다. 나중에 언급하겠지만, 戊는 물질문명의 문을 여는 선천태세의 출발이요, 己는 정신문명의 문을 여는 후천태세의 출발이 됩니다.

여하튼 천지를 가르면 벌어질 수 있는 최대의 수가 6까지입니다. 그것은 하늘이 1, 2, 3으로 열리고, 땅은 4, 5, 6으로 벌어진다는 사실을 통해서도 알 수 있습니다. 7, 8, 9는 인간의 일어나는 수리이기 때문에 천지는 6으로 일단락 할 수밖에 없습니다. 이를 가리켜 천부경에는 '대삼합육생칠팔구(大三合六生七八九)'라고 했습니다. 물론 이때의 대삼은 천3(1, 2, 3), 지3(4, 5, 6)을 가리킨 것임은 두말할 필요도 없습니다.

수박을 두 번 가른 건, 천지의 입장에서 본 것이요, 이번에는 사람의 입장에서 세 번째로 갈라보겠습니다. 그러면 당연히 8조각으로 나누어지는데, 더 이상 가른다는 것은 있을 수 없는 일입니다. 왜냐하면 가르기 전의 온통으로 있던 수박의 숫자는 10인데, 8조각을 다시 음양으로 가르면 16조각이 되어 10을 초과할 수밖에 없기 때문입니다. 수는 어디까지나 10을 기반으로 해야 합니다. 그러니까 모든 만물의 변화는 3을 넘을 수 없는 것이기에, 이를 가리켜 3변이라고 합니다. 하늘도 3변을 넘을 수 없고, 땅도, 인간도 마찬가지입니다. 그러기 때문에 천지인 3신은 9변을 넘을 수 없는 것이 숙명(宿命)입니다. 그래서 숫자도 1에서 9까지 이르면 다시 0으로 돌아가는 것이 자연의 철칙입니다. 이것을 그대로 닮아서 인체에는 아홉 개의 구멍이 있게 된 것입니다.

세 번째의 칼, 즉 3신이 작동을 하면 만물은 8괘의 형상을 지니게 되는데, 3은 1에서 5에 이르는 생수(生數)의 중심이요, 8은 6에서 10에 이르는 성수(成數)의 중심이므로, 생성의 중도는 3, 8이라는 말이 생겼습니다. 이것을 현실로 보여주는 것이 바로 한반도의 3·8선입니다. 3·8선은 인류의 중도를 지키기 위한 마지막 보루입니다. 음으로 상징하는 공산주의와, 양으로 상징하는 자본주의를 종식시키고 새로운 중도통합 상생문화를 창출하기 위한 천지인의 염원이 깃든 것이 바로 3·8선입니다. 머지않아 그것은 세계의 인류를 조화하여 한 식구가 되게 하는 중용(中庸)의 산실(産室)이 되어 거룩한 모습으로 등장하게 됩니다.

세 번 가르면 형상으로는 8조각이 생기지만, 꼭지점이 여섯 개가 생깁니다. 즉 상하, 전후, 좌우의 6수가 생깁니다. 칼로 두 번 그었을 때엔 두 개의 꼭지점이 있었지만, 세 번 가르니 무려 6개가 생겼습니다. 앞서 첫 번째 갈랐을 때에는 아무런 꼭지점이 없었지요? 그건 곧 하늘 혼자서는 아무런 조화가 일어나지 않는다는 말입니다. 이걸 숫자로 말한다면 하도의 중심 5수가 존재한다는 걸 말합니다. 두 번 갈랐을 때에는 그래도 꼭지점이 두 개나 생겼지요? 그건 천지가 각기 하늘에서도 조화를 이루고, 땅에서도 조화를 이루었다는 증거입니다. 숫자로 말한다면 5×2=10이라는 말이지요. 그걸 말해주는 것이 바로 하도의 중심에 있는 검은 점 10개입니다. 천지의 중앙에는 사람이 있고, 만물은 3변하는 것이 철칙이므로 세 번째 수박을 가르고 보니, 마침내 수박의 한 중심에서 천지인의 세 꼭지점, 꼭지점이 만나게 됩니다. 이 말은 사람이 아니고서는 천지만물의 중심이 열리지 못한다는 증거입니다. 이처럼 천지인 3신이 하나 된 중심을 가리켜 자성(自性)이라고 합니다. 자성이 밝아진다는 말은 천지인이 하나 된다는 말입니다. 막연하게 그냥 명상이나 하고, 단전호흡이나 하는 등, 인위적인 수련을 통해서 자성이 열리는 것이 아니라, 천지인을 하나로 일관하지 않으면 안 됩니다. 물론 천지인을 일관한다는 것은 하도, 낙서, 용담의 3대 상서를 일관하고, 현무경의 영부로 영대(靈臺)가 열리는 상태를 가리킨다는 건 물어보나 마나겠지요.

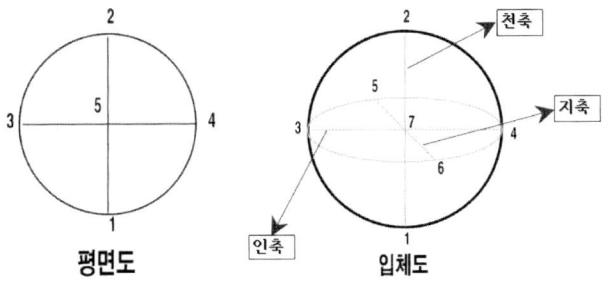

평면도   입체도

두 번째 칼로 수박을 가르면 5중과 6중이 나와서 두 개의 중심이 서게 되어 통일을 이룰 수 없지만, 세 번째 칼로 수박을 잘라 자성이 서게 되면 비로소 수박의 한 가운데에 통일된 구심점이 서게 됩니다. 이를 숫자로 말하자면 6의 중심이므로 7中이라고 합니다. 5중은 1, 2, 3, 4, 5, 6, 7, 8, 9까지 벌어지고, 6중은 2, 3, 4, 5, 6, 7, 8, 9, 10까지 벌어지지만 둘 다 온전한 합일을 이루지는 못했습니다. 그러나 7중은 3, 4, 5, 6, 7, 8, 9, 10, 11까지 벌어지므로 인류의 염원인 11귀체를 이루게 됩니다. 이런 이치를 깨달으면 왜 하늘에 7성이 있는 것이며, 그것이 인체와 어떤 영향을 미치고, 우리 조상들이 왜 7성님께 그토록 수명과 복록을 빌었는가 하는 것을 알게 됩니다. 이런 것은 칠성경을 풀이할 적에 다시 언급할 것입니다.

여하튼 수박을 통해서 우리는 눈에 보이는 형상은 2, 4, 6, 8, 10 음수로 드러나고, 양수는 1, 3, 5, 7, 9로 속에서 안 보인다는 걸 알 수 있습니다. 이처럼 1에서 10에 이르는 숫자는 수박을 개탁(開坼)하는 과정에서 나타난 것들이라는 걸 유념해야 합니다. 즉 숫자를 열 개로 만든 것은, 어쩔 수 없는 자연의 이치에 의한 것이라는 점을 확실히 알아두어야 합니다. 우주만물을 깨닫는 것은, 자기 자신을 열고 닫는 것과 같다는 사실을 일러줍니다. 그 중에서도 2, 4, 8만 형상적인 것이요, 나머지는 눈에 안 보인다는 사실에도 유의해야 합니다. 왜냐하면 2, 4, 8의 합은 14요, 나머지는 31이기 때문이지요. 이에 대해서는 '하도의 중심수 5와 10'에서 다시 다루기로 하겠습니다.

2. 숫자와 시공(時空)

수에는 우주만물의 이치가 들어 있다고 하는 까닭은, 그것이 시공에서 비롯되었기 때문입니다. 시간과 공간은 본래 같은 것인데, 공간은 불변하는 면을 가리키고, 시간은 변화하는 면을 가리킵니다.

시공의 법칙을 아는 일이 왜 중요할까요? 천지는 말이 없지만, 시공을 지어 놓습니다. 인간도 진정으로 일을 하는 사람이라면 말이 없는 가운데, 남이 알아주기를 바라지도 않고, 내세울 것도 없이 그저 묵묵히 일을 하는 사람입니다. 원래 말이 많은 사람은 남 앞에 자신을 드러내기를 좋아하는 유치한 차원입니다. 사람이 천지자연을 닮아야 한다고 하는 것은 이런 면을 닮으라는 것입니다. 말이 없는 가운데에, 지어 놓은 시공은 그대로 천지의 성정(性情)을 드러낸 것입니다. 천지가 살아 있다면 반드시 성정이 있는 법이고, 그것은 어떤 형태로건 나타나게 되어 있는데, 그것이 바로 시공이라는 것입니다. 천지가 '지금 이 시간' 지어 놓는 시공이 바로 천지의 마음이며, 그것이 바로 우리 인간들의 자성(自性)입니다. 따라서 그걸 알아내는 일이야말로 천지와 자성의 흐름을 읽는 일이며, 그것이 온전해지면 천지와 일체를 이룬 진정한 신인(神人)이요, 성인(聖人), 혹은 지인(至人)이 될 수 있기 때문입니다. 이것이 바로 영생하는 길입니다.

공간은 글자 그대로 텅 빈 것이므로 10(0)을 기반으로 하는데, 10은 1, 2, 3, 4의 합입니다. 여기서 1은 북방을 가리키고, 2는 남방을 가리키며, 3은 동방을, 4는 서방을 가리키는 것이므로 결국 10은 사방의 합이 되는 셈이죠. 사실 동서남북의 방위는 1이나 2, 3 따위로 다르게 표현 되는 건 아닙니다. 이런 숫자는 그걸 구분하기 위한 하나의 수단이요, 방편에 지나지 않습니다. 그러므로 동방도 1이요, 서방도 1이며, 남방과 북방도 그냥 1이라고 해도 결코 틀린 표현은 아닙니다. 이렇게 보면 이 세상 모든 만상이 다 1이라고 해야 할 겁니다. 따라서 우주만물을 그냥 1이라고 하면 됩니다.

하지만 그렇게 하면 각자가 지니고 있는 고유한 개성은 표현할 수 없습니다. 크게 보면 다 하나라고 하는 건 맞지만, 분명 동방과 서방은 다릅니다. 북방과 남방도 다릅니다. 북방은 어둡고 차갑기 때문에 생물체가 움츠릴 수밖에 없지만, 남방은 뜨거운 태양의 열기 때문에 도저히 땅 속에서 생물들이 살아갈 수가 없어서 모두 밖으로 나오게 마련이지요. 북방의 상태를 오행으로 본다면 수(水)와 같고, 남방의 상태는 화(火)와 같다고 옛 어른들은 생각을 했던 겁니다. 물은 밑으로 모이는 성질이 강하기 때문에 하도를 보면 1이라고 하여 북방에 배치를 하였습니다. 반대로 불은 위로 올라가 흩어지는 성질이 강하기 때문에 하도에서는 2라고 하여 남방에 배치를 하였습니다. 1과 2라는 숫자를 보면 1은 통일이요, 2는 분열을 가리키기 때문에 1수(水), 2화(火)라고 한 겁니다. 1과 2를 기본으로 하여 3과 4가 나오는 법인데, 1을 하늘이라 하고, 2를 땅이라고 합니다. 1을 하늘로 본 것은 하늘은 형상 중에서 가장 처음에 존재하기 때문이며, 그 다음에 거기에서 떨어져 나온 물질들의 집합체가 땅이기 때문에 2라고 한 것입니다. '땅'이라는 용어도 '따'에서 온 것인데, 요즘 학생들이 '왕따'를 당한다고 하는 것을 보아도 알 수 있는 것처럼, 따로 따돌림을 당하는 상태가 '따'입니다. 지구는 사실 하늘에서 떨어져 '따'를 당했기 때문에 그런 용어가 나왔습니다. 하도를 보면 하늘을 가리키는 1을 밑에 배치하고 북방이라 하였으며, 땅을 가리키는 2를 위에 배치하고 남방이라 하였습니다. 우리의 상식으로는 하늘이 위에 있어야 하고, 땅이 밑에 있어야 하는데 하도는 정반대로 배치를 하였으니 이상한 노릇이지요.

그러나 그것을 풀이한 복희8괘도를 보면 하늘을 가리키는 1건천을 위에 놓고, 땅을 가리키는 8곤지를 밑에다 배치한 것을 보면, 하도가 반드시 밑에 하늘이 있고, 위에 땅이 있다고 하는 건 아닌 모양입니다. 그것은 무엇을 기준으로 보느냐에 따라 다르게 표현한 것이라고 봅니다. 형상을 기준으로 하느냐, 아니면 그 속에 있는 변화를 기준으로 하느냐에 따라 그 입장이 달라진다는 말이지요. 이런 것은 하도를 보면서 생각을 하면 저절로 풀리게 되어 있습니다. 하도를 보면 같은 북방의 1, 6水라고 하였지만, 1은 위에 있고, 6은 밑에 배치한 것을 알 수 있을 겁니다. 이런 것에 대한 자세한 설명은 곧 이어 나올 '3, 상서로 본, 수의 배열'과 '4. 하도와 오행'에서 자세히 다룰 것이므로 이곳에서는 생략하기로 하고, 다만 숫자와 시공에 관한 사항만 다루기로 하겠습니다.

숫자가 어떻게 해서 시간과 공간을 상징할까요? 그것은 숫자가 음양을 상징하기 때문입니다. 음양은 질적인 면과 양적인 면으로 나타납니다. 물론 질적인 면에도 음양이 있고, 양적인 면에도 음양이 있어서 4상으로 나타나기도 합니다. 그런 것을 종합적으로 다루는 것을 8괘라고 합니다. 따라서 나중에 팔괘에 대한 언급을 할 적에 다시 언급하기로 하고, 여기서는 우선 질적인 면과 양적인 면으로 음양이 있다는 사실만 부각시키도록 하겠습니다.

왜 질적인 면과 양적인 면으로 부각시키려고 하느냐 하면, 그것이 바로 시간과 공간을 가리키기 때문입니다. 공간은 양적인 면, 즉 형상을 담고 있는 그릇이요, 시간은 질적인 면, 즉 변화를 담고 있는 그릇이기 때문입니다. 공간은 무형이기에 형상이 있는 모든 것들을 담을 수 있고, 시간은 형상이 있기에 벌어지는 온갖 무형의 변화상을 담을 수 있습니다. 즉 음은 음이기에 양을 나타내고, 양은 양이기에 음을 나타낸다는 말입니다. 시간은 공간 속에서 벌어지는 변화상을 나타내고, 공간은 시간이 흐르는 바탕을 제공합니다.

시간은 12지지로 나타나고, 공간은 10천간으로 나타나기 때문에 간지(干支－천간과 지지를 줄인 말)를 통해서 설명하는 것이 바람직합니다. 그러나 그전에 먼저 시공의 개념을 하도와 숫자를 통해서 이해하는 것이 좋을 것 같아서 이렇게 서술하게 되었습니다. 따라서 나중에 나올 간지론과 어느 정도 중복되는 것은 불가피하다는 점을 십분 이해해 주기 바랍니다.

공간은 텅 빈 상태인데, 그걸 가리킨 숫자는 0입니다. 공간이 어둠에 싸이면 흑원, 혹은 흑공 ●이 되고, 태양 볕을 받게 되면 백원, 혹은 백공 ○이라고 합니다. 이걸 잘 나타낸 것이 바로 하도, 낙서, 용담의 흑백점입니다. 흑점은 밤을 가리키고, 백점은 낮을 가리킵니다. 밤과 낮은 본래 있는 것이 아니라 공간 속에서 음양이 빚어내는 현상에 지나지 않습니다. 이처럼 공간은 음양이 서로 순환하면서 움직이는 바탕입니다. 따라서 공간에는 음양이 반드시 들어 있다고 하는 겁니다. 공간 자체는 아무 형체도 없으면서 모든 음양과 음양이 빚어낸 만물의 상을 다 감싸고 있는 엄청난 그릇이라고 할 수 있겠죠.

숫자는 음양을 가리키고, 음수는 2, 4, 6, 8이요, 양수는 1, 3, 7, 9 라고 하였습니다. 중심에 해당하는 5, 10을 제외(除外)하고 보면 8개 의 숫자가 남는데, 이는 곧 8방에 해당합니다. 방위는 나누기에 따라서 4방, 5방, 8방, 10방, 12방, 16방, 24방, 36방, 100방 등등, 다양하게 분류합니다. 그러나 사람들이 제일 많이 사용하는 것은 아무래도 '4방'과 '8방'일 것입니다. 그것은 그만큼 4방과 8방이 방위의 기준이며, 공간의 기준이라는 의미입니다. 공간을 나타내는 용어가 방위(方位)입니다. 공간이라고 하니까 무조건 텅 빈 허공이라고만 인식하면 곤란합니다. 왜냐하면 허공은 비록 겉으로는 아무 것도 없는 것 같지만, 그 속에는 모든 만물이 형상으로 드러날 요소가 온전히 구비되어 있기 때문입니다. 그러니까 공간은 무형의 요소들이 한데 모인 곳이라고 하면 되겠군요. 그러기 때문에 공간을 가리켜 하늘이라고 합니다.

반대로 유형의 요소들이 한데 모인 곳은 땅이라고 합니다. 이처럼 '하늘은 무형이 모인 곳, 땅은 유형이 모인 곳'이라고 정리를 하는 게 좋을 겁니다. 하늘을 가리키는 天은 하늘(一), 땅(一), 사람(人)이 한데 모인 곳이라는 의미가 있는데, 물론 무형적인 요소를 가리킴은 두말할 필요도 없겠죠. 땅을 가리키는 地를 보면 무극을 가리키는 十과 태극을 가리키는 一을 한데 합한 土를 이어주는 곳(也－잇기 야)이라는 의미가 있습니다. 즉 음양이 조화한 흙에서 만물의 형상을 이어주는 곳이 땅이라는 말입니다. 그럼 사람을 가리키는 人에는 어떤 의미가 있을까요? 天에서 두 개의 一을 벗어버리고 남은 게 사람이군요. 하늘과 땅을 벗어버린 게 사람이라는 말입니다. 사람이 어렸을 적에는 부모님의 품에서 자라게 마련이지만, 다 큰 성인이 되어서도 그럴 수는 없습니다. 어른이 되면 당연히 부모님의 품에서 벗어나 자립하는 것이 정상입니다. 사람도 언제인가는 천지의 그늘에서 벗어나야 합니다. 천지의 그늘에서 벗어나 천지의 대권(大權)을 물려받아야 합니다. 선천의 종교처럼 인간을 초월한 특별한 존재에 매달리는 시대가 아니라, 자성을 밝혀 스스로 하느님을 모시고 살아가는 시천주(侍天主)가 되어야 합니다. 그때가 바로 우리가 살아가는 지금의 21세기입니다.

공간을 숫자로 말하자면 10수이고, 시간을 숫자로 말하자면 12가 됩니다. 자세한 것은 간지론에서 다시 언급하겠지만, 10과 12에 대한 것은 매우 중요하다는 사실을 인식해야 합니다. 공간은 글자 그대로 0입니다. 0을 10과 동일시하는 경향이 있는데, 그것은 본질적인 면에서는 타당하지만, 형상적인 면에서는 그렇지 않습니다. 0은 1과 합하지 않은 상태이지만, 10은 1과 하나 된 상태입니다. 즉 0은 무형적인 요소를 한데 모아놓은 상태이지만, 10은 유, 무형을 전부 모아 놓은 상태입니다. 그것을 더 구체적인 수리로 말한다면 10은 1, 2, 3, 4, 5, 6, 7, 8, 9를 싸놓은 보자기라고 할 수 있습니다. 0에는 1, 2, 3, 4, 5, 6, 7, 8, 9가 없지만, 10에는 들어 있습니다. 이 말은 1은 그냥 단순한 1이 아니라, 1, 2, 3, 4, 5, 6, 7, 8, 9의 아홉수가 있다는 뜻입니다. 1이 아홉수가 된다는 것은 유형적인 형상은 반드시 아홉수를 통해서 나타난다는 의미입니다. 그 까닭은 우주에는 3극이 있는데, 그것이 형상으로 화하면 천지인이라는 3재로 나타나고, 그들은 각기 시, 중, 종으로 3변을 하기 때문입니다.

사람들은 흔히 인생을 가리켜 공수래공수거(空手來空手去)라고 하는데, 0에서 왔다가 0으로 가는 것이 아니라, 0에서 왔다가 10으로 간다는 말입니다. 이 둘의 차이는 매우 중요한 것입니다. 이것은 '공수래공수거'에서 다시 다루도록 하겠습니다. 여하튼 우주를 구성하고 있는 3대 주체는 천지인 삼신인데, 그들이 3단계로 9변하는 모든 상태를 감싸는 보자기가 10이며, 이를 가리켜 공간이라고 부릅니다.

텅 빈 공간이지만, 그 속에서는 항상 천지인 3신이 움직이고 있습니다. 움직임이 있다는 것은 곧 방위가 있다는 얘기가 되는군요. 한 곳에서만 움직이는 게 아니라면 반드시 여러 곳이 있게 마련입니다. 이를 가리키는 단위가 바로 4방이요, 8방입니다. 4방과 8방은 어떻게 다를까요? 그냥 단순하게 4방을 다시 둘로 나누어 동북, 동남, 서북, 서남까지 합하면 8방이라고 한다면 별다른 의미를 발견하지 못합니다. 4방은 음양이 벌어진 상태인데, 음양은 하늘의 무형적인 형상을 말하고, 그것이 땅에서 형상적인 요소를 가미하여 벌어지면 4상이 됩니다. 그것이 다시 인간의 의식 속에서 벌어지면 하늘의 음양 2×땅의 음양 2×인간의 음양 2＝8이 됩니다. 이처럼 천지인의 음양이 형상으로 벌어지면 여덟 조각으로 나타나는데 이를 가리켜 8괘라고 하며, 8방이라고 합니다. 따라서 공간은 8방을 가리킨다고 할 수 있습니다. 천지의 공간은 4방으로 나타나며, 인간의 공간은 8방으로 나타납니다.

여기에 중심에 있는 음양의 공간을 합하면 10방이 되는데, 이것이 바로 유, 무형의 공간이며 10천간이라고 합니다. 그러기 때문에 1, 2, 3, 4를 합한 숫자가 10이 됩니다. 1은 북방과 겨울을 2는 남방과 여름을, 3은 동방과 봄을, 4는 서방과 가을을 가리킵니다. 그러므로 공간은 사방과 사계절이 담겨 있는 그릇이라고 보면 됩니다.

이에 비해 시간은 우주를 구성하는 3신인 천지인이 사방에서 변화하는 상태를 가리킵니다. 이것을 나타내는 것이 3×4＝12입니다. 따라서 시간을 나타내는 숫자는 12를 기본으로 합니다. 천간 10과 지지 12의 최소공배수인 60은 시공이 일치하는 사이클을 가리킵니다. 그것을 나타내는 것이 60갑자인데, 그것은 다음과 같습니다.

갑자 1	을축 2	병인 3	정묘 4	무진 5	기사 6	경오 7	신미 8	임신 9	계유 10
갑술 11	을해 12	병자 13	정축 14	무인 15	기묘 16	경진 17	신사 18	임오 19	계미 20
갑신 21	을유 22	병술 23	정해 24	무자 25	기축 26	경인 27	신묘 28	임진 29	계사 30
갑오 31	을미 32	병신 33	정유 34	무술 35	기해 36	경자 37	신축 38	임인 39	계묘 40
갑진 41	을사 42	병오 43	정미 44	무신 45	기유 46	경술 47	신해 48	임자 49	계축 50
갑인 51	을묘 52	병진 43	정사 54	무오 55	기미 56	경신 57	신유 58	임술 59	계해 60

반드시 옆에 있는 숫자를 붙여서 외우도록 하는 것이 좋습니다.

더 확실하게 숫자가 시간과 공간을 가리킨다는 사실을 이해하기 위해서 다음의 그림을 인용하기로 하겠습니다. 사물의 중심(하도의 중심)에는 항상 1태극이 있고, 그것은 반드시 음양이 있게 마련입니다. 하도의 중심을 보면 흰점이 다섯 개가 있지요? 그것만 따로 그리면 다음과 같습니다.

	○				2火7	
○	○	○	→	3木8	5, 10中	4金9
	○				1水6	

위와 같이 5방에 음양(1,6 2,7 3,8 4,9 5,10)이 있어 도합 10이 되므로 이를 공간의 기초 즉, 10천간이라고 합니다. 이에 비해 시간은 상중하 2→5→1, 1→5→2로 두 번, 좌중우 3→5→4, 4→5→3 으로 두 번씩 모두 네 번의 단계를 거치게 됩니다. 이것이 천지인과 어울리면 12가 되는데, 이것이 곧 시간의 기초이며 12지지라고 합니다. 이것은

다음 그림을 보면 더욱 알기 쉬울 겁니다.

1	2	3		1	4	7
4	5	6		2	5	8
7	8	9		3	6	9
	(위도)				(경도)	

위의 두 그림의 중심을 지나는 선은 위도(緯度)에서 본 것이 1-5-9, 2-5-8, 3-5-7, 4-5-6으로 네 개요, 경도(經度)에서 본 것도 똑같이 네 개이므로 도합 8개입니다. 다시 말씀 드린다면 1과 9, 2와 8, 3과 7, 4와 6이라는 8개의 숫자가 겉에 있고, 중심에 5가 4개가 있으니 도합 12개의 숫자가 있는 셈입니다. 이때 주의할 것은 중심에도 음양이 있어서, 양은 5가 되고, 음은 10이라고 한다는 사실입니다. 이걸 다시 다음과 같은 모양으로 배치를 해보기로 하겠습니다.

	2,7			병정				사오	
								미	
3,8	5, 10	4,9	→	갑을 무기 경신	→	인묘	진 술	신유
							축	
	1, 6			계임			자해	
	(하도)			(천간)			(지지)	

위에서 보는 것처럼, 천간은 5방에 있는 음양에 숫자를 붙인 것이
요, 지지는 진술축미(5, 10)를 매개로 해서 水, 火, 金, 木이 상생(相
生)과 상극(相剋)의 변화를 하는 상태를 나타내고 있습니다. 1子는
10丑을 매개로 해서 3寅으로 수생목(水生木)을 하고 있으며, 8卯는
5辰을 매개로 해서 2巳로 목생화(木生火)를 하고 있고, 7午는 10未
를 매개로 해서 9申으로 화극금(火剋金)을 하고 있으며, 4酉는 5戌
을 매개로 해서 6亥로 금생수(金生水)를 하고 있다는 사실을 알게
됩니다. 다른 곳은 전부 상생으로 되어 있는데, 유독 남방의 7午가
10未를 매개로 해서 서방의 9申으로 화극금(火剋金)을 하고 있다는
사실에 유의해야 합니다. 이것은 '금화교역'에서 다시 중점적으로 다
룰 것입니다. (子는 1水, 巳는 2火, 寅은 3木, 酉는 4金, 辰戌은 5
土, 亥는 6水, 午는 7火, 卯는 8木, 申은 9金, 丑未는 10土라고 하
는데 이에 대해서는 5행 편에 상세한 설명이 있음)

이처럼 공간을 상징하는 10천간은 5방에 널려 있는 음양을 가리킨
것이요, 시간을 상징하는 12지지는 5, 10의 中和작용(혹은 土化작용
이라고도 함)에 의해서 상생과 상극의 변화를 하는 상태를 일러주고
있습니다. 따라서 숫자에는 시공의 법칙과 원리가 다 들어 있습니다.

3. 상서로 본, 수의 배열

이번에는 3대 상서에 배열되어 있는 숫자를 통하여 수리를 살피
기로 하겠습니다. 상서를 숫자로만 소개하면 다음과 같습니다.

	(하도)			(낙서)			(용담)	
	7			9			2	
	2			4			7	
8, 3	5, 10	4, 9	3, 8	5	2, 7	8, 3	6	9, 4
	1			6			5	
	6			1			10	

3도를 놓고 함께 수리를 살피는 게 훨씬 입체적으로 보입니다. 하도는 하늘의 입장을, 낙서는 땅의 입장을, 용담은 인간의 입장을 상징한다는 건 이미 알고 계시리라 믿습니다. 하도를 보면 1에서 10까지의 숫자가 다 있는데 비해, 낙서에는 10이 없으며, 용담을 보면 1이 없는 것이 가장 큰 특징입니다.

이것은 하도야말로 모든 것을 다 온전하게 구상한 우주창조의 설계도라는 것을 말해 줍니다. 낙서는 하도의 설계도에 따라 구체적으로 집을 짓는 작업도라고 할 수 있고, 용담은 집을 다 지은 완성도라고 할 수 있습니다.

하도를 보면 북방(아래)에 1, 6이 있고, 남방(위)에 2, 7이 있으며, 동방(왼편)에 3, 8이 있고, 서방(오른편)에 4, 9가 있으며, 중앙에 5, 10이 있습니다. 이에 대한 상세한 것은 '오행'편에서 다시 언급하겠지만, 하도에는 이처럼 열 개의 수가 나열되어 있습니다. 10개의 수는 공간을 상징하므로, 하도는 곧 천지인을 비롯한 모든 만물이 살아갈 수 있는 터전을 제공하고 있다는 걸 알 수 있습니다. 터전이 없으면 그 어느 것도 발을 붙이고 살 수 없는 것처럼, 하도의 이치를 모르고서는 어느 사람도 온전한 의식개벽을 할 수 없습니다.

그런데 하도를 풀이한 복희도를 보면 숫자가 8개 밖에 나와 있지 않습니다. 1건천, 2태택, 3리화, 4진뢰, 5손풍, 6감수, 7간산, 8곤지가

바로 그것입니다. 이렇게 된 이유를 알 수 있다면 하도의 바른 의미
가 눈에 보일 것입니다. 그런 것은 팔괘를 언급할 적에 상세히 하기
로 하겠습니다. 여하튼 하도의 모든 숫자를 합하면 대정수(大定數)
55가 나오는데, 이것이 천지를 창조한 원물(元物)입니다. 현무경의
진부(辰符)에 이르기를 '서자(誓者)는 원천지지약(元天地之約)이니 유
기서(有其誓)하고 배천지지약즉(背天地之約卽) 수원물(雖元物)이라도
기물(其物)이 난성(難成)이니라-(맹서는 원천지의 약속이라야 진짜
맹서이니, 만약 천지의 약속을 어긴즉 그것이 비록 원물이라고 할지
라도 이루기 어렵다는 말')고 하면서 도합 55개의 점을 찍어 놓았으
니, 이는 곧 하도의 55점 대정수를 가리킨 것입니다. 원천지가 맺은
약속은 음에서 양이 나간 것인데, 선천 물질 세상에서는 양이 음을
억눌렀습니다. 그러나 이제 때가 오매 다시 본래의 약속대로 양은
음에게 그 자리를 물려주어야 하는 법이니, 만약 그걸 어기면 비록
대정수 55가 있다고 하여도 그 뜻이 이루어지지 못한다는 의미입니
다. 자세한 것은 현무경 해설편을 참고하기 바랍니다.

　우주는 본래 음양으로 이루어져 있고, 그 음양은 水火가 기본이며,
다음이 木金이 기본입니다. 水와 火는 상대적인 형상을 취하고 있으
므로 서로 남북이라는 정반대 입장에 배치하게 된 것입니다. 또한
木과 金도 상대적인 형상이기에 동서로 배치된 것입니다. 이것이 5
를 얻어 성수(成數)가 되어도 역시 6水는 북방에, 7火는 남방에 배
치하여 서로 상대가 되며, 8木은 동방에, 9金은 서방에 배치되어 역
시 상대적인 관계를 형성합니다. 중심도 예외는 아니어서 5는 사물의
형상을 생에서 성으로, 음에서 양으로, 양에서 음으로 조절해주는 양
적인 역할을 하며, 10은 사물의 형상이 아닌 본질을 그대로 계승하

게 하는 음적인 조화를 합니다. 이처럼 하도는 천지의 형체를 그대로 소개하여 동방에는 3,8목이, 서방에는 4, 9금이 남방에는 2, 7화가, 북방에는 1,6수가 중앙에는 5, 10토가 각기 자리를 잡고 있다는 사물의 이치를 그대로 나타내고 있습니다.

그러나 낙서로 넘어가면 그 사정은 달라집니다. 낙서의 특징 중에 하나는 10이 빠져 있다는 사실입니다. 낙서에 10이 빠진 것은 10이 주인공이기 때문입니다. 주인공은 뒤에서 모든 것을 지시만 할 따름 이기에 굳이 자신의 모습을 드러낼 필요가 없습니다. 즉 낙서는 1과 9, 2와 8, 3과 7, 4와 6이 한 짝이 되어 도합 10을 이루도록 작업을 하고 있습니다. 물론 그 중심에는 5가 있습니다. 그것은 낙서는 1이 라는 양에서 출발하여 9라는 양에서 끝나는 양 위주의 운행을 하고 있는데, 1에서 9의 중심은 5이기 때문입니다. 선천이 억음존양(抑陰 尊陽)으로 흘러 남존여비(男尊女卑)라는 부조리를 잉태하게 된 것도 실은 이와 같은 낙서의 운기(運氣) 때문이었습니다. 아홉 개의 궁은 사실 중심의 5와 같기 때문에, 1, 2, 3, 4, 5, 6, 7, 8, 9를 모두 합한 수와 5×9는 45가 됩니다. 이렇기 때문에 낙서를 가리켜 45도수라고 합니다. 또한 낙서에서 빼놓을 수 없는 것이 있으니, 그것은 '금화교 역(今火交易)' 혹은 '2·9착종(錯綜)'입니다. 낙서를 보면 하도와는 달리 2와 9가 서로 자리를 바꾸었는데 이를 가리켜 '2·9착종' 혹은 '9·2착종' '금화교역'이라고 합니다. 이에 대해서는 따로 장을 달리 하여 설명을 하였으니 그곳을 참고하기 바랍니다. 여하튼 낙서는 금 화교역으로 인하여 상극의 운기를 띠게 되었는데, 그것은 곧 우주의 기운이 양기가 과잉하여 여름문명으로 접어들었다는 얘기입니다. 날 씨가 인간의 마음을 좌우하듯이 우주의 기운도 인간의 영대(靈臺)에

지대한 영향을 미쳐 여름의 물질문명은 아비규환(阿鼻叫喚)의 생지옥이 되었던 것입니다. 그래서 모든 수리가 10을 찾아서 헤매도록 짜여 진 것입니다.

마지막으로 용담도를 살펴보면 낙서와는 반대로 음 위주로 모든 것이 정해졌다는 걸 알게 됩니다. 낙서에는 정동방에는 3이, 정북방에는 1이, 정남방에는 9가, 정서방에는 7이, 중앙에는 5가 들어가 있었지만, 용담도에는 각기 2, 4, 6, 8, 10이라는 음수가 들어가 있습니다. 선천 낙서에서는 9가 마지막을 장식하였지만, 용담도의 마지막은 10으로 끝나고 있으니, 이는 곧 그토록 인류가 염원하던 인간의 고향인 10무극을 찾게 된다는 복음이라고 하지 않을 수 없습니다. 불가에서 전해 오는 기우귀가(騎牛歸家－十牛圖라고도 하는데, 잃어버린 소를 찾아가는 여정을 나타낸 그림)는 바로 이를 가리킨 것입니다. 이때 유념할 것은 낙서의 '9·2착종'이 용담도에서 다시 '2·9착종'으로 바로 잡히게 된다는 사실입니다. 물론 '금화교역'도 '화금교역'으로 다시 바로 잡히는 건 두말할 것도 없습니다. 개벽주께서 천지개벽을 단행하시고 보여주신 결과는 바로 용담도입니다. 즉 개벽이란 건 인간의 그릇 된 자성을 바로 잡아, 그간 서로 분리되었던 천지인 3신의 중심을 하나로 일관(一貫)하는 곳이 바로 인간의 자성이라는 사실을 일깨워주는 것을 가리킵니다. 자세한 건 팔괘를 언급할 적에 다시 하기로 하겠습니다.

4. 하도와 오행

하도는 앞에서 말한 것처럼 5방에 있는 음양의 현상을 나열한 것입니다. 그러니까 사물의 변화를 가리킨 것이 아니라, 어디까지나 사물의 형태와 속성을 일러준다고 보면 될 것입니다. 무엇이건 일을 할 때에는 연장이나 도구에 대한 걸 확실하게 숙지(熟知)해 두어야 하는 것처럼, 우주와 인생을 깨닫기 위해서는 그 도구에 해당하는 사물에 대한 정보를 제대로 알아두어야 하는 것이 급선무입니다. 물론 낙서는 그 도구를 사용하여 작업을 펼치는 것이므로 우주와 사물의 변화를 가리킨다고 봅니다. 용담은 작업이 완성된 상태라고 하였으니, 이상인간, 이상사회의 이념과 방편이 온존(溫存)하다고 할 수 있겠군요.

하도는 1, 6수, 2, 7화, 3, 8목, 4, 9금, 5, 10토라는 오행에 관한 상징이라고 해도 과언이 아닙니다. 5행을 아는 것이야말로 모든 이치의 출발이며, 깨달음의 첩경입니다. 5행을 태극이라고 하면 아마 고개를 갸웃하실 분들이 많을 겁니다. 왜냐하면 지금까지 사람들은 태극하면 '1태극'이라고 배웠으니까요. 하지만 1태극이라고 하는 것은 10개의 숫자에 국한할 적에 하는 이야기이지, 삼라만상을 통틀어 보자면 5행이야말로 사물의 중심에 자리 잡고 있는 태극이라고 하지 않을 수 없습니다. 이에 대한 이야기는 '중심수'에서 상술하기로 하고, 우선 각 5행에 대한 것을 알아보도록 하겠습니다.

* 하도의 흑백 무늬

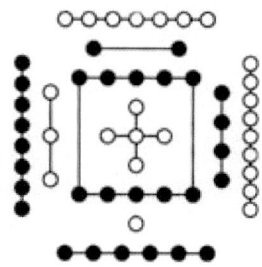

河図

　하도는 55개의 흑백 무늬로 이루어졌습니다. 그것은 만물은 모두 흑백으로 이루어졌음을 의미합니다. 흑점은 2, 4, 6, 8, 10의 짝수를 이루고, 백점은 1, 3, 5, 7, 9의 홀수를 이룹니다. 짝수는 안정된 상태를 의미하고, 홀수는 불안한 상태를 의미합니다. 안정된 상태는 움직이지 않는 것이요, 불안정한 상태는 움직이는 것을 가리킵니다. 움직이지 않는 상태는 고정된 물체를 가리킵니다. 예를 들면 지구, 주택, 장롱, 티브이, 거울 같은 것들이 있을 겁니다. 이런 것들을 짝수(偶數), 혹은 음이라고 합니다. 그에 반해 지구를 움직이게 하는 보이지 않는 힘이나, 주택, 장롱, 티브이 등을 변하게 하는 무형의 기운은 홀수(奇數), 혹은 양이라고 합니다. 음은 안으로 끌어들이려는 본능이 있고, 양은 밖으로 튀어나가려는 본능이 있습니다. 흑점은 만물의 기운을 안으로 수렴(收斂)하고, 백점은 발산(發散)합니다. 음이 있을 수밖에 없는 것은 무언가 기운이 한 곳으로 모이지 않으면 결코 형체를 지닐 수 없기 때문입니다.

지구는 본래 혼돈 속에 있던 우주의 기가 한 곳으로 응결된 것입니다. 지구만 그런 것이 아니라, 형체가 있는 모든 것들은 다 그와 같다고 할 수 있습니다. 그러나 기운이 안으로 수렴만 한다면 언젠가는 한 점으로 되었다가 그마저도 소멸할 운명에 처해집니다.

극즉반의 원리에 의해 극한적인 수렴은 반드시 분산하게 마련입니다. 우주가 질서를 유지하는 까닭은 수렴하는 기운이 있는가 하면, 반대로 분산하려는 기운이 있기 때문입니다. 이를 가리켜 구심력(求心力)과 원심력(遠心力)이라고 합니다. 구심력은 음을, 원심력은 양으로 나타납니다. 또한 기운이 발산하기만 한다면 언젠가는 무형의 상태로 될 것은 뻔한 일이겠지요. 그러므로 우주만물은 적당히 음양이 균형을 이루어야 합니다. 하도의 흑백 무늬는 이와 같은 우주의 이치를 그대로 상징하기 위한 것입니다.

본래 만물은 유형과 무형으로 나누어지는데, 그것을 각기 숫자로 나타낸다면 1과 0입니다. 1과 0을 각기 색으로 상징한다면 1은 흑점이요, 0은 백점이라고 할 수 있지요. 1은 홀수이므로 양이라 하고, 0은 텅 비었으므로 음이라고 해야 하지 않느냐고 반문할 분들이 있을 겁니다. 물론 그런 생각도 틀린 건 아닙니다. 그러나 그건 동정을 기준으로 본 것이요, 만일 색으로 본다면 0은 속이 텅 빈 흰색이므로 양이라 하고, 1은 속이 꽉 찬 검은색이므로 음이라고 합니다. 0은 무궤(無櫃)요, 1은 유궤(有櫃)입니다. 형체라는 틀은 반드시 대소(大小), 장단(長短), 고저(高低), 후박(厚薄), 수요(壽夭) 등이 있는데 그것을 상징하는 것이 1입니다. 틀이 없는 상태는 0으로 상징하는 건 당연하겠지요.

양은 밑에서부터 위로 올라가는 성질이 있기에 양의 첫수인 1을 밑에 놓은 것이며, 음은 위에서 밑으로 내려가는 성질이 있기에 음의 첫수인 2를 위에 배치했습니다. 1양이 자라면 3양이 되는데, 1양은 아직 형상이 없는 반면에 3양은 형상이 나타난 것이므로 동산의 태양과 같다고 하여 동방에 배치를 한 것이며, 2음이 자라면 4음이 되는데, 2음은 아직 형상이 나타나지 않은 반면, 4음은 서서히 그 형상이 서산에 나타나기 시작하므로 4를 서방에 배치하였습니다. 1양, 4음과 2음 3양의 합 즉, 음양의 합이 5이므로 중심에 5를 배치하였고, 4에서 한 걸음 더 자란 6음은 6수가 만물의 형상을 구체적인 6각수로 품어야 하므로 그 속에 1양을 간직하게 하려는 의미에서 북방 1과 함께 하였습니다. 즉 양이 기준이 되어 음과 양이 최초로 하나 되는 곳이 북방이라는 뜻이 있습니다. 상대적으로 음이 기준이 되어 최초로 음양이 하나 되는 곳은 남방이어야 하겠지요. 음의 시작은 2이므로 당연히 2가 음양의 합일체인 5의 기운으로 7로 빛을 발합니다. 6은 음이 극성한 수요, 7은 양이 극성한 수입니다. 즉 음이 가장 단단하게 뭉친 수가 6이요, 양이 가장 극렬하게 발산하는 수가 7입니다. 그러므로 땅에서는 6각형으로 물질이 구성되었고, 하늘에서는 7성으로 양기가 빛을 발산하게 되었습니다.

무엇이건 극하면 쇠하는 법에 따라 6음은 8음으로 변하는데, 8은 앞에서 말한 것처럼 천지인의 음양이 곱해진 상태입니다. 즉 천지인이 그 형상을 여덟 조각으로 나타낸 상태입니다. 동산에 떠오르는 태양 볕인 3양은 8방을 훤하게 비추게 마련입니다. 반대로 극렬하게 발산하던 7양도 서서히 그 기운을 갈무리해야 하는데, 만약 그 기운을 방치했다가는 양은 하나도 남김이 없이 헛된 종말을 맞이하게 될 수밖에 없습니다. 그러므로 반드시 음이 갈무리를 해야 하는데, 그것이 바로 서방의 4음입니다. 음은 정적(靜的)인 형상을 마지막에 나타내는 법이므로 동방에서 3양의 기운에 의해 8목으로 그 형상을 드러낸 반면, 양은 동적(動的)인 변화를 나타내는 법이므로 변화의 끝인 9변을 서방의 4금의 기운으로 드러냈습니다. 그러면 10은 무슨 의미일까요? 그것은 5와 상대적인 것으로써 5가 음양의 합을 의미한다면, 10은 두 개의 5 즉, 사방의 음양인 사상의 합을 가리킵니다. 사방은 1, 2, 3, 4이고 그 합은 10이 되는 것을 보아도 이는 분명한 사실입니다.

세상에 있는 모든 빛을 한 군데로 모아놓으면 백광(白光)이 되지만, 세상에 있는 모든 색을 한 군데로 모아놓으면 흑색(黑色)이 된다는 사실도 유의(留意)해야 합니다. 즉 하도의 백점은 빛의 집합체요, 흑점은 색의 집합체를 가리키고 있습니다. 빛과 색의 차이는 어떤 겁니까? 빛에도 물론 색이 있지만 그것은 고정된 형체가 아니라고 한다면, 색은 반드시 고정된 형체를 띠고 있습니다. 단원 김홍도의 그림이나 피카소의 그림은 수많은 세월이 흘렀어도 명화로 칭송을 받는 바탕에는 고정된 형체가 색으로 남아 있기 때문입니다.

사람이 수태(受胎)하기 전에는 무형으로 있었지만, 수태 이후에는 형체를 지니게 마련입니다. 이런 형체를 만드는 것은 염색체(染色體)입니다. 우리는 태어나는 순간부터 이미 공(空)을 벗어나 색계(色界)로 들어간 염색체입니다. 요즘 젊은이들은 머리를 염색하는 일이 유행(流行)처럼 되었습니다. 머리는 곧 생각(生覺)을 의미합니다. 이런 현상은 오늘날 사람들의 깨달음은 서구의 물질로 염색이 되었다는 걸 상징적으로 보여주는 셈이겠지요. 하도의 이치를 잘 깨치면 우리의 머리는 다시 본래의 11귀체로 돌아갑니다.

* 흑점과 백점의 합

하도에 있는 흑점은 2, 4, 6, 8, 10 도합 30이요, 백점은 1, 3, 5, 7, 9 도합 25입니다. 음이 양보다 5가 더 많게 된 이유는 무얼까요? 그 까닭은 음은 상대적인 형상을 가리키기 때문에 반드시 두 개로 나타나야 하지만, 양은 형상이 아니라 움직임을 가리키기 때문에 한 개로 나타나기 때문입니다. 다시 말하자면 음도 다섯 개요, 양도 다섯 개인데, 음은 두 개의 숫자로 나타나기 때문에 10이 되고, 양은 한 개의 숫자 밖에 없으므로 5라고 합니다.

남 --   남 -

동 --   중 --   서 --   동 -   중 -   서 -

북 --   북 -
(합 10)   (합 5)

이와 같은 원리에 의해서 하도의 중앙에 백점 5와 흑점 10이 들어갔으며, 이를 가리켜 5, 10土라고 부릅니다. 즉 양은 -로, 음은 --로 상징하지만, 그걸 숫자로 말한다면 생수와 성수로 구분합니다. 북방 水의 음양은 1(-)과 6(--)이라고 하며, 남방 火의 음양은 2(--)와 7(-)이라고 하며, 동방 木의 음양은 3(-)과 8(--)이라고 하며, 서방 金의 음양은 4(--)와 9(-)라고 하며, 중앙 土의 음양은 5(-)와 10(--)이라고 합니다.

이런 이치에 의해 흑점은 2, 4, 6, 8, 10으로 합이 30이요, 백점은 1, 3, 5, 7, 9로 합이 25가 되었습니다. 또 이것을 모두 합하면 대정수 55가 되는데, 그 이치는 다음과 같습니다. 음양의 합은 −, --을 합한 것인데, −은 비록 한 개이지만 그 수는 3이므로 --의 2를 합하면 5라고 합니다. 음수의 합 30은 5가 6개라는 말이요, 양수의 합 25는 5가 5개라는 말이므로 이 둘을 합하면 5가 11개가 되는군요.

0	1	2	3	4	5	6	7	8	9	10
의	의	의	의	의	의	의	의	의	의	의
5	5	5	5	5	5	5	5	5	5	5

도합 55

이처럼 5는 음양을 합한 기본수이므로 모든 것의 중심에 포진(布陣)하게 되며, 생수에서 성수로, 음에서 양으로, 양에서 음으로 변화하게 하는 매체가 된다는 사실을 알게 됩니다. 이것을 일러주는 것이 바로 하도의 중심에 있는 백점 5입니다. 따라서 팔괘의 기본인 양의(兩儀: 陰儀와 陽儀를 합한 용어, 음의는 --, 양의는 −)의 합은 5이며, 그것을 가리켜 태극이라고 한다는 걸 유념하기 바랍니다. 그러니까 대정수 55는 태극이 11개 있다는 말입니다. 즉 태극이 11귀체를 이룬 상태가 대정수입니다. 이것이 현무경 진부에서 말한 원물(元物)이라고 했다는 건 기억하고 있을 겁니다.

음의, 양의라고 할 적의 儀는 지구의(地球儀)와 같이 사용하는데, 의례(儀禮)나 의식(儀式)과 같은 의미로 사용합니다. 우주의 양이 거동하는 의례나 의식의 상태를 양의(陽儀)라 하고, 음이 갖춘 예의를 가리켜 음의(陰儀)라고 합니다.

* 흑점과 백점의 합과 3대 상서의 합

흑점은 만물의 형체를 가리키는 것으로서 반드시 그 속에는 음양이라는 양면(兩面)이 있고, 백점은 형체 속에서 변화를 주도하는데 변화는 3단계(段階)로 이루어집니다. 이런 것을 잘 나타내는 것이 바로 음효(陰爻--) 와 양효(陽爻-)입니다. 음효는 2로 드러나고, 양효는 변화를 가리키는데, 변화는 반드시 시(始), 중(中), 종(終)이라는 3단계로 진행됩니다. 그러기 때문에 양효는 숫자로 3이라고 합니다. 이를 가리켜 삼천양지(三天兩地)라고 합니다.

앞에서 흑점의 합은 30이요, 백점의 합은 25라고 하였으니, 이것을 삼천양지에 맞춰 계산하면 재미있는 사실이 나옵니다. 짝수의 합은 30×2=60이요, 홀수의 합은 25×3=75가 되고, 이 둘을 합하면 135입니다. 135라면 생각나는 것이 없습니까? 복희도의 합 36, 문왕도의 합 45, 용담도의 합 54를 합한 숫자가 135입니다. 이처럼 하도의 흑백은 복희도, 문왕도, 용담도의 천지인 3도를 전부 내포하고 있다는 걸 알 수 있으며, 이는 곧 하도가 우주의 설계도라는 사실을 입증하고 있습니다.

* 숫자가 열 개인 이유

하도에는 모두 10개의 숫자가 들어 있습니다. 숫자를 만든 사람이 누군지는 아직 밝혀진 것은 없지만, 하도가 원조인 것만은 분명하다고 봅니다. 그런데 왜 굳이 숫자는 10개로 이루어져야 할까요? 그것은 이미 앞에서 시공에 대한 언급을 할 적에 밝혔지만, 조금 더 정리하고 넘어가는 게 좋겠습니다.

첫째, 공간의 음양은 모두 열 개이기 때문입니다.

공간은 동서남북 중앙의 5방으로 이루어지고, 그 곳에는 각기 음양이 있으니 5×2가 되어 10개로 되었습니다. 즉 10수는 공간에 흩어져 있는 모든 형상(음양)을 가리키는 상징입니다. 이것을 가리켜 10천간이라고도 합니다.

둘째, 공간 속에서 벌어지는 모든 변화를 담는 그릇이 10입니다.

공간은 단순하게 형상만 담긴 것이 아니라, 형상들이 각기 움직이는 변화의 바탕이기도 합니다. 형상이 움직이면서 벌어지는 상태를 가리켜 시간이라고 하므로, 공간은 시간을 담는 그릇이라고도 할 수 있습니다. 時間이라고 할 때의 時를 보면 태양을 가리키는 日과 절을 가리키는 寺가 한데 합한 글자입니다. 즉 '태양을 모신 절'이라는 의미가 있는데, 그것은 태양이 음양을 가르고, 거기에서 파생한 것이 시간이요, 때가 되기 때문입니다. 절은 十一寸이 합한 글자이니 11마디, 즉 11귀체를 가리킵니다.

형상의 변화는 시, 중, 종의 3변을 거치게 되어 있습니다. 형상은 천지인 3재가 주체이므로 3×3으로 9변을 하게 되어 있는 것이 자연의 철칙입니다. 그러므로 숫자는 비록 10개이지만, 형상으로 나타날 수 있는 숫자는 아홉 개에 불과하고, 1개 즉 0은 그 모습을 드러낼 수 없습니다. 9를 감싸는 것은 10이요, 물질의 변화 즉, 9변을 감싸는 것도 10수이므로 숫자도 10개로 나타내게 된 것입니다.

셋째, 4계절과 4방을 안고 있는 것이 10입니다.

1, 2, ,3, 4를 합하면 10이라고 하였는데, 1, 2, 3, 4는 사방의 숫자인 동시에 4계절의 숫자이므로, 결국 10에는 4방과 4계가 모두 들어

있습니다. 인체로 말하자면 얼굴의 이목구비는 4방이요, 몸뚱이에 붙어 있는 4지는 4계라고 할 수 있습니다. 이목구비에 숫자를 붙인다면 눈은 1, 귀는 2, 코는 3, 입은 4가 될 것입니다. 이런 것은 복희 8괘와 사상설에서 다시 나올 것이므로 생략하기로 하지만, 사지도 역시 같은 이치로 풀이할 수 있습니다. 아무튼 1, 2, 3, 4는 합해서 10이 되고, 10개가 되는 인체의 구멍을 통해 이목구비나 사지가 움직이는 것을 생각하면 그 상관관계가 심오하다는 걸 느낄 수 있습니다.

인체의 구멍은 허공과 통하는 궁(宮)입니다. 아홉 개는 활동을 하고, 배꼽은 문을 닫았기 때문에 9궁이라고 하지만, 배꼽은 태초의 구멍이기에 그것까지 합하면 10수입니다. 이처럼 10에는 의미심장한 뜻이 있습니다.

넷째, 10에는 십일조의 의미가 있습니다.

성경에는 십일조를 바치라는 기록이 있습니다. 아마 교회에서 십일조가 차지하는 비중은 상당할 것입니다. 소득의 1/10은 하느님의 몫이니 하느님께 바쳐야 한다는 기록에 따라 자신의 수입 중 1/10을 바치는 걸로 알고 있습니다.

그러나 본래 십일조는 그런 차원에서 나온 게 아닙니다. 하느님이 무엇이 부족해서 사람이 번 돈 중에서 1/10을 내라고 한단 말입니까? 물론 십일조는 '가난하고 소외된 자나, 하느님의 사역자를 위한 것'이라고 하여 선량하게 쓰이는 돈이라고도 합니다. 하지만 십일조의 근본은 그런 데에 있는 것이 아닙니다.

숫자는 모두 열 개로 되어 있는데, 형상이 있는 만물은 9변하여 9수에 머무르게 마련입니다. 이렇게 되면 마지막 한 수가 남는데, 그것은 만물이 9변하는 바탕수입니다. 바탕수는 본래 하느님의 것이기 때문에 주인한테 돌리라고 할 수밖에 없었던 거죠. 즉 세상에서 갖가지 색에 물들지라도 항상 본 바탕은 주인한테 돌아가야 한다는 공수래공수거를 잊지 말라는 뜻에서 나온 말입니다. 오늘날의 세상에서 항상 10을 잊지 말라는 경계의 말씀이라고 할 수 있습니다. 즉 10을 통해서 우리는 매일 십일조를 바치는 생활을 해야 한다는 걸 일러주기 위함이었습니다.

* 십일조(十一租)

이왕 이야기가 나온 김에 성경을 잠깐 인용하여 성경에서 말하는 십일조의 참된 의미를 알아보기로 합시다. 이런 것은 기독교에서 해야 할 일인데, 너무 엉뚱하게 현실에서 오도(誤導)하고 있기에 감히 언급하려고 합니다.

성경을 보면 맨 처음에 십일조를 바친 사람이 아브라함입니다. 아브라함은 믿음의 조상으로 여길 정도로 추앙을 받고 있는데, 그가 갈대아 우르에서 사라와 함께 출발할 적에 같이 동행한 조카 '롯'이 이방인들에게 잡혀 간 일이 있었습니다. 롯은 나중에 소돔과 고모라가 멸망할 적에 살아남은 사람으로 유명하지요. 그를 아브라함이 구출해서 돌아올 적에 살렘왕 멜기세덱이 떡과 포도주로 축복을 해주는데, 그때 아브라함이 그에게 십일조를 바칩니다. 이것이 성경에서 십일조라는 말이 처음으로 등장한 기록입니다. 아브라함이 십일조를 바치면서 원했던 게 과연 무엇일까요? 이런 이야기는 기독교 교회에서 해야 할 성질인데, 여러분에게 굳이 소개하는 까닭은 성경은 교

회만의 것이 아니라, 우리 모두가 알아야 할 거룩한 가르침의 말씀
이 있기 때문입니다.

"이후(십일조를 바친 후) 여호와의 말씀이 이상(異常) 중에 아브람
에게 임하여 가라사대 아브람아 두려워 말라. 나는 너의 방패(防牌)
요, 너의 지극히 큰 상급(賞給)이니라. 아브람이 가로되 주 여호와여
무엇을 내게 주시려나이까? 나는 무자(無子)하오니 나의 상속자(相續
者)는 이 다메섹 엘리에셀이니이다. 주께서 내게 씨를 아니 주셨으니
내 집에서 키운 자가 나의 후사(後嗣)가 될 것이니이다.-창세기 15장
1절-6절"

아브라함이 본토의 고향과 친척을 떠나게 된 것은 하느님과의 언
약을 믿었기 때문인데, 그 언약은 바로 '자식'이었습니다. 그냥 자식
이 아니라, 하느님의 형상을 닮은 자식인데, 그것을 성경에서는 예수
라고 합니다. 즉 아브라함은 자신의 몸을 통해서 예수와 같은 거룩
한 자녀가 탄생하기를 큰 상급이라고 믿었던 것입니다. 그러기 때문에
그는 하느님에게 왜 약속한 약속의 자녀를 주지 않느냐고 항변(抗辯)
한 것입니다. 그가 정든 고향 친척을 버리고 가나안으로 향한 것도, 이
방인의 땅에서 온갖 고생을 하고, 조카 롯을 구한 것도 모두가 그런
자식을 낳기 위함인데, 왜 자식을 주지 않느냐고 항변한 것입니다.
그가 하느님의 제사장 멜기세덱에게 십일조를 바친 것도 이와 같은 염
원을 이루기 위해서였습니다. 따라서 십일조의 원형(原型)은 '약속의
자녀'입니다. 십일조는 十의 1할(割)을 세금으로 바친다는 뜻인데, 十
은 본래 무극이요, 一은 태극입니다. 인체가 십구멍으로 이루어지고, 그
구멍 하나하나가 모두 하늘과 온전히 연결된 것처럼, 一태극도 온전
하게 무극과 연결되어야 합니다. 즉 눈에 보이는 형상 중에서 가장 온

전하고 위대한 것을 가리켜 십일조라고 합니다. 그러기 때문에 말라기書에는 '온전한 십일조를 내라'고 하면서 병든 것, 눈 먼 것, 저는 것, 훔친 것 등으로 십일조를 내지 말라고 하는 기록이 있습니다. 하느님이 무엇이 부족하고 아쉬워서 인간들한테 십일조를 내라고 하겠습니까? 하늘이 바라는 십일조의 정체는 바로 '하느님의 형상을 닮은 자녀'입니다. 그런 사람의 표상(表象)이 바로 예수입니다. 사람은 자녀를 예수처럼 만들고 키워야 합니다. 아니 예수보다 더 위대한 임마누엘로 키워야 한다는 하늘의 가르침이 바로 십일조입니다. 그런 사람을 가리켜 시천주라고 합니다.

* 시천주(侍天主)와 구세주(救世主)

시천주는 본래 동학에서 나온 용어이지만, 성경에서도 그 자취를 또렷이 찾을 수 있습니다. 시천주를 가리켜 성경에서는 '임마누엘 Emanuel'이라고 하는데, 본래 성경에서 하느님이 인류에게 주시기로 약속한 징조는 예수가 아니라 임마누엘이었습니다. 이사야 7장 10절에서 17절을 읽어보세요. 처녀가 잉태하여 아들을 낳으리니 그 이름을 임마누엘이라 하리라고 되어 있습니다. 임마누엘은 '하나님이 우리와 함께 계심'이라는 뜻이니까, 우리 식으로 말한다면 시천주(侍天主)가 됩니다. 그런데 요셉에게 가브리엘 천사는 '네 아내 마리아 데려오기를 무서워 말라. 저에게 잉태된 자는 성령으로 된 것이라. 아들을 낳으리니 이름을 예수라 하라. 이는 그가 자기 백성을 저희 죄에서 구원할 자이심이라 하니라(마태복음 1장 18절-20절)'고 말을 했습니다. 예수라는 이름은 구세주(救世主)입니다.

하느님이 원래 세상에 보내주기로 약속한 것은 구세주가 아니라, 시천주였다는 사실을 주목해야 합니다. 전지전능한 존재인 하느님이 본래 보내주기로 약속한 임마누엘을 예수로 수정(修訂)했다는 것은 상식적으로 납득하기 어려운 일이 아닌가요? 이건 아주 중대한 것인데도 기독교에서는 아예 언급도 하지 않은 채, 무조건 '예수라는 이름 외에는 인간을 구원할 수 없다'는 구절만 금과옥조(金科玉條)처럼 떠들고 있습니다. 예수가 유일한 구세주라는 인식 때문에 배타적(排他的)이고 독선적(獨善的)인 신앙으로 흐르게 되었다는 사실을 감안(勘案)할 적에, 시천주와 구세주에 대한 이해는 정말로 중요하다고 하지 않을 수 없습니다.

이 글은 성경해설을 목적으로 한 건 아니지만, 이 문제는 0과 10의 차이점과 상통하고 있기 때문에 심도(深度)있게 피력(披瀝)하겠습니다. 먼저 임마누엘의 등장에 관한 기록을 살펴보기로 하겠습니다. 이사야 7장 1절부터 읽어보면 아하스가 유다 왕으로 있을 적에 주변에 있던 아람왕 르신과, 이스라엘의 왕 베가가 합세하여 유다를 침공한 일이 있었습니다. 그때 여호와는 선지자 이사야를 통해 65년 내에 이스라엘을 망하게 할 터이니 두려워말고 굳게 믿으라고 하였습니다. 그러면서 이런 말을 전하라고 하였습니다. '너(유다 왕 아하스)는 네 하나님 여호와께 한 징조(徵兆)를 구하되, 깊은 데서든지 높은 데서든지 구하라' 그러자 아하스가 대답하기를 '나는 구하지 아니 하겠나이다. 나는 여호와를 시험치 아니 하겠나이다'고 하였습니다. 이에 이사야가 말하기를 '다윗의 집이여 청컨대 들을지어다. 너희가 사람을 괴롭게 하고 그것을 작은 일로 여겨서 또 나의 하나님을 괴로우시게 하려느냐? 그러므로 주께서 친히 징조로 너희에게 주실 것이라. 보라! 처녀가 잉태하여 아들을 낳을 것이요, 그 이름을 임마누엘이라 하리라. 그가 악을 버리며 선을 택할 줄 알 때에 미쳐 버터와 꿀을 먹을 것이라. 대저 이 아이가 악을 버리며 선을 택할 줄 알기 전에 너의 미워하는 두 왕의 땅이 폐한 바 되리라'고 하였습니다.

자, 여기서 질문을 하나 하겠습니다. 아하스 왕은 감히 여호와를 시험하지 않겠다고 하였는데, 왜 그것을 '하나님을 괴롭게 하는 행위'로 간주(看做)했을까요? 하느님을 시험하지 않겠다고 하였으니, 오히려 하느님 앞에 겸손한 자세라고 해야 하지 않을까요? 그런데 사실은 겸손을 가장한 교활(狡猾)한 대답이었습니다. 왜냐하면 아하스가 하느님을 시험하지 않겠다고 한 것은 '한 징조를 구하되, 깊은 데서든지 높은 데서든지 구하라'고 했기 때문입니다. 깊고 높은 곳에서 구하라는 것은 곧 하늘과 바다 밑 까지 뒤져서라도 구하라는 것이니 얼마나 힘들겠습니까? 그러니 당연히 구하지 않겠다고 한 것이죠. 하지만 하느님은 유다 왕이 구하지 않아도 친히 징조를 주겠다고 한 것이고, 그것이 바로 처녀가 아들을 낳는다는 것이었습니다. 물론 아하스 왕은 이사야 선지자의 말을 듣지 않고 앗수르 왕에게 원병을 청하는 범죄를 저질렀기 때문에 여호와가 책망을 하고 친히 징조를 준 것이라고 할 수도 있지만, 이상한 것은 왜 처녀가 아들을 낳는 징조를 주어야 했을까요?

처녀가 아들을 낳는다는 것은 있을 수 없는 일입니다. 그것은 '대저 이 아이가 악을 버리며 선을 택할 줄 알기 전에 너의 미워하는 두 왕의 땅이 폐한 바 되리라'고 한 성경의 구절을 보아도 비유라는 것을 알 수 있습니다. 물론 이 아이는 예수를 가리킨 것인데, 예수는 아람과 이스라엘의 두 왕과는 아무 상관이 없습니다. 이스라엘은 예수가 탄생하기 전 600여 년 전에 이미 멸망해서 없어졌고, 아람이란 나라도 역시 예수가 탄생하기 전에 없어진 나라인데, 어떻게 예수가 선과 악을 분별할 때 멸망한다는 말인가요?

따라서 처녀도 비유이고, 그 몸에서 나온 아들도 비유이며, 버터와 꿀도 비유라고 볼 수밖에 없습니다. 그렇다면 무얼 위한 비유이겠습니까? 그것은 바로 하느님을 닮은 이상적인 인간의 등장에 관한 비유입니다. 하느님이 성경에서 인류에게 약속한 것은 바로 자신을 닮은 인간과 세상으로 창세하겠다는 것입니다. 그런 면에서 유다 왕으로 상징되는 인간의 군상(群像)들이 아닌 새로운 인종으로부터 출발하겠다는 의지의 표현이 바로 처녀가 아들을 낳는다는 것입니다. 처녀는 영적인 순결을 지닌 사람을 가리킵니다. 이 세상은 돈과 결혼한 사람, 권력과 결혼한 사람, 명예나 부귀와 결혼한 사람들로 온통 홍수를 이루고 있습니다. 그런 사람들을 가리켜 성경에서는 간음자라고 정의합니다. 간음자의 와중(渦中)에서 오로지 진실에의 순결을 간직한 사람을 상징하는 것이 바로 처녀입니다. 예수가 십자가에 달리기 위해 아무도 타 보지 않은 나귀를 타고 예루살렘으로 입성(入城)했다는 기록이 있는데, 이때의 나귀는 바로 처녀를 가리킵니다. 지금 이 자리에 계신 여러분 중에서도 처녀가 있고, 유부녀가 있습니다. 그러나 분명한 사실은 진리는 반드시 처녀에게만 잉태된다는 점입니다.

아무튼 처녀에게서 구세주도 태어나고, 시천주도 태어납니다. 그러면 구세주와 시천주의 차이는 무얼까요? 시천주는 하나님과 하나 된 상태를 가리키고, 구세주는 자신과 자신을 구원해 주는 존재의 둘로 나누어진 상태이므로 아직 하나 된 상태가 아닙니다. 성경은 본래 '하나님이 내 안에, 내가 하나님 안에 함께 하는 상태'를 목적으로 인

간을 창조했다고 하였습니다. 하느님은 궁극적으로 자신과 한 마음
과 한 몸을 이룬 임마누엘이 와야 하기 때문에 예수는 '내가 다시 오
리라'고 하였던 것입니다. 임마누엘이 되기 이전에 중간에서 하느님
과 인간 사이를 연결해 주는 중보자(中保者)의 이름이 바로 예수입니
다. 따라서 예수는 과정의 이름이요, 열매는 아닙니다. 열매가 맺기
위해서는 반드시 줄기와 가지, 꽃이 피어나게 마련입니다. 우리가 바
라는 궁극적인 실체는 구세주가 아니라, 시천주입니다. 구세주는 내
가 남을 구해주려는 의식이 남아 있지만, 시천주는 그럴 필요가 없습
니다.

왜냐하면 굳이 그렇게 하지 않아도 천지의 기운과 여건이 인간의 자
성과 하나로 될 수밖에 없는 환경을 조성하기 때문입니다. 이런 환경
을 만드는 작업을 가리켜 천지개벽(天地開闢)이라고 하며, 그것을 다
른 말로 천지공사(天地公事)라고 합니다. 구세주 시대에는 그런 여건
과 환경이 무르익지 않았기 때문에 혼자서 애를 써야하지만, 시천주
시대는 모든 일이 자동적으로 온전하게 천지인 삼위일체가 되어 펼
쳐집니다. 시천주는 개벽을 단행(斷行)하는 분입니다. 누구를 구원하
고, 안 하고의 차원이 아니라, 싫건, 좋건, 원하건, 원하지 않건, 모
든 만물이 하나 될 수밖에 없도록 하는 존재가 바로 시천주입니다.
이것이 구세주와 시천주의 극명한 차이점입니다.

이처럼 구세주는 중보자이고, 궁극적으로는 시천주가 되어야 합니다.
그것은 2,000년 전에 구세주라고 하는 예수는 유다지파라는 사실에
서도 알 수 있습니다. 야곱에게는 레아와 라헬이라는 두 아내가 있었
는데, 동생인 라헬의 몸에서 난 요셉지파에서 참다운 메시아 즉 시천
주가 나온다고 하였으며, 언니 레아의 몸에서 나온 유다지파에서는 실

로(하나님의 이름이 들어 있는 곳, 즉 시천주)가 오실 때까지만 왕 노릇 한다고 성경에는 기록이 되어 있습니다. (창세기 49장 9절-12절, 22절-26절)

성경은 구약과 신약으로 구성되었는데, 구약은 처녀가 임마누엘을 낳는다는 약속을 한 것이고, 신약은 예수(구세주)가 와서 임마누엘(재림주)이 오실 것을 약속한 것입니다. 따라서 성경은 시천주의 등장을 약속한 것이라고 할 수 있습니다. 그리고 그런 약속은 동학을 통하여 시천주조화정영세불망만사지(侍天主造化定永世不忘萬事知)라는 13자 주문(呪文)으로 드러났으며, 개벽주는 13자의 몸으로 이 땅에 그 모습을 드러냈습니다. 이에 대한 자세한 설명은 현무경 해설편에서 다시 하기로 하겠습니다.

갑자기 성경 이야기가 나오는 걸 이상하게 여길지도 모르겠지만, 본래 이 글의 목적이 자신의 자성을 밝히고, 신인합발한 인간상과 사회상을 구현하는 데에 도움이 될 수 있는 깨달음을 전하기 위한 것이므로 독자 여러분이 양해해 주시리라고 믿습니다. 다시 수리로 돌아가겠습니다.

5. 하도의 중심수 5와 10

하도의 중심에는 5와 10이 있습니다. 흔히 그냥 5, 10토라고 하여 만물의 중심에 있는 수라고 알고 있지만, 사실 그렇게 간단하지 않습니다. 왜냐하면 하도의 중앙은 곧 우주만물의 핵심이라는 말이며,

그것이 온 사방, 팔방에 퍼져서 만물을 이루었기 때문입니다. 이 둘의 의미를 제대로 간파하지 못하면 사물의 이치를 궁구(窮究)하는 데에 적지 않은 애로(隘路)가 있습니다.

우선 5에 대한 것부터 알아보기로 할까요? 5는 1, 3, 5, 7, 9의 중심에 있으니 양의 중수(中數)라고 합니다. 그러면 2, 4, 6, 8, 10의 중수는 6이니까 당연히 하도의 중심에는 5와 6이 들어가야 하는 게 맞지 않나요? 실제로 후천의 자성이 밝아진 인존문명(人尊文明)을 상징하는 용담도의 한 중앙에는 6이 들어갑니다. 그런데도 굳이 10이 하도의 중심에 들어가야 하는 이유라도 있는 걸까요?

물론 있어야겠죠. 하도는 앞에서 말하기를 '음양의 상대적인 형상'을 가리킨다고 하였죠? 그래서 水火가 서로 상대가 되어 북방1수, 남방2화가 되어 수직으로 벌어지고, 木金이 서로 상대가 되어 동방3목, 서방4금이 되어 수평으로 벌어졌습니다. 그런데, 서방과 북방은 음이요, 동방과 남방은 양입니다. 그것을 보여주는 것이 바로 사상도(四象圖)입니다.

☯ 1태극

--			—	: 양의(兩儀)

☷	☷	☷	☳	: 사상(四象)
겨울	가을	봄	여름	

위에서 보는 것처럼 봄과 여름은 밑에 양효를 기본으로 삼는 반면, 가을과 겨울은 밑에 음효를 기본으로 하고 있습니다. 이는 곧 봄과 여름은 태양이 솟아오르므로 양이요, 가을과 겨울은 태양이 사그라

져 적게 비치므로 음이라고 본 것이지요. 여름은 태양이요, 봄은 양 중의 음이므로 소음이라고 하며, 겨울은 태음이며, 가을은 음중의 양이므로 소양이라고 하는 것이 사상도입니다. 이를 숫자로 환산하면 태양은 6이요, 태음은 4이며, 소양과 소음은 5가 되어 도합 20이 됩니다. 이처럼 사상도의 합, 즉 사방의 합은 20이라고 하는데 그것은 결국 사방이 모두 5로 이루어졌다는 말입니다.

生數를 통해 봄과 여름을 합하면 3+2=5가 되고, 가을과 겨울을 합하면 4+1=5가 됩니다. 따라서 사방과 사계의 생장기의 합 즉, 시공의 생장기의 합은 10입니다. 成數를 통해 봄과 여름을 합하면 8+7=15가 되고, 가을과 겨울을 합하면 9+6=15가 됩니다. 이는 곧 시공의 성장기의 합은 30이라는 말입니다. 생장기도 음양의 합을 통해 5가 성립하고, 성장기도 역시 음양의 합을 통하여 15가 성립합니다. 생장기의 합이 10이라는 사실은 5×2를 가리키고, 성장기의 합은 5×6입니다. 즉 5가 음양으로 벌어지면 생장기의 바탕이 마련된 것이요, 6기로 충만하면 성장기의 바탕이 마련된 상태를 가리킵니다. 따라서 숫자가 10까지 있다는 것은 시공이 생장을 하기 위한 기본 바탕수가 10이라는 얘기입니다. 그것이 천지인 3계로 벌어지면 10×3=30 입니다. 성장(成藏)이란 말은 이처럼 자신이 직접 경험을 통해서 얻어지게 마련입니다.

하도의 중심에는 5와 10만 있는 것이 아니라, 15도 함께 있다는 사실에 유의해야 합니다. 5와 10이 있다는 건, 음양이 있다는 말이고, 15가 함께 있다는 것은 천지인 3신이 있다는 뜻입니다. 하늘의 태극 5, 땅의 태극 5, 인간의 태극 5가 함께 있는 것이 15입니다.

하도의 중심을 보면 만물의 이치가 다 들어 있습니다. 다시 한 번 그림을 통해서 살펴보기로 하겠습니다.

○	2	4	6	8	10

```
    ○           2           4           6           8          10
○   ○   ○     3   5   4     6  10   8     9  15  12    12  20  16    15  25  20
    ○           1           2           3           4           5
 (합 5)      (합 15)      (합 30)      (합 45)      (합 60)      (합 75)
무극  +10    태극  +15    음양  +15    삼재  +15    사상  +15      오행
```

위 그림은 무극에서 1태극, 2음양, 3삼재, 4사상, 5오행이 변화하는
상태를 나타낸 것입니다. 무극은 10인데 5라고 하니까 이해가 안 되
는 분들이 있겠군요. 그러나 무극의 바탕은 5이고, 그것이 음양으로
나누어지면 10이라는 걸 알면 수긍할 것입니다. 그것이 각기 형상으
로 나타나면 태극이 되고 그 합은 15입니다. 그것은 10무극과 그 바
탕인 5를 합한 수입니다. 즉 10은 음이요, 5는 양이므로 결국 음양
의 합이 태극이라는 말이 되는군요. 다음에는 음양이 4방으로 퍼지
게 되면 사방의 합이 20이 되는데, 그 중심에는 태극의 합 15가 들
어가 있습니다. 이는 곧 음양은 태극의 합수 10을 바탕에 깐 상태에
서 중심의 10을 더하여 30이 되었다는 얘기입니다. 계속하여 3재의
합은 음양의 합수 30을 바탕으로 한 상태에서 중심의 15를 더한 45
입니다.

이처럼 무극에서 태극으로 가는 과정에서 중심수는 5가 더하고, 태
극에서 음양으로 가는 과정에서는 중심수가 10이 더하며, 음양에서 3
재로 가는 과정에서는 중심수가 15가 더합니다. 그러면 3재에서 사상
으로 가는 과정에서는 당연히 중심수가 20이 더해야 할 텐데, 실상
은 그렇지 않습니다. 3재까지만 5-10-15로 될 뿐, 그 다음부터는 계

속 15수만 더해지는 걸 발견하게 될 겁니다. 그러니까 3변까지만 5가 규칙적으로 더해질 따름이요, 그 이상은 계속하여 15수만 더해질 뿐입니다. 이는 곧 우주만물은 천지인으로 3변하면 더 이상 변화하지 않는다는 철칙을 보여주는 셈입니다. 그러기 때문에 한자로 수를 쓸 적에도 一, 二, 三으로 되면 더 이상 벌어지는 표식(標式)을 하지 않고, 네모 상자 속에 좌우로 기를 가두어 좋은 四자를 사용합니다. 이런 이치는 낙서의 숫자와 비교하면서 이해를 하는 것이 훨씬 효율적인데, 그것은 7항 '낙서와 5행'에서 다루기로 하겠습니다.

6. 음양오행으로 본 수

* 생수(生數)와 성수(成數)

하도에는 생수와 성수로 구성된 5행이 펼쳐졌는데, 그것을 소개하면 다음과 같습니다.

1	2	3	4	5	6	7	8	9	10
生水	生火	生木	生金	生土	成水	成火	成木	成金	成土

북방 水	양	1	生水	북방의 내면과 물의 내면에 있는 양기를 가리킴
	음	6	成水	북방의 외형과 물의 외형에 있는 음기를 가리킴
남방 火	음	2	生火	남방의 내면과 불의 내면에 있는 음기를 가리킴
	양	7	成火	남방의 외형과 불의 외형에 있는 양기를 가리킴
중앙 土	양	5	生土	중앙의 내면과 토의 내면에 있는 양기를 가리킴
	음	10	成土	중앙의 외형과 토의 외형에 있는 음기를 가리킴
동방 木	양	3	生木	동방의 내면과 목의 내면에 있는 양기를 가리킴
	음	8	成木	동방의 외형과 목의 외형에 있는 음기를 가리킴
서방 金	음	4	生金	서방의 내면과 금의 내면에 있는 음기를 가리킴
	양	9	成金	서방의 외형과 금의 외형에 있는 양기를 가리킴

생수와 성수는 자연만물이 생장(生長)과 성장(成藏)을 하는 것을 상징적으로 나타냅니다. 생장은 하루로 치면 새벽과 오전의 기운을 가리키며, 성장은 오후와 밤의 기운을 가리킵니다. 그것을 인생으로 치면 생장은 유, 소년의 상태를 가리켜며, 성장은 청, 장년기를 가리킵니다. 1년으로 치면 봄, 여름은 생장기라 하고, 가을과 겨울은 성장기라고 합니다. 생에서 성으로 넘기는 역할을 하는 것은 5입니다. 5가 없으면 생에서 성으로, 음에서 양으로, 양에서 음으로 변화하지 못합니다. 그렇게 되는 것은 5가 1양, 4음의 합도 되고, 2음, 3양의 합이라는 사실에서 알 수 있는 것처럼 음양의 합일이기 때문입니다. 만물의 음양을 변화시키기 위해서는 자신이 음양을 모두 내포하고 있어야 하기 때문에 5에는 음양이 같이 있게 되었습니다. 구체적인 것은 다음과 같습니다.

* 1·6 水

하도에는 1부터 10까지의 기본수가 들어 있습니다. 이것이야말로 우주만물을 구성하는 기본재료라고 할 수 있는데, 흔히 오행 학으로 분류(分類)하여 말하기를 1, 6은 水요, 2, 7은 火요, 3, 8은 木이요, 4, 9는 金이요, 5, 10은 土라고 합니다. 이에 대한 기본적인 사항을 순서대로 알아보도록 하겠습니다.

하도의 밑에는 흑점 여섯 개가 백점 하나를 감싸 안고 있습니다. 이 것을 가리켜 1, 6水라고 하는데, 0이라는 무형에서 만물의 형상이 시작할 때에는 물에서 출발하기 때문입니다. 항상 시작이나 출발은 1이라고 하는데, 생수의 출발은 1이요, 성수는 6에서 출발합니다. 그러니까 1, 2, 3, 4, 5는 생수에 속하고, 6, 7, 8, 9, 10은 성수라고 합니다. 생수와 성수의 차이는 생수가 5를 머금으면 성수라고 합니다.

형상이 없다고 해서 물질이 없다고 생각하면 오산(誤算)입니다. 비록 형상으로 나타나진 않았을지라도 공간에는 무형의 기의 상태로 물질은 존재합니다. 이런 상태를 가리켜 공(空)이라고 하며, 공기(空氣)라고도 합니다. 무형에서 형상이 있는 물질로 변하기 위해서는 눈에 안 보이는 기운이 한 곳으로 뭉쳐야 합니다. 한 곳으로 뭉치기 위해서는 액체(液體)보다 더 좋은 것은 없습니다. 물론 기체(氣體)가 훨씬 더 이동(移動)하기도 쉽고, 모이는 속도(速度)도 빠르지만, 반면에 기체는 흩어지는 속성(屬性)이 강하므로 쉽사리 한 곳으로 모이기는 힘들게 마련입니다. 또한 기체는 화기(火氣)가 강한 것이므로 형상으로 화(化)하기에는 적당하다고 할 수는 없습니다. 과학(科學)에서도 말하기를 물질은 물에서 나왔다고 하는 것을 보아도 그런 사실은 어렵지 않게 납득(納得)할 수 있을 겁니다.

물은 그 성질(性質)이 한데 모이는 것이요, 모이면 무거워지고, 무거우면 밑으로 흐르게 마련이므로 하도의 밑에 배치(配置)를 하였습니다. 그중에서도 1은 생수(生數), 생수(生水), 혹은 천수(天水)라고 하며, 6은 성수(成數), 성수(成水), 혹은 지수(地水)라고 합니다. 1은 양수이므로 하늘의 천수라고 하며, 6은 음수이므로 땅의 지수라고 합니다. 생수나 천수는 맑은 수증기가 되어 위의 하늘에 있게 되므로, 6수 위에 배치했습니다. 6은 바다나 강물처럼 밑에 있는 땅에 고이기 때문에 하도에서도 1의 밑에 배치를 하게 된 것입니다.

인체에서 볼 것 같으면, 1은 맑은 정수(淨水)라고 할 수 있는데, 그것을 다른 말로 하면 정수(精髓)입니다. 精髓의 대표적인 것이 바로 뇌수(腦髓)입니다. 하늘에서 이슬이나 비가 내리지 않으면 만물이 살 수 없는 것처럼, 뇌수가 부족하면 사람의 목숨도 부지(扶持)할 수 없습니다. 뇌수에서 흘러나오는 물은 속에 열기가 있으면서도 맑은 까닭에 이슬이나 수증기와 같다고 할 수 있습니다. 이런 물은 대개 선천적인 생명력과 밀접한 연관이 있습니다. 뇌는 인체의 상부(上部)인 머리통에 있습니다. 1이 6의 위에 있으면서도 하도의 내부에 자리를 잡은 것처럼, 인체에서도 정수는 위에 있으면서, 뇌나 뼈의 깊숙한 곳에서 흘러나옵니다.

이에 비해, 6은 1의 밑에 있으므로 지구에 고인 물, 즉 바다나 강물처럼 고여 있는 물입니다. 인체에서 찾는다면 하부(下部)의 장위(腸胃)에 고여 있는 물이라고 할 수 있는데, 음식물을 통해서 섭취(攝取)하는 물입니다. 음식물은 땅에서 생긴 것이므로 역시 밑에서 생성한 물이라고 할 수 있겠죠. 즉 지구상에 있는 모든 음식물의 수분은 6수로 상징한다는 얘기가 되겠군요.

1은 눈에 안 보이는 각종 호르몬이 되어 인체의 깊은 곳에 있는

골수(骨髓)를 적시거나, 내분기(內分泌)기능을 담당하며, 주로 정신적인 면과 긴밀(緊密)한 관계를 형성한다면, 6은 섭취한 음식물을 영양분과 혈액으로 만드는 등, 주로 외형적인 물질을 만들어냅니다. 인체의 물을 다루는 장기(臟器)는 신장(腎臟)과 방광(膀胱)인데, 이 두 장기도 역시 1, 6수가 하도의 밑에 있는 것처럼, 인체의 밑에 있으니 이를 어찌 우연(偶然)이라고만 할 수 있겠습니까?

　1은 0과 2 사이에서 왕래하는 수입니다. 인체를 이루고 있는 것은 유형적인 육신(肉身)과 무형적인 법신(法身)으로 대별하는데, 육신을 수로 말한다면 2(음양)요, 법신은 10(무극)입니다. 0이나 2는 다 같이 정적(靜的)인 짝수입니다. 홀수는 동적(動的)인 것이므로 0과 2 사이에서 1이 왕래를 한다고 볼 수 있는데, 이는 곧 육신과 법신을 오가면서 온갖 변화를 주도한다는 뜻입니다. 이것을 가리켜 태극이라고 합니다. 따라서 태극은 육신과 법신 사이에 있는 존재임을 알게 됩니다. 육신과 법신 사이에서 왕래하는 것을 정신(精神)이라고 합니다. 그러므로 '태극＝정신'이라는 등식이 성립합니다. 사람이 정신을 어떻게 차리느냐 따라서 법신으로 갈 수도 있고, 육신으로 갈 수도 있습니다. 그러니까 1이 0으로 가면 법신의 방향으로 가는 것이요, 2로 가면 육신의 방향으로 가는 셈입니다.

　이것을 잘 나타낸 것이 바로 천부경의 '일시무시일(一始無始一)'과 '일종무종일(一終無終一)'입니다. 1은 시일(始一)과 종일(終一) 사이에 있는 것인데, 시일은 0이고, 종일은 2입니다.

0	−	1	−	2
始一		中一		終一

일시무시일은 '시일이 없다'는 말인데 결국 0이 없다는 말이요, 일종무종일은 '종일이 없다'는 것이므로 2가 없다는 말입니다. 이처럼 전혀 다른 말인데도 시중에 나와 있는 천부경 해설서를 보면 같은 의미로 풀이하고 있으니 문제입니다. 0이 없다는 것은 인간의 정신이 0(10)에 도달하지 못한다는 말이니, 결국 인간의 본성인 10무극을 찾지 못한 상태를 가리킵니다. 반대로 2가 없다는 것은 인간의 정신이 육신으로 향하던 것을 반대 방향인 10으로 향한다는 말이니 결국 인간이 제 정신을 찾아 본성을 발견하게 된다는 말입니다. 이런 것은 9변과 9복, 천부경 해설을 통해서 다시 한 번 거론할 것입니다.

1과 0에 대해서 알아볼 필요가 있는데, 이런 것은 인체를 통해서 고찰하는 것이 훨씬 효율적입니다. 사람은 남녀로 구분하는데 남성은 양적인 존재이므로 1이라 하고, 여성은 음적인 존재이므로 0이라 합니다. 신기(神奇)하게도 남성의 생식기(生殖器)는 1자와 같이 생기고, 여성의 그것은 0자와 같이 생겼으니 이것은 천지의 기운이 그렇게 응한 것입니다. 1과 0, 둘 중에서 어느 것 하나라도 없으면 2, 3, 4……9로 갈 수 없으니, 그렇게 되면 자녀를 생산하지 못하게 되어 결국 우주는 공각(空殼)에 지나지 않습니다. 0 혼자서는 아무리 오래 있어도 0일뿐, 결코 다른 모습을 갖출 수 없고, 1은 0이 없다면 11, 21 등으로 영원히 지속할 수 없습니다.

0은 1을 통해서 보이지 않는 무한한 속성을 드러낼 수 있으며, 1은 0을 통해서 형체를 유지할 수 있습니다. 그것은 마치 남편은 아내를 통해서 자신의 성(姓혹은 性)을 계승(繼承)할 수 있으며, 아내는 남편을 통해서 명(命)을 이어가게 합니다. 성명쌍수(性命雙修)는 이와 같은 이치를 터득(攄得)해야 비로소 도달(到達)할 수 있습니다.

　1은 커지기도 하고, 작아지기도 하는 등, 변화무쌍한 모습(模襲)을 보이지만, 0은 외형상으로는 아무런 변화가 없습니다. 그것은 마치 하늘에 있는 음양인 태양과 달을 그대로 닮았다고 할 수 있으니, 보름달처럼 둥근 모습이 되는가 하면, 초승달처럼 위축(萎縮)된 모습을 보이는 것이 영락(零落)없는 남성의 생식기 1과 같고, 여성의 그것은 항상 그 모습을 그대로 유지하는 것이 여성의 생식기 0과 같습니다. 따라서 여성의 생식기는 외형적으로는 태양과 같다고 할 수 있습니다. 흔히 여성은 음이요, 남성은 양이라고 하는데, 생식기의 모습만 놓고 본다면 정반대라고 하지 않을 수 없습니다.

　하지만 이것은 어디까지나 밖으로 드러나는 현상만 놓고 말한 것에 지나지 않습니다. 달이 비록 회현삭망(晦弦朔望)의 다양(多樣)한 모습을 보이지만, 그것은 달에 반사(反射)되는 태양의 볕이 그렇게 보일 따름이지, 결코 달 자체가 변하는 것은 아닙니다. 마찬가지로 남성의 1이 변하는 것은 그 속에서 발산하는 양의 기운, 즉 양기(陽氣)가 변하는 것이 아니라, 그것을 반사하는 매개체인 물질인 생식기가 달처럼 변하는 것뿐입니다. 즉 남성은 속에서부터 우러나오는 양기를 물질이라는 생식기를 통해서 전달하고 있을 따름입니다. 그것은 여성도 마찬가지여서 비록 외형적으로는 여성의 0은 아무런 변화가 없는 것처럼 보여도 내부에서 벌어지는 현상은 회현삭망으로 나타나는 달의 현상과 너무도 흡사합니다. 즉 남성의 그것은 겉으로 기운을 표출하지만, 여성의 그것은 남성의 양기를 받아 안에서 갈무리를 합니다. 그것은 마치 태양은 양기를 밖으로 발산하여 겉으로 그 모습을 드러내고, 달은 반대로 그것을 안으로 수렴하는 것과 같

습니다. 이처럼 1은 표면적으로는 극심(極甚)한 변화를 하지만 내면
으로는 별로 요동(搖動)이 없습니다. 0은 반대로 겉으로는 아무런 변
화가 없는 것 같지만, 내면으로는 엄청난 변화가 벌어진다. 남성보다
여성이 더 극심하게 성적인 반응(反應)을 드러내는 것은 이와 같은
이치(理致)라고 하겠습니다.

1과 6은 같은 물인데, 1은 흰점으로, 6은 검은 점으로 표시한 것
은 어떤 의미가 있을까요? 흰점은 밝은 양을 가리키고, 흑점은 어두운
음을 가리킵니다. 1은 물의 내면을, 6은 물의 외형을 나타냅니다. 흔
히 말하기를 양은 밖으로 나타나고, 음은 안으로 들어간 것이라고 하
지만, 그것은 어디까지나 다 자란 성양(成陽)의 경우(境遇)를 가리키
는 것이지, 생양(生陽)의 경우에는 반대의 현상으로 나타난다는 사실
을 간과(看過)하면 안 됩니다. 물의 내면에는 생양(生陽)이 있고, 겉
에는 성음(成陰)이 있습니다. 즉 물이 투명한 까닭은 1이라는 생양
(生陽)이 내면에 있기 때문이고, 물이 검푸른 색을 띠우는 까닭은 6
이라는 성음(成陰)이 있기 때문입니다. 양은 밝은 속성이 있으니 물
의 내부를 투명하게 하고, 음은 차가운 속성이 있으니 물의 외부를
차갑게 합니다.

잠깐(暫間)! 그러고 보니 생양(生陽)과 성양(成陽), 생음(生陰)과 성
음(成陰)에 대한 언급(言及)이 필요하겠군요. 처음 들어보는 용어인
지라 다들 생소(生疎)할 겁니다. 생수와 성수가 있으니 당연히 음에
도 생음과 성음으로 나누어지고, 양에도 생양과 성양이 있어야 하는
건 수긍(首肯)할 것입니다. 물론(勿論) 생양은 1, 3, 5이고, 생음은 2,
4이며, 성양은 7, 9이고, 성음은 6, 8, 10이라는 건 다 알고 계시리라
믿습니다.

　생수(生數)는 만물의 형상과 정신을 낳게 하고 자라게 하는 상징이며, 성수(成數)는 그것이 다 자란 상징입니다. 생성의 과정을 비교하면 生은 모든 것이 아직 어리고 자라는 과정에 있기 때문에 변화가 많다고 할 수 있습니다. 변하는 것은 아무래도 음보다는 양을 위주로 하기 때문에 1, 2, 3, 4, 5에 이르는 다섯 개의 숫자 중에서 양수에 해당하는 1과 3과 5를 합하면 9가 되고, 음수에 해당하는 2와 4를 합하면 6이 됩니다. 9수를 팔괘로 나타내면 건괘(乾卦☰)라고 하며, 6수는 곤괘(坤卦☷)라고 합니다. 그러나 후천이 오면 음을 위주로 하게 되어 6, 8, 10을 합한 24가 양수 7, 9를 합한 16보다 많게 됩니다.

　선천을 나타내는 생장기에는 하늘이 위에 있고 땅이 아래에 있는 천지비(天地否)의 형태를 이루었던 것입니다. 그러나 후천(後天)을 나타내는 성장기(成藏期)에는 땅이 위에 있고, 하늘이 밑에 있는 지천태(地天泰)의 형태를 이루는데, 그것이 바로 용담도의 괘상(卦象)입니다. 후천에는 변화보다는 안정(安定)을 위주로 할 수밖에 없는데, 안정이란 것은 결국 열매를 잘 간수(看守)하는 일입니다. 생장기에는 하루가 다르게 성장하여서 열매를 맺기 위한 노력을 해야 하기 때문에 수도(修道), 혹은 수심(修心) 등을 할 수밖에 없었지만, 성장기에는 열매를 지키기만 하면 되기 때문에 수도(守道), 수심(守心)이라고 해야 합니다. 따라서 아직도 수도(修道), 혹은 수심(修心)을 한다면 어린애에 불과하다는 걸 스스로 증거(證據)하는 셈입니다.

　양중에서도 생양은 사물의 내면에 있고, 성양은 외형에 있습니다. 반대로 생음은 사물의 내면에 있고, 성음은 외면에 있습니다. 이런 사실은 무얼 의미할까요? 사물의 내면은 주로 정신적인 면이나 약동하는 기운의 상태(狀態)를 가리키고, 외형은 형상적인 면이나 고정

(固定)된 상황(狀況)을 나타냅니다. 즉 무엇이건 사물이 완성되면 양은 겉으로 나오게 마련이고, 음은 속으로 들어가게 마련입니다. 그러나 완성되기 이전, 즉 선천에서는 음이 겉으로 나오고, 양은 속에서 제 모습을 드러내지 않는다는 사실입니다. 따라서 양은 무조건(無條件) 밖으로 드러나는 걸로만 인식(認識)한다면 크나큰 착각(錯覺)이라고 하지 않을 수 없습니다. 이것을 굳이 세상의 흐름과 연결시킨다면 이상세계가 이루어지기 전, 즉 후천이 이루어지기 전에는 도덕군자(道德君子)나 성인(聖人)들은 안으로 숨어 그 모습을 드러내지 않고, 간웅(奸雄)들이 할거(割據)하여 천하를 호령(號令)한다고 할 수 있겠지요. 그러나 후천이 시작된 지금은 점차 이 세상에 도덕군자와 성인들이 무수하게 나타납니다. 그것은 마치 여름에는 외면을 화려하게 수놓은 꽃들이 온 세상을 현란(眩亂)하게 하지만, 알곡이 맺힌 가을에는 허례허식이 사라지는 것과 같은 현상이라고 하겠습니다.

1은 무형인 0에서 갓 태어난 어린아이와 같습니다. 그것은 마치 음이 지극(至極)한 동지(冬至)에 태동(胎動)하는 1양과 같아서 그 힘이 미약(微弱)합니다. 하지만 그 무엇보다 순수(純粹)하고 천진(天眞)합니다. 하루로 치면 자시(子時)에 해당 합니다. 음이 다하면 양이 발생하는 건 대자연의 영원한 순리입니다. 그러기 때문에 동지와 자정을 상징하는 북방에 1을 배치하였습니다. 이처럼 갓 태어난 미약한 1양이기에 무엇보다도 조심스럽게 다루지 않으면 안 됩니다. 그것은 마치 아궁이에 불을 지필 때의 불쏘시개와 같아서 여간 조심하지 않으면 금방 꺼지게 마련입니다. 그러므로 사람도 자시에 술이나 음료수(飲料水)를 먹으면 1양을 죽이는 것과 같습니다.

1이 동지에서 갓 태어난 어린 양과 같다면, 6은 동지라고 할 수 있습니다. 천지인의 음이 모두 합한 상태이므로 (하늘의 2, 땅의 2, 인간의 2) 지음(至陰)인 동지라고 한 것입니다. 동지는 만물의 생명인 1양을 포태(胞胎)하는 어머니와 같다고 할 수 있는데, 이런 것을 가리켜 모성(母性)이라고 하며, 팔괘로는 곤괘(坤卦☷)요, 숫자는 6입니다. 6은 5가 생수 1을 성수로 변화시킨 수입니다. 즉 1은 물을 생(生)하는 상태이고, 6은 물을 성(成)하는 상태입니다. 물을 낳는다는 것은 겨울에 새로운 씨앗(양)의 기운을 태동(胎動)한다는 것이요, 물을 이룬다는 것은 그 기운을 구체적인 형상으로 드러낸다는 것입니다. 만물의 형상이 구체적인 형태로 드러나면 6각형이 됩니다. 물의 분자구조나 빛의 분자구조가 6각형이라는 사실은 이런 사정을 그대로 말해준다고 할 수 있겠지요.

| 0 | ↔ | 1 | ↔ | 2 |
| 5 | ↔ | 6 | ↔ | 7 |

위의 그림에서 알 수 있는 것처럼, 1은 0이라는 무형 속에 들어있던 음양인 2를 밖으로 드러내는 중간 매체가 되고, 6은 5행 속에 들어 있던 7성을 밖으로 드러내는 매체입니다. 즉 2는 형상이 없는 불이요, 7은 형상이 있는 불인데(成火), 그것을 이루게 하는 매체가 각기 1과6입니다. 0이라는 무형의 마음 밭에서 선악, 명암, 청탁 등 상대적인 음양의 분간을 할 수 있는 중간 매체가 '깨달음'인데 그것이 바로 1이며, 태극이라고 합니다. 그런 깨달음이 사물 속의 5행의 이치와 온전한 조화를 이룰 때에 비로소 얼굴의 7규가 밝아지는데, 6이 그런 매체가 된다. 이처럼 6은 1태극이란 깨달음을 구체적인 형

상으로 드러내는 일을 합니다.

그러기 때문에 6을 가리켜 자성수(自性數)라고도 합니다. 자성은 본성이 스스로 그 형상을 드러내는 상태라고 할 수 있는데, 본성은 1이며, 그것이 5행의 힘을 머금고 있는 6이 바로 자성입니다. 1을 가리켜 생태극(生太極)이라 하고, 6을 가리켜 성태극(成太極)이라고 하는 것은 이와 같은 이치 때문입니다. 낙서의 중심에는 5가 들어가지만, 용담의 중심에는 6이 들어가게 된 것은, 낙서는 1태극, 하늘의 본성(天性)이 땅에 있는 물질의 중심인 5행의 덕을 온전히 갖추어야 비로소 사람의 중심에서 6자성으로 빛을 발하게 된다는 이치를 가리키는 셈입니다.

천간과 지지로 1, 6을 보는 경우는 크게 두 가지가 있습니다. 하나는 오행으로 보는 경우이고, 다른 하나는 순서로 보는 경우입니다. 먼저 5행으로 본다면, 10천간(天干)에서는 1을 임(壬)이라 하고 6을 계(癸)라 하며, 12지지(地支)에서는 1을 자(子)라 하고 6을 해(亥)라 합니다. 천간과 지지를 합해서 읽는다면 1은 임자(壬子)요, 6은 계해(癸亥)가 됩니다. 임(壬)은 '북방 임', '클 임'이라는 의미가 있는데, 거기에서 파생(派生)한 것이 妊(아이 밸 임)이라는 점도 시사(示唆)하는 바가 큽니다. 子는 자(兹 검을 자, 흐릴 자), 滋(번식할 자, 부을 자)는 뜻이 있는 걸로 보아서 임자(壬子)는 모든 만물을 품어내는 어머니와 같고 방위로는 북방이며, 계절로는 겨울이라는 것을 알 수 있습니다. 물건의 주인을 임자(任者)라고 하는데, 임자(壬子)와 같다고 할 수 있다. 왜냐하면 물질을 만들어내는 임자는 물이요, 물은 천간으로 임자이기 때문입니다.

12띠에서 1은 쥐가 되고, 6은 돼지라고 합니다. 쥐를 12띠의 맨 처음에 놓게 된 이유는 무엇일까요? 전해 오는 이야기에는 숲 속의 임금이 생일을 열고 모든 동물을 초대했는데, 부지런한 소가 쉬지 않고 달려서 골인 하려는 순간, 등에 타고 있던 쥐가 폴짝 먼저 뛰어내려서 1등을 가로챘다고 합니다. 그래서 지금도 소는 쥐를 미워하면서도 무서워한다고 합니다. 물론 이건 우화(寓話)에 지나지 않지만, 숲 속의 임금은 황극(皇極)을 가리킨다고 보면 가장 먼저 그 시발을 여는 존재가 자시(子時)라는 뜻이지요.

이왕 이런 얘기가 나온 김에 '소가 뒷걸음치다가 쥐를 잡았다'는 말에 대한 것도 알아보기로 하겠습니다. 그것은 아마 기대하지도 않던 행운(幸運)이 발생한 상태를 가리키는 것이라는 정도로 통용하지만, 사실 거기에는 우주 변화의 원리가 들어 있었습니다. 소는 축(丑)인데 선천에는 진(辰 용)과 술(戌 개)이 주동이 되어 태세(太歲)와 일진(日辰)을 불러오고, 쥐가 시두를 물고 나오지만, 후천에는 축(丑)과 미(未 양)가 주동이 되어 새로운 시두를 물고 나오므로 쥐를 잡는다고 한 겁니다. 12띠 중에서 양에 해당하는 자인진오신술(子寅辰午申戌)은 전진을 하고, 음에 해당하는 축해유미사묘(丑亥酉未巳卯)는 후진을 합니다. 축(丑)이 뒤로 가면 쥐인 자(子)를 잡게 되는데, 축(丑)은 10이요, 자(子)는 1이므로 10이 1을 머금은 11귀체가 되는 것이 진정한 행운(幸運)이라는 사실을 일깨우는 속담이라고 볼 수 있으니 이 또한 천지개벽을 상징하는 옛 어른들의 가르침이라고 하겠습니다. 우주변화의 원리에 대한 이야기는 따로 장을 달리하여 하도록 하겠습니다.

세상에서는 얍삭한 사람을 가리켜 '쥐새끼 같은 놈'이라고 합니다.

쥐는 어두운 곳에서 부지런히 먹이를 물어다 저축하는 실속 있는 짐승입니다. 그래서 부지런함의 대명사라고도 할 수 있는데, 부지런함은 1양의 속성(屬性)이요, 어두운 곳을 좋아하는 것도 비록 양이지만 아직 음이 지극한 동지 속에서 시생(始生)하는 1양이기 때문에 얍삭하게 할 수밖에 없습니다. 당당하게 활보하다가는 아직 미약하기 때문에 누구에게 맞아 죽을지 모른다는 두려움과 긴장이 항상 스며있게 마련이겠죠. 이처럼 유난히 조심성도 많고 겁도 많은 것이 1이란 숫자의 속성입니다. 앞에서 쥐는 마치 젖 먹는 어린애와 같다고 하였는데, 신기하게도 어린아이들이 병이 났을 때에는 쥐를 잡아 먹이면 좋은 효험(效驗)을 보게 됩니다.

다시 1, 6수로 돌아가겠습니다. 1, 6수의 속성을 가리켜 잡학(雜學)이라고 폄하(貶下)하는 경우도 있는데, 순잡(純雜)의 경계나 기준은 사실 애매모호(曖昧模糊)하다고 나는 생각합니다. 어느 것이건 그것이 내 인생을 살지게 만들면 그만이 아닐까요?

5행학에서는 水의 속성(屬性)을 가리켜 겨울, 한수(寒水), 검은색, 짠맛((鹹味)이라고 합니다. 물은 차가운 것이므로 추운 겨울과 한수라고 하는 건 당연합니다. 겨울에는 생물들이 땅 속으로 들어가 동면을 하는 법이므로 밝은 태양 볕을 볼 수 없으니 검은색입니다. 검은색은 모든 색을 다 받아들이는 특성이 있습니다. 그러기에 겨울은 모든 것을 다 속으로 품게 마련입니다. 겨울에 사람들의 살이 찌게 되는 것은 이와 같은 자연의 현상 때문이라고 할 수 있습니다.

1, 6의 맛을 짜다고 한 것은 무슨 이유일까요? 본래 물맛은 무색(無色), 무미(無味), 무취(無臭)한 법인데 굳이 짜다고 한 까닭은 무얼까요? 그러므로 여기서 알 수 있는 것은 오행에서 水라고 한 것은

실제 눈에 보이는 물만 가리킨 게 아니라는 사실입니다. 물의 속성
을 지니고 있는 모든 것을 상징적으로 대변하는 것이 水입니다. 짠
맛은 글자그대로 '짜다'는 의미가 있습니다. 짜다는 말은 '맛이 짜
다'는 것 외에도, '옷을 짜다, 문짝을 짜다, 기름을 짜다' 등 여러 가
지의 뜻이 있는데, 공통점은 여러 가지 중에서 필요한 것들만 모아
서 무언가 새로운 형상을 만들어낸다는 사실입니다. 겨울에는 태양
의 에너지가 부족하기 때문에 모든 걸 절약(節約)해야 합니다. 사람
들이 외부의 허장성세(虛張聲勢)에 한 눈을 팔 때에 흔히 '냉수(冷
水) 먹고 속 차려라'고 합니다. 그것은 곧 물의 속성은 불필요한 것
을 절제(節制)하여 부실(不實)함을 방비(防備)하는 뜻이 들어 있습니
다. 그러기 때문에 인체가 쓸데없는 일로 피로(疲勞)하거나, 허약(虛
弱)해지거나, 새로운 기틀을 마련하기를 바란다면 소금을 섭취(攝取)
하는 것이 좋습니다. 병원(病院)에서 자주 사용하는 '링겔주사'는 바
로 소금을 원료(原料)로 합니다. 1, 6수도 마찬가지여서 새로운 출발
(出發)이나 시작(始作)을 상징합니다.

인류는 너무 방만(放漫)한 물질주의의 병폐(病弊)에 중독(中毒)되
어서 몸을 가누기도 힘들게 되었습니다. 도덕은 땅에 떨어지고, 인의
(仁義)를 찾아보기도 매우 어렵습니다. 이럴 때야말로 1, 6수 냉수를
먹고 속을 차려야 합니다. 그것이 바로 용담도의 중앙으로 1, 6수가
들어간 것입니다. 요즈음 육각수(六角水)를 마시는 것이 유행(流行)
하고 있는 것도, 지금이야말로 물질만능주의에서 벗어나 물질의 근
본으로 다시 돌아가 새로운 출발을 해야 한다는 천지의 계시(啓示)
가 아닐까요?

1과 6을 인체에서 찾는다면 1은 정자(精子)요, 6은 육(肉)이라고 할 수 있습니다. 1은 내부에 들어 있는 무형적인 태극이요, 그것이 5를 통해 밖으로 드러난 것이 6입니다. 이때의 5는 물론 머리에서는 5관이요, 몸통에서는 5장이라고 해도 무방하지만, 5행을 가리키기도 합니다. 1태극은 생명의 본체를 의미하는데, 그것은 5행을 발판으로 삼아 현실적인 상태로 드러나게 마련인데, 그것을 가리켜 육(肉)이라고 부릅니다.

1, 6수에 대한 것은 천간과 지지에서 본 것, 팔괘에서 본 것, 현무경에서 본 것 등으로 상술할 것입니다. 그때에 다시 1, 6에 대한 것을 고찰하기로 하고 다음 2, 7화로 넘어가겠습니다.

* 2 · 7 火

북방의 1, 6수와는 반대로 2, 7은 하도의 위에 있습니다. 불은 위로 올라가기 때문에 하도의 위에 배치를 하였습니다. 2, 7을 가리켜 火라고 부르는 것은 이런 연유 때문입니다. 내면(內面)의 2를 생화(生火)라 하며, 외면의 7을 성화(成火)라 합니다. 물론 1, 6수와 상대적인 것이 불이라고 하는 건 두말할 필요도 없겠지요. 모이면 흩어지는 회자정리(會者定離)는 만물의 철칙(鐵則)입니다. 1, 6수라는 물에서 나온 형상 있는 모든 물질(物質)은 언젠가는 다시 흩어집니다. 아니, 정확(正確)히 말한다면 물질로 형성될 때에 이미 그 속에는 2로 상징되는 분산(分散)과 발산(發散)의 기운도 공존(共存)했던 것입니다.

위로 올라가는 것 중에서 기체(氣體)보다 더 좋은 것은 없습니다. 기체는 물질이 형체라는 옷을 벗어버리고 다시 본래의 곳으로 돌아가는 상징입니다. 형체가 다시 무형으로 돌아가기 위해서는 불이 필연적(必然的)입니다. 우리 조상들이 죽은 사람의 옷이나, 책을 태워 영가천도(靈駕遷渡)를 하는 것은 망자(亡者)의 한(恨)이 서린 유품(遺品)을 다시 돌려보내는 유일(唯一)한 방편(方便)은 형체를 불로 태워 기체로 화하게 하는 것임을 잘 알고 있었기 때문입니다.

우주에는 커다란 두 개의 음양이 있으니 천지, 혹은 일월이 바로 그것입니다. 인체도 역시 그것을 그대로 닮아 크게 마음과 몸, 혹은 얼굴과 몸, 좌반구와 우반구 등의 상대적인 면으로 이루어졌습니다. 성경에도 이틀째에 궁창(穹蒼)을 만들고, 궁창 위의 물과 아랫물을 구분하였다고 기록하였으니, 이 역시 음양의 법칙을 일러줍니다. 또한 하늘에는 7성이 빛나는데, 얼굴의 칠규(七竅: 눈, 코, 귀, 입의 7구멍)는 7성을 닮았습니다. 7성이 동서남북을 밝게 하는 것처럼, 7규를 통해 사람은 얼을 밝게 합니다. 1이 인체의 맑은 뇌수가 되어 생명의 정기(精氣)를 이룬다면, 2는 밝은 영혼(靈魂)이 되어 신명(神明)을 밝게 합니다. 6이 외부로 드러난 성수(成水)가 되어 모든 물질의 기본적인 분자구조인 6각수를 이룬다면, 7은 인체 밖에 드러난 광명, 즉 7성이 되었습니다.

2를 오행으로 火라고 하는 이유는 과연 무얼까요? 2는 발전(發展)을 위한 분열(分裂)을 가리킵니다. 그것은 서로 상극(相剋)으로 대립(對立)하는데, 그것은 필경(畢竟) 열이 발생하고, 불이 발생합니다. 만약 사물에 음양이 없고 1태극만 있다면 아무런 자극도 없었을 것이고, 그렇게 되면 불도 없었을 것입니다. 1태극이 통일(統一)과 합동(合同)을 상징(象徵)하기에 마냥 좋은 것으로만 알고 있다면 큰일입니다. 물론 통일과 합동은 분명 좋은 것이지만, 2라는 상대적인 분열이나 대립이 없다면 결코 진화나 발전이란 것은 기약할 수 없습니다. 1보다 2가 수량으로는 더 많지만, 질적으로는 오히려 감소(減少)한 상태입니다. 양적으로는 2가 1보다 더 많지만, 중량(重量)으로는 더 가벼운 것이기에 하도에서는 위에 배치를 하였습니다.

2는 生火요, 7은 成火라고 합니다. 生火와 成火의 차이는 무얼까요? 生火는 불의 내면을 가리키고, 成火는 불의 외형을 가리킵니다. 불의 겉은 뜨거우면서 밝기 때문에 양(陽)이 되는데, 그것을 숫자로 나타낸 것이 7입니다. 이에 반해 불의 속을 보면 어두워서 한 치 앞도 볼 수 없는데, 그것은 음의 성질이 강하기 때문이고, 그것을 숫자로 나타내면 짝수 2가 됩니다. 그것은 마치 양이 극에 달한 하지(夏至)에 1음이 시생(始生)하는 것과 같은 이치입니다. 이때의 1음을 가리켜 숫자로 2라고 한 것입니다. 따라서 양의 시작을 알리는 수는 1이요, 음의 시작을 알리는 수는 2라고 합니다. 선천이 1로부터 시작한다면 후천은 2로부터 시작합니다. 그러기 때문에 선천 낙서는 1 감수(坎水☵)로부터 시작한 것이며, 후천 용담은 2곤지(坤地☷)로부터 시작하게 된 것입니다.

하도를 보면 2는 생수가 되어 내부에 위치하고, 7은 성수가 되어 외부에 있습니다. 그것은 곧 뜨거운 여름 한 낮의 외형은 7이라는 커다란 불덩이가 맹위(猛威)를 떨치지만, 그 내부에는 조용한 1음인 2화가 견제(牽制)를 하고 있습니다. 만약 2화가 없다면 여름의 7화는 뿌리 없는 불이 되어 그 세력은 소멸되고 말 것입니다. 뜨거운 정열이나 왕성한 활동력, 화려한 외모나 사치, 변화함 등은 모두 7

수로 상징됩니다. 2는 불의 내면을 가리키므로 生火 또는 天火라고 하는데, 7화를 통제하여 그릇되지 않게 하는 역할을 합니다. 구름이나 비는 하늘에서 땅의 물에서 1양의 기운이요, 땅속의 따스한 지온(地溫)은 하늘에서 내려간 1음의 기운입니다. 이런 까닭에 땅 속은 어두우면서도 따스한 온기가 있게 되었고, 하늘은 밝으면서도 차가운 냉기가 있게 되었습니다.

1이 겨울을 가리킨다면 2는 여름입니다. 겨울이 차가운 한기(寒氣)가 주류(主流)를 이룬다면 여름은 뜨거운 열기(熱氣)가 왕성(旺盛)합니다. 날씨가 추우면 음식물이 상하지 않기 때문에 겨울은 자연의 냉장고(冷藏庫)입니다. 그러기 때문에 겨울을 상징하는 1, 6수는 만물을 새롭게 정비(整備)하고, 물은 모든 걸 살찌게 하는 법이므로 사람도 겨울에는 살이 찌게 마련이지만, 반대로 여름은 만물의 형상을 뜨거운 열기로 마르게 합니다. 따라서 사람도 여름에는 살이 마르게 마련입니다. 2의 속성은 모든 걸 마르게 하며 분열을 재촉합니다. 하지만 2에는 열기와 광채가 있기 때문에 모든 걸 밝게 합니다.

1을 인체의 장기와 견주어 본다면 신장(腎臟)이라고 할 수 있으며, 2는 심장(心腸)이라고 할 수 있습니다. 신장은 밑에 있고, 심장은 위에 있는 것은 하도에서 1이 밑에 있고, 2가 위에 있는 것과 같습니다. 신장이 물을 관리하고, 심장이 불을 관리하는 것도 1과 2의 속성을 그대로 닮았다. 신장이 겨울의 속성처럼 은밀(隱密)하게 일을 처리하는 반면, 심장은 요란한 소리를 내면서 박동(搏動)하는 모습은 여름과 흡사(恰似)합니다. 따라서 1은 겨울처럼 실속이 있는 반면, 2는 여름처럼 고단하게 마련입니다. 하지만 겉으로 드러나는 것은 여름의 화려(華麗)함이지, 겨울의 스산함이 아닙니다. 마찬가지로 2는 하늘의 7성이 되어 무수한 전설과 신화를 낳지만, 1은 묵묵히 만물의 기본 6각형을 이루고 있습니다.

색깔에 있어서도 1과 6은 무명인 검은색이지만, 2와 7은 화려한 붉은색입니다. 그러므로 1, 6수는 정(精)을 상징하고, 2, 7화는 신(神)을 상징합니다. 예부터 이르기를 피부가 검으면 정력이 강하다고 한 것은 그것이 겨울의 속성을 지녔기 때문입니다. 그러나 반드시 그런 것만은 아닙니다. 검건, 희건 피부에 생기가 넘치고 윤택이 있으면 그만입니다. 검은색을 정력이 강하다고 보는 것은 정(精)은 모여야 충실해지기 때문인데, 검은색은 '흡수'를 상징하기 때문입니다. 정은 물질을 한데 모아 놓고 거기서 추리고 추린 정수(精髓)입니다. 이렇게 한 곳으로 모으는 힘을 상징하는 것이 검은색입니다. 한 겨울에 돋보기로 햇살을 검은 종이에 모으면 연기가 나면서 급기야는 불이 붙는다는 것도 이런 원리에 기인(起因)합니다. 정은 한 곳에 모여야 강해지지만, 신은 불처럼 널리 퍼져야 환해집니다. 정은 맑아야 하고, 신은 밝아야합니다. 그것은 정은 물의 속성을 지니고, 신은 불의 속성을 지니기 때문입니다.

1과 6은 짠맛인데 비해, 2와 7은 쓴맛입니다. 짠맛은 기운을 될 수 있으면 모으려고 하는데 비해, 쓴맛은 기운을 분산(分散)시킵니다. 인생살이를 하면서도 여러 번 '쓴맛'을 볼 기회가 있는데, 그때는 대개 돈이나 사람들이 모두 떠납니다. 쓴맛은 '무언가 다 써버린 상태(쓴 상태)'를 가리킵니다. 이것은 무언가 단단히 준비하고 치밀(緻密)하게 '짜 놓은' 짠맛과는 정반대라고 할 수 있습니다. 이렇게만 본다면 쓴맛은 아주 몹쓸 것처럼 보이지만, 다 써 버려야 새로운 것이 생긴다는 측면에서 보면 긍정적인 면도 있습니다. 즉 겨울의 짠맛은 가을에 수확(收穫)을 하여 겨울의 창고에 거두어 들여 새로운 봄의 틀을 짜내기 위해 힘을 비축하는 짠맛이라면, 여름의 맛은 봄에 생육한 만물에 뜨거운 사랑으로 열기를 뿜어내느라 힘을 다 써버린 쓴맛입니다.

　이번에는 천간과 지지로 2, 7화를 살펴보도록 하겠습니다. 먼저 5행으로 본다면, 10天干에서는 2를 정(丁)이라 하고 7을 병(丙)이라 하며, 12地支에서는 2를 巳라 하고, 7을 午라 합니다. 천간과 지지를 합해서 읽는다면 2는 정사(丁巳)요, 7은 병오(丙午)가 됩니다. 丙은 '남방 병', '불꽃 병' '밝은 병'이라는 의미가 있습니다. 丁은 '장정(壯丁) 정'이라고 하여 속에서 샘솟는 불기운을 가리킵니다. 북방의 임자(壬子)나 계해(癸亥)가 맑고 차가운 정(精)을 가리킨다면 남방의 정사(丁巳)나 병오(丙午)는 밝고 뜨거운 신(神)을 가리킵니다. 임자(49)에서 계해(60)까지 11을 가야하는 것처럼, 병오(43)에서 정사(54)까지도 역시 11을 가야 합니다.

　12띠로는 2는 뱀(巳)이 되고, 7은 말(午)이라고 합니다. 12지지의 배치도를 보면 둘 다 남방에 배치한 것은 남방은 곧 더운 여름과 불을 상징하기 때문입니다. 쥐가 내는 소리는 짤막하고, 가볍게 '찍찍'하게 마련이요, 말은 제법 큰 소리이지만 역시 여리게 '히힝'하는 소리로 들리는 것은 둘 다 양이 강하기 때문입니다. 같은 양이지만, 자세히 살피면 쥐보다 말의 울음소리가 큰 것은 그만큼 1양보다 7양이 더 세력이 크고 강하다는 증거입니다. 이에 비해서 음에 속하는 돼지는 탁한 소리의 전형(典型)이라고 할 수 있습니다. 아마 돼지소리를 가리켜 '맑은 소리'라고 할 사람은 하나도 없을 겁니다. 같은 수(水)를 상징하면서도 쥐보다 돼지가 엄청 큰 소리를 내는 것은 1보다 6이 그만큼 더 성장한 음이기 때문이라고 보면 될 겁니다. 2뱀과 7말은 같은 남방에 속한 짐승이요, 火이지만, 生火와 成火만큼 그 차이가 있습니다.

쥐와 돼지가 오행으로 북방에 속한 짐승이기에 밝은 태양을 별로 좋아하지 않는 것처럼, 뱀과 말은 반대로 어둠을 별로 좋아하지 않습니다. 특히 말은 날이 어두워지기 시작하면 맥을 못 추게 마련입니다. 뱀은 비가 온 후에 습기를 말리려고 밖으로 나오는 습관이 있기 때문에 땅꾼들은 비 온 후에 뱀을 잡으러 가게 마련입니다. 물론 물을 좋아해서 물에 사는 물뱀도 있긴 있습니다만, 그건 좀 경우가 다르다고 해야 합니다. 남방과 북방은 서로 상극인 것처럼, 1쥐와 6돼지는 2뱀과 7말과 상극이라고 합니다. 그중에서도 특히 양과 양끼리는 더 상극이므로 1子와 7午는 사주학(四柱學)에서도 자오충(子午冲)이라고 하여 가장 극렬한 영향(影響)을 미친다고 합니다. 그것은 2巳와 6亥도 마찬가지여서 사해충(巳亥冲)이라고 합니다. 충에는 여섯 개가 있는데, '자오충, 축미충, 인신충, 묘유충, 진술충, 사해충'이 바로 그것입니다. 이런 충이 있는 한, 세상은 결코 화평할 수 없습니다. 그래서 1子와 2巳가 합해야 하고, 7午와 6亥가 합하게 된 것인데, 그것이 바로 용담도입니다. 그것을 굳이 충이라고 하는 까닭은 1子는 陽水이므로 陽火에 해당하는 7午를 만나면 水克火가 되기 때문이지요. 다른 것도 모두 이와 같은 원리에 입각해서 2陰火인 巳와 6陰水인 亥도 수극화(水克火)이기 때문이고, 陰水에 해당하는 10丑(소)과 陰火에 해당하는 5未(양)도 수극화이기 때문이며, 陽木에 해당하는 3寅과 陽金에 해당하는 9申은 금극목(金克木)이기 때문이고, 陰金에 해당하는 4酉와 陰木에 해당하는 8卯도 금극목이기 때문이며, 陽木에 해당하는 5辰과 陽金에 해당하는 5戌도 역시 금극목이기 때문이기에 그렇습니다.

세상에서는 미련한 사람을 가리켜 '돼지 같은 놈'이라고 합니다. 그와 반대되는 느낌을 주는 것은 쥐입니다. 즉 6수와 표리(表裏)를 이루는 것이 1수이기 때문에 그런 느낌을 받을 수밖에 없는 겁니다. 하지만 그것은 같은 生成에서 본 것이고, 만약 그것을 음양의 관계에서 본다면 돼지와 상대적인 것은 바로 뱀인데 이를 가리켜 사해충(巳亥冲)이라고 합니다. 미련한 상징이 돼지라면 그 반대되는 것은 지혜(知慧)입니다. 따라서 예수님도 '뱀처럼 지혜롭고 비둘기처럼 순결(純潔)하라'고 가르쳤던 것입니다. 여기서 유의할 것은 돼지와 상대적인 개념으로 쥐와 뱀이 등장하였는데, 오행 상 같은 水의 개념인 쥐의 입장으로 볼 적에는 지혜가 아니라, 잔머리를 잘 굴리는 꾀와 같은 것이고, 상극인 火의 개념인 뱀에서 볼 적에는 지혜를 나타낸다는 사실입니다. 그러므로 인체에서도 1水 쥐와 연관되는 신장경락(腎臟經絡)은 사람으로 하여금 지혜가 아닌 여러 가지 잔꾀나, 권모술수(權謀術數), 혹은 잔기술을 강화시키는 기능이 있다는 걸 알 수 있습니다. 반대로 2火 뱀에 해당하는 심포경락(心包經絡)에서는 여러 가지 지혜나 지식을 강화시킨다는 사실을 미루어 짐작할 수 있습니다. 이런 것은 앞으로 우리가 개발해야 할 아주 중요한 요소들입니다.

참고(參考)로 인체의 12경락을 12지지와 연관시키면 다음과 같습니다.

순 서	12지지	12경락	오 행	육 기
1	자－쥐	足少陰腎經	水(天水)	君火
2	축－ 소	手太陰肺經	金(地水)	濕土
3	인－호랑이	足少陽膽經	木(人木)	相火
4	묘－토끼	手陽明大腸經	金(天木)	燥金
5	진－용	足太陽膀胱經	水(地木)	寒水
6	사－뱀	手厥陰心包經	火(人火)	風木
7	오－말	手少陰心經	火(天火)	君火
8	미－양	足太陰脾經	土(地火)	濕土
9	신－원숭이	手少陽三焦經	火(人金)	相火
10	유－닭	足陽明胃經	土(天金)	燥金
11	술－개	手太陽小腸經	火(地金)	寒水
12	해－돼지	足厥陰肝經	木(人水)	風木

　성경을 보면 에덴동산에서 첫 사람 아담과 하와를 유혹(誘惑)한 것이 뱀이라고 하였습니다. 무수한 짐승 중에서 하필이면 왜 뱀이 사람을 유혹한 것일까요? 실제로 그 옛날에는 뱀이 사람처럼 말을 하였다는 만화 같은 신앙심을 갖고 있는 최첨단을 걷고 있는 현대문명인들에게도 상당히 많습니다. 그러나 정작 뱀에게 내려진 하느님의 저주(詛呪)를 보면 '네가 이렇게 하였으니 모든 육축(六畜)과 들의 모든 짐승보다 더욱 저주를 받아 배로 다니고, 종신(終身)토록 흙을 먹을지니라. 내가 너로 여자와 원수(怨讐)가 되게 하고 너의 후손(後孫)도 여자의 후손과 원수가 되게 하리니 여자의 후손은 네 머리를 상(傷)하게 할 것이요 너는 그의 발꿈치를 상하게 할 것이니라'는 내용인데, 혀에 관한 저주는 전혀 없습니다. 만약 뱀이 사람처럼 말을 하는 능력이 있기 때문에 그랬다면 배로 기어 다니라고 하는 것보다 혀를 없애버린다고 하는 편이 옳지 않았을까요? 그러니까 뱀은 뱀처럼 한 입으로 두말을 하고, 세상을 배(먹을 것)로 기어 다니며, 세속

적인 욕망인 흙을 먹으면서 살아가는 인생들을 상징한다고 보는 편이 설득력(說得力)이 있습니다.

저주 받기 전에는 뱀이 마치 배로 기어 다니지 않고, 걷거나 날아다닌 것처럼 믿고 있는 분들도 많더군요. 뱀은 예전이나 지금이나 한결 같습니다. 그것이 진리입니다. 만약 성경의 기록(記錄)을 문자 그대로 믿어야 한다면 뱀들은 흙을 주식(主食)으로 삼아야 할 터인데, 어디 뱀들이 그렇게 살던가요? 따라서 성경에서 말하는 흙은 비유와 상징이라고 할 수밖에 없습니다.

고린도전서 15장에는 '첫 사람은 흙에서 나왔고, 둘째 사람은 하늘에서 내려 왔다'고 되어 있는데, 첫 사람은 아담이고, 둘째 사람은 예수를 가리킵니다. 예수의 몸은 마리아를 통해서 나온 것이지, 하늘에서 내려 온 것은 아닙니다. 그런데도 그렇게 표현한 것은 마리아가 처녀이기 때문입니다. 처녀는 아주 맑은 하늘을 상징합니다. 이렇게 본다면 뱀도 무엇을 비유하기 위한 것이지, 결코 실제의 짐승이라고 하면 안 된다는 결론이 나옵니다. 예수는 요단강에서 세례(洗禮)를 받으러 나오는 사두개인과 바리새인들에게 '독사(毒蛇)의 자식들'이라는 극언(極言)을 했습니다. 그것은 욕(辱)이 아니라 실제로 그들이 에덴동산의 뱀과 같은 독사였기 때문입니다. 그런데 왜 유독 뱀이 그런 일을 해야 했을까요? 그것은 뱀이 12시간을 전, 후반으로 나눌 적에 전반기 마지막을 담당(擔當)하기 때문입니다. 즉 先天의 마지막을 맡고 있는 것이 巳이기 때문입니다. 子丑에서 시작한 1陽은 寅卯에서 2陽이 되고, 辰巳에서 3陽으로 가장 밝은 상태가 됩니다. 양이 다하면 음이 나오는 이치에 따라 동남방인 진사지간(辰巳之間)에서는 1음이 발생합니다.

　　그러기 때문에 문왕도나 용담도를 보면 그 곳에 1음이 솟아나는 손괘(巽卦☴)를 배치했습니다. 이처럼 辰巳之間은 음과 양이 교차(交叉)하는 중심점이므로 천지지간(天地之間)이라고 부릅니다. 하늘과 땅이 교차하고, 선천과 후천이 교차하며, 음과 양이 교차하는 곳이라는 의미로 보면 될 것입니다. 그런데 선천은 陽을 위주로 하였기에 辰 즉, 용(龍)은 태세(太歲)가 되었지만, 巳 즉, 뱀은 아무런 역할도 못하였던 것입니다. 그러나 후천이 오면 뱀이 지혜의 머리가 되어 時頭인 巳時로 등장하게 됩니다. 따라서 뱀이 인간을 유혹하는 건 당연한 현상입니다. 자세한 얘기는 현무경 해설편에 다시 나올 것입니다.

　　그런데 왜 성경에서는 뱀에게 저주를 내렸을까요? 흔히 기독교에서는 '피조물이 감히 창조주와 같이 되려고 하였기 때문'에 저주를 받았다고 합니다. 그러나 성경은 이렇게 말하고 있습니다.

　　　'보라 이 사람이 선악을 아는 일에 우리 중 하나 같이 되었으니 그가 그 손을 들어 생명나무 실과도 따 먹고 영생할까 하노라 하시고 에덴동산에서 그 사람을 내어 보내어 그의 근본 된 토지를 갈게 하시니라'

　　이것은 무얼 말하고 있나요? 사람이 하느님과 같이 되려고 한 자체를 문제 삼은 게 아니라, 선악을 아는 일에 하느님처럼 되었기 때문이라고 하지 않았습니까? 즉 사람은 본래 하느님처럼 전지전능한 형상을 닮도록 되어 있었는데, 첫 사람은 유독 선악을 아는 일에만 신통(神通)한 상태가 되었기에 문제가 되었던 겁니다. 그러면 사람은 영원히 선악을 모르도록 설계되었다는 말일까요? 선악을 모르면 백치(白痴)인데, 과연 하느님이 인간을 그렇게 되도록 만들었다고 믿어야 할까요? 선악은 반드시 알아야 합니다. 즉 선악과는 반드시 먹게 되어 있습니다. 먹지도 못 할 과일을 무슨 이유로 동산 중앙에 만들어 놓았다는 말인가요? 인간의 믿음과 충성심을 시험하기 위한 수단과 방편으로 선악과를 만들어 놓았다는 게 과연 정상적인 사람의 생각일까요?

선악과는 언젠가는 먹어야 하지만, 그 시기가 문제였습니다. 첫 사람 아담은 이제 갓 하느님의 의식으로 생령(生靈)이 된 어린애이기에 선악을 판단(判斷)할 수 없습니다. 어린애들이 판단하는 선악은 지극히 자신의 기준에 맞춘 것이기 때문에 공의(公義)로울 수가 없을뿐더러, 세상을 위태(危殆)롭게 만들 건 불을 보듯 뻔한 일입니다. 어릴 적에는 선악을 판단하는 일보다 믿음과 순종(順從)이 제일 필요합니다. 이른 바 '제사(祭祀)보다 순종이 낫다'고 한 말씀은 이를 가리킵니다.

사시는 후천이 되면 필연적으로 등장해야 할 천지개벽의 상징이며, 선악을 판단하는 척도(尺度)입니다. 그러나 때가 되지 않은 상태에 등장한다면 만사는 틀어지게 되어 있습니다. 언젠가는 巳時가 되어 인류가 스스로 선악을 판단하는 지혜, 즉 생명과를 먹을 날이 온다는 것이 바로 뱀이 인간을 유혹했다고 하는 비유의 말씀입니다. 그렇게 되면 인간이 하느님처럼 밝아져서 모든 일에 전지전능한 상태가 된다고 하는 것이 뱀의 유혹이었습니다. 하지만, 때가 아직 안 된 상태였기에 그것은 천기누설(天機漏泄)을 犯한 犯罪가 될 수밖에 없던 것이었습니다. 예수님이 뱀처럼 지혜로우라고 한 것은 선천의 子時가 아닌 巳時가 된 세상이 올 적에 비로소 인간의 지혜가 三陽처럼 정오의 빛이 될 것임을 暗示한 것입니다. 이것을 가리켜 천지개벽이라고 합니다.

성경에는 모세를 따라 이스라엘민족이 가나안으로 탈출할 적에 자그마치 40년이나 광야에서 방황을 하였다고 합니다. 그곳이 아무리 거친 광야라고 하여도 지형이나 거리로 볼 적에 결코 그만한 세월이 걸리는 곳은 아닙니다. 그럼에도 불구하고 그렇게 오랜 기간이 소요된 것은 이스라엘 사람들의 거듭되는 변심(變心)때문이었습니다. 물이 없어도 모세를 원망하고, 양식(糧食)이 없어도 모세를 원망하며, 괴로운 일이 있으면 하느님과 모세를 원망하였습니다. 그럴 때마다 하느님은 불 뱀을 보내어 이스라엘 민족을 물게 하였습니다. 뱀에 물린 자들이 고통에 못 이겨할 때에 모세는 장대에 불 뱀을 높이 달고, 그것을 백성들이 보게 하였습니다. 그것을 본 자들은 살아났습니다. 이때의 불 뱀은 무얼 말할까요? 장대는 십자가(十字架)를 상징하고, 뱀은 저주 받은 육체 즉, 예수의 몸을 가리킵니다. 육체로 사는 자는 저주받은 자요, 영으로 사는 자는 부활한 자입니다. 이때의 불 뱀은 辰巳之間인 3陽의 뱀입니다. 장대에 달린 뱀과 십자가에 달린 예수의 육체는 다 같이 선천 낙서 문명의 마지막인 巳時를 상징합니다. 그리고 선천의 마지막이 후천의 시작으로 되어 다시 巳時로 時頭로 등장한다는 것을 아는 사람만이 광야에서 살아남는다는 걸 일깨우고 있습니다. 현무경과 2, 7화에 관한 것은 현무경 영부 해설편에서 다시 언급하도록 하고 그냥 넘어가기로 하겠습니다.

* 3·8 木

북방의 1, 6수와 남방의 2, 7화가 남북의 상하로 수직적인 기준을 세운다면, 동방의 3, 8목과 서방의 4, 9금은 수평적인 기준을 세워줍니다. 이것을 가리켜 각기 경도와 위도라고 하는데, 달리 비유한다면 1, 6수와 2, 7화가 부모라면 3, 8목과 4, 9금은 자녀라고 할 수 있습니다. 만물은 水火의 기운으로 형성과 소멸을 반복합니다. 그리고 거기에서 파생한 것이 바로 金木의 기운입니다. 1과 2는 기본이요, 거기에서 나간 것이 3과 4입니다.

부모는 자녀들을 낳고 키우는 것처럼, 천지는 일월을 낳고 운행하게 한다. 1은 하늘이요, 2는 땅이라고 합니다. 그러면 3은 日이요, 4는 月이라 할 수 있겠네요. 또는 1을 日, 2를 月, 3을 星, 4를 辰이라 할 수도 있습니다. 여하튼 3은 홀수이므로 陽이요, 4는 짝수이므로 陰이라고 하는 건 분명한 사실입니다. 천지를 운행하는 것은 日月인데, 3은 태양이 뜨는 동방이요, 4는 달이 뜨는 서방이라고 합니다.

3은 1＋2인데, 이는 곧 천지의 합은 인간이라는 형태로 드러난다는 의미입니다. 따라서 木은 인간을 가리킨다고도 볼 수 있습니다. 3과 8을 木이라고 하는 근거는 무엇일까요? 나무는 하나의 씨앗이 땅에 묻혀 두 개의 싹으로 움이 틉니다. 이때에 하나의 씨앗을 가리켜 1태극이라고 하며, 두개의 싹을 가리켜 2음양이라고 합니다. 씨앗과 싹이 있으면 묘목인데, 이는 곧 천지가 합한 상태입니다. 1(씨앗)은 본래 하늘의 양기를 강하게 머금은 상태이므로 당연히 땅속의 음인 물을 찾아 뿌리를 뻗는데, 이것을 숫자로 계사하면 1＋2입니다. 반대로 2(싹)는 땅의 음기가 강한 것이므로 부득불 땅위의 태양을 찾아 싹을 틔우는데, 이것을 숫자로 계산하면 2＋1이 됩니다. 이처럼 음(一로 표시 함)과 양(丨로 표시 함)이 합한 十을 팔방에 펼치는 존재가 3이므로 그 기운은 생동감이 넘치고 진취적이 될 수밖에 없습니다. 十을 八방으로 나타내는 글자가 木입니다. 이와 같은 원리에 의해 3과 8을 목이라고 합니다.

동방을 가리켜 태양이 돋는 곳이라고 하는 까닭도, 북방에서 잉태한 미약한 1양이 2음의 기운을 얻어 3양으로 성장하여 태양이라는 형태로 드러나는 곳이기 때문입니다. 이처럼 木에는 성장하다, 생장하다, 펼치다 등의 의미가 들어 있습니다. 1과 2는 씨앗과 뿌리가 되어 그 모습을 드러내지 못하였으나, 3에 이르러 마침내 지상으로 그 모습을 드러내는 법이므로 이를 가리켜 '봄'이라고 한 것입니다. 봄은 겨우내 어두웠던 땅 속의 씨앗(1양)이 지상으로 머리를 내밀고 밝은 태양을 보기 때문에 나온 표현입니다.

하늘을 향해 쑥쑥 자라는 건 지상에서 나무를 당할 것이 없습니다. 그것은 나무의 내면에 3이라는 강력한 양기가 있기 때문입니다. 또한 나무의 겉면은 단단하면서도 부드러운 촉감이 있는데, 그것은 8의 음기가 있기 때문입니다. 生水 1은 成火 7과 합하여 8목이 되고, 生火 2는 成水 6과 합하여 8목을 이루는데, 이는 곧 8목은 生水와 成火, 혹은 生火와 成水의 조화라는 사실을 일러줍니다. 만약에 成水 6과 成火 7이 합하면 13이 되는데, 이는 곧 天有13도라는 자전과 공전의 일치 상태를 가리킵니다.

3, 8목을 절기로 비유한다면 春分에 해당합니다. 춘분은 낮과 밤의 길이가 같은데, 겉으로는 8이라는 음의 기운이 충만해 보이지만, 속으로는 3이라는 양의 기운이 강력하게 솟아나는 형국입니다. 봄의 날씨가 겉으로는 겨울의 잔재가 남아 있어 쌀쌀하지만, 속에서는 따스한 양기가 솟는 것은 이런 이치에 의한 것입니다. 이처럼 3, 8목과 봄은 외유내강(外柔內剛)의 전형이라고 할 수 있습니다.

3은 1태극이 天一, 地一, 人一이라는 세 개의 태극으로 벌어진 상태입니다. 이에 비해서 8은 천2×지2×인2라는 세 개의 음양을 곱한 상태이므로 음양이 최대로 벌어진 상태를 가리키는 동시에 천지인의 8방을 가리킵니다. 3, 8을 인체와 연결시킨다면 3은 내면에 있는 약동성과 생동성, 진취성 등을 가리키는데 그것은 精(1)과 神(2)의 양적인 면이 조화한 상태를 의미합니다. 그것이 5장이나 5관의 매체와 합하면 팔절이나 팔등신 등으로 나타난 것이 인체입니다. 사물의 정과 신이 합하면 천지인 3신으로 나타나고, 그것이 5성이나 5행과 조화를 부리면 천하의 8방으로 나타나는 것과 같은 이치입니다.

장기와 연결시킨다면 3은 담이요, 8은 간에 해당합니다. 1, 6수로 상징되는 신장과 방광이 인체의 물을 관리하고, 2, 7화로 상징되는 심장과 소장이 인체의 불을 관리한다면 3, 8목은 인체의 바람을 관리합니다. 1, 6 신장과 방광이 인체의 精을 주관한다면, 2, 7 심장, 소장은 인체의 神을 주관하며, 3, 8 간, 담은 인체의 혼(魂)을 주관합니다. 간담은 3의 양기가 있어 내부적으로는 강력한 추진력과 더불어, 8의 음기가 있기 때문에 간담은 몸에 생기를 솟게 하면서도 부드럽게 하는 능력이 있습니다. 그것이 구체적으로 형태를 취한 것이 바로 힘줄(筋)입니다. 힘줄을 한 번 보세요. 고기를 먹을 때에 힘줄이 맛있다고 하는 사람은 아마 없을 겁니다. 맛을 떠나서 씹어 먹는 자체가 곤란하지 않던가요? 그렇다고 하여 힘줄은 돌이나 쇠처럼 단단한 건 아니지만 탄력이 뛰어나죠. 간담은 바로 인체의 탄력을 좋게 합니다. 이런 성질이 바로 동산에 태양이 떠오르는 것과 같다고 하여 간담을 동방으로 생각한 것입니다.

그걸 맛으로 비유하면 신맛(酸味)입니다. 간담은 신맛을 좋아하는데, 신맛은 근육(筋肉)을 부드럽게 하는 역할을 합니다. 체조선수들은 식초를 먹기 때문에 몸이 유연(柔軟)하다는 말들이 있지요? 식초는 신맛의 대명사이니까 당연히 탄력(彈力) 있는 몸매로 만들어줍니다. 이런 것은 4, 9로 상징되는 金氣와 상대적이라고 할 수 있는데, 금기는 단단하기로는 3, 8목보다 더 하지만, 부드러운 탄력이 없습니다. 아마 금의 내면에 있는 것이 4라는 음이 자리하고 있기 때문일 겁니다.

양은 밖으로 튀어나오려고 하는 반면, 음은 안으로 들어가려고 하는 속성이 강하다는 걸 상기(想起)하면 금방 이해할 수 있을 겁니다. 3, 8목은 안에 있는 3陽이 외부에 있는 8陰을 통해 발산하기 때문에 비록 3이 강한 양이라고 하여도 그 소리가 부드러우면서 밝은데 비해, 4, 9금은 비록 내면에 4라는 강력한 陰이 있지만, 외부에 9라는 단단한 9陽을 통해 아주 맑으면서도 단단한 소리를 내는 법입니다. 이런 식으로 사람의 목소리도 한 번 관찰을 해보세요. 그러면 사람의 성질이나 상태 등을 파악(把握)할 수 있는 날이 반드시 올 것입니다. 산은 산이요, 물은 물이다고 하는 것은 바로 이와 같은 직관력(直觀力)을 키우라는 가르침이라고 보아도 좋을 겁니다. 이런 이치를 안다면 간담의 기능이 무너지면 '아하! 그래서 간덩이가 부었다고 하는 구나' 하고 고개를 끄덕일 것입니다.

같은 목이라고 하여도 간과 담의 기능은 차이가 있는데, 예를 들면 '쓸개 빠진 놈'이라고 하는 것과, '간덩이가 부었다'고 하는 것이 그 좋은 예입니다. 쓸개 빠진 놈은 줏대가 없는 경우를 가리키지만, 간덩이가 부은 것은 분별력을 잃어버려 아무 것도 눈에 보이는 것이 없는 경우를 가리킵니다. 쓸개는 말 그대로 쓴맛을 생산합니다. 쓴소리는 약이라고 하는 것처럼, 무언가 잘 못 될 적에 바로 잡아주는 역할을 합니다. 그것은 곧 줏대나 주체성을 찾아 주는 일입니다. 그래서 담을 가리켜 중정지관(中正之官)이라고 고서에는 기록을 하였습니다.

쓸개즙의 색깔이 어떻던가요? 잘 모르는 분은 자신의 쓸개즙을 지금 빼보세요. 노란색이라구요? 더 자세히 보면 초록이 가미된 노란색인 걸 알게 됩니다. 왜냐하면 담은 동방의 목기운이 강하기 때문에 노란색과 푸른색이 합성한 상태가 되기 때문입니다. 푸른색은 모든 걸 시원하게 풀어놓지만, 담의 기능이 아까 말한 것처럼 중정을 바로 잡는 조화의 역할이 강하기 때문에 노란색을 띠게 된 것입니다. 노란색도 연초록이 가미된 것이 있는가 하면, 붉은색이 가미된 경우도 있고, 흰색이 가미된 경우도 있습니다. 만약 담에 열이 있다면 붉은색이 가미된 노란 담즙이 흘러나올 것이고, 너무 몸이 차가울 경우엔 흰색이 가미된 노란 담즙이 나오게 되겠죠. 만약 강한 열기가 함유된 담즙이라면 검은 담즙이 나오겠죠. 그럼 몸이 너무 건조해서 수분이 부족할 경우에는 어떤 색의 담즙이 나올까요? 그건 보나마나 옅은 노랑으로 나오겠지요. 사람도 피가 부족해서 몸이 차가울 때에는 입술도 허옇고, 피도 허옇게 변합니다. 이런 것들을 잘 관찰하는 습관을 들이면 비로소 모든 사물에 달통하게 되어 막힘이 없게 됩니다.

3, 8이 자연현상으로 나타나면 바람이 됩니다. 바람은 안에서는 3의 양기가 밖으로 솟구치려 하고, 겉에서는 8의 음기로 3의 양기를 수렴하는 상태라고 하겠습니다. 그러기 때문에 바람 소리를 한 번 잘 음미(吟味)해 본 사람이라면 다 알겠지만, 휘파람 소리와 비슷하

다는 느낌을 받았을 겁니다. 휘파람을 부는 건 남자가 주로 많이 할까요? 여자가 많이 할까요? 남자들이 많이 하죠? 그것도 예쁜 여성을 보거나 맘에 드는 상대를 보면 불거든요. 그게 바로 바람을 피우고 싶다는 표현(表現)입니다. 바람을 피운다는 건 자신의 씨를 뿌리려는 생명의 본능입니다. 이런 것을 가리켜 궐음지기(厥陰之氣)라고 하는데, 일반적으로 궐음지기 즉, 수궐음심포(手厥陰心包)의 기운이나, 족궐음간(足厥陰肝)의 기운이 강한 사람들이 그런 기질이 강하다고 할 수 있지요. 심포는 주로 학문이나 지식적인 내면의 허풍이 강한 반면에, 간은 주로 외적인 허풍을 떨게 마련입니다. 간은 인체의 거대한 산소(酸素)탱크입니다. 산소는 바람입니다. 봄에 유난히 바람이 많이 부는 현상은 바람이 곧 생명을 파종(播種)하는 역할을 하기 때문입니다. 봄은 파종의 계절입니다. 농부가 밭에 씨앗을 심는 것처럼, 자연도 대지에 생명의 씨앗을 돋게 하는데, 그 역할을 하는 것이 바로 바람입니다. 바람은 희망을 상징하기 때문에 궐음지기가 강한 사람은 허풍이 세면서도 항상 희망적입니다. 따라서 끝내 열매를 맺지 못하는 경우가 다반사입니다. 시작은 거창한데 끝을 맺지 못하는 사람들은 대개 궐음지기 즉 3, 8목의 기운이 강한 부류로 보아도 좋습니다.

그런데, 재미있는 사실은 우리가 어렸을 때에 휘파람을 불기라도 하면 어른들이 야단을 치곤했는데, 그 이유가 무언지 기억나시는 분 없나요? 네. 맞습니다. 뱀이 들어온다고 휘파람을 불지 말라고 하였습니다. 특히 오전에 휘파람을 불면 크게 야단을 맞던 기억이 아직도 생생합니다. 그것도 역시 우주변화의 원리를 일깨우기 위한 슬기였습니다. 낙서의 문왕도를 보면 뱀을 상징하는 巳가 오전의 마지막을 장식하고 있는데, 그곳으로 들어간 8괘는 무언가요? 그렇죠. 손괘(巽卦☴)입니다. 손괘는 물상(物象)으로 바람을 가리킵니다. 손괘의 형상을 보면 위에는 양효(陽爻)가 두 개가 있고, 맨 밑에 음효(陰爻)가 하나 피어나는 형국인데, 그것은 양이 다하고 1음이 시작하는 상태라고 할 수 있습니다. 선천의 에덴동산에서 사람을 망하게 한 것이 뱀인데, 그것은 바로 오전(선천)에 뱀이 집안으로 들어온 것과 같지 않나요? 뱀은 마땅히 복희도의 북방 8곤지 자리로 가서 땅의 흙을 먹고 살아야 하는데, 선천 물질세상에서는 가장 밝은 동남방 진사지간에 자리를 잡았으니 세상이 뒤집어진 상태라고 할 수 있지요.

휘파람이 나온 김에 대순전경의 말씀을 잠깐 상고해 보고 넘어가도록 할까요?

> <하루는 정읍군 내장면 금붕리 앞 모시 밭 가를 지나실 때, 모시 밭 가에 농군들이 쉬어 앉았고, 모시는 잎이 하나도 없고, 대만 서 있는지라, 그 이유를 농군들에게 물으시니 밭 임자가 대하여 가로대 전례에 없던 큰 충재(蟲災)로 인함이니이다. 천주 불쌍히 여기사 가라사대 내가 충재를 제거하여 주리니 근심치 말라 하시고 북쪽을 향하여 휘파람을 세 번 부시니 뜻밖에 새 수천마리가 모여들어서 그 해충을 쪼아 없이 하더니 그 뒤로 모시 잎이 다시 피어나서 예년 보다 더욱 번무(繁茂)하여 모시 농사를 잘 하게 되니라.-대순전경 2장 115절>

정읍(井邑)은 온 세상에 水氣가 솟게 하는 상징적인 이름입니다. 그래서 개벽주도 정읍에서 탄생하셨습니다. 내장면 금붕리(內藏面 琴朋里)는 인간의 내면에 감추어진 자성에서 울려나오는 거문고의 율려라는 의미가 있습니다. 모시는 '모시다'는 의미가 있으니 이는 곧 시천주를 가리킵니다. 바야흐로 때가 되어서 인간의 자성에 시천주를 할 때가 되었는데, 해충 때문에 농사를 망친다는 것은 곧 후천 가을에 인간의 영혼이 결실하지 못한다는 것을 상징합니다. 그러니 어찌 천주님의 입장에서 이를 못 본 체 할 수 있을까요? 북방은 1감수(坎水)가 있던 곳인데, 그 곳으로 후천에는 십건토(十乾土)를 집어넣어야 11귀체가 이루어져 이상세계가 됩니다. 12지지로는 선천의 甲子 대신 후천의 乙巳가 들어가는데, 乙巳는 건환일궁단봉명(乾還一宮丹鳳鳴)이라고 한 것처럼, 봉황(鳳凰)을 상징합니다. 새 수천 마리는 봉황을 상징하고, 해충은 선천의 낙서문명을 상징합니다. 그런데 봉황을 불러오는 방편으로 휘파람을 세 번 불었다고 하였는데, 그건 무슨 의미일까요?

휘파람을 세 번 분 것은 천지인을 개벽하기 때문에 큰 바람이 3차로 불어온다는 의미이고, 바람은 오행으로 木이요 방위로는 동방이기 때문에 기서재동(其瑞在東)이 되어야 한다는 걸 암시하고 있습니다. 휘파람은 3, 8목이 중도(中道)가 된다는 걸 상징합니다. 生數 1, 2, 3, 4, 5의 중도는 3이요, 成數 6, 7, 8, 9, 10의 중도는 8입니다. 3, 8이 중도라는 의미는 많은 생각을 해야 합니다. 5, 10토가 중앙이라고 하는 것은 사상의 중심을 가리키고, 1, 6이 중앙에 들어갈 때에는 사물의 변화를 기준으로 할 경우이며, 3, 8이 중심이 되는 경우는 이 두 가지를 모두 합한 경우입니다. 예를 들면

1	2	3	4	5
<u>6</u>	<u>7</u>	8	<u>9</u>	<u>10</u>
7	9	11	13	15

에서 볼 수 있는 것처럼, 3, 8은 생수, 성수의 중심도 되는 동시

에, 유일하게 11귀체를 형성하고 있습니다. 그러기 때문에 현실에서
도 3, 8선이 문제가 된 것입니다. 우리민족의 3, 8선은 단순한 한민
족의 문제가 아니라, 이 세상의 모든 이념과 사상이 중도를 이루기
위한 한 맺힌 상징입니다. 현무경 첫 머리에 '其瑞在東'이라는 문구
가 있는데, 서구에서 발생한 멸망의 가증한 것이 3, 8목 동방의 8간
산(艮山)에 우뚝 솟아나 있습니다.

성경에 말하기를 '그날에 멸망의 가증한 것이 거룩한 곳에 선 것
을 보는 자는 빨리 산으로 도망하라'고 한 것은 바로 이를 두고 한
말입니다. 멸망의 가증한 것은 물질적인 사고방식에 물든 인간의 어
리석은 생각이며, 그것이 오랜 세월을 두고 열매를 맺은 것이 바로
서구의 자본주의와 공산주의입니다. 만들기는 서구인, 정확히 말하면
유대인들이 만들었는데, 왜 우리 한민족이 아직까지도 그 피해를 고
스란히 떠안고 있어야 하는 건가요? 짧은 안목으로 보면 하늘이 원
망스럽기도 하겠지만, 우리가 아니면 그릇된 사상과 이념을 해결할
능력이 없기 때문에 하늘은 3, 8선에 심장한 의미를 부여한 채, 통
일의 날을 기다리고 있는 겁니다. 우리의 통일은 단순한 우리만의
것이 아니라, 전 인류와 세계가 한 식구가 되는 진정한 통일의 시발
입니다.

후천에는 과거처럼 윤달(閏月)이 없는 황극력을 사용하게 되는데, 그
것은 철저하게 3, 8중도를 이루고 있습니다. 구체적으로 실례를 든
다면 다음과 같습니다. 황극력으로 매년의 정월 초하루의 일진을 찾
을 적에는 반드시 3, 8을 기준으로 합니다. 선천 태양력, 태음력에서는
윤달이 있어 정월 초하루의 일진이 들쭉날쭉하였기에 무도(無道)세
상이 벌어졌습니다. 실례를 찾아가면서 얘기를 하기로 하겠습니다. 서

기 2007년 정해년 초하루의 일진은 양력으로는 乙未日이요, 음력으
로는 丁亥日입니다. 2,016년까지의 초하루 일진을 모아 보면 다음과
같습니다.

초하루 날짜 및 일진의 변화

2,007년~2,0016년까지 10년 간

연 도	태 세	양력 日辰	음력 日辰	황극력 日辰	양력 日字	음력 日字	황극력 日字
2007년	丁亥年	乙未日	癸未日	己亥日	1월 1일	2월 18일	5월 5일
2008년	戊子年	庚子日	丁丑日	乙巳日	1월 1일	2월 7일	5월 5일
2009년	己丑年	丙午日	辛丑日	辛亥日	1월 1일	2월 25일	5월 6일
2010년	庚寅年	辛亥日	乙未日	丁巳日	1월 1일	2월 14일	5월 7일
2011년	辛卯年	丙辰日	己丑日	癸亥日	1월 1일	2월 3일	
2012년	壬辰年	辛酉日	癸丑日	己巳日	1월 1일	2월 22일	
2013년	癸巳年	丁卯日	丁未日	乙亥日	1월 1일	2월 10일	
2014년	甲午年	壬申日	壬寅日	辛巳日	1월 1일	1월 31일	생 략
2015년	乙未年	丁丑日	丙寅日	丁亥日	1월 1일	2월 19일	
2016년	丙申年	壬午日	辛酉日	癸巳日	1월 1일	2월 9일	

위의 도표에서 보는 것처럼, 선천의 태양력과 태음력은 매년 초하
루의 일진이 매번 불규칙적으로 변하지만, 황극력의 地支는 반드시
한 해 걸러 한 번씩 巳亥가 규칙적으로 순환합니다. 巳亥가 기준이 되
는 까닭은 후천은 인존문명이 서게 되는데, 巳는 사람의 머리요, 亥는
사람의 복부가 되기 때문입니다. 그리고 天干은 을정기신계(乙丁己
辛癸)의 순서로 흘러가는데, 그것은 잘 알다시피 양간(陽干)이 아니
라, 후천은 음간(陰干)이 주도하기 때문입니다. 그런데 이렇게 변하는
정월 초하루의 일진을 면밀히 살피면 흥미로운 사실을 알게 되는데,
천간이 음년(陰年)의 해에는 반드시 초하루의 일진의 지지는 亥로 되

게 마련이고, 양년(陽年)이 태세를 이루는 해의 초하루의 일진은 반
드시 巳가 된다는 사실을 유념하기 바랍니다. 그것은 인체의 머리를
가리키는 巳는 陽에 해당하기 때문이며, 인체의 복부를 가리키는 亥
는 陰에 해당하기 때문입니다. 그러면 위의 도표를 보면서 황극력
초하루의 일진이 어떤 규칙으로 변하는지 한 번 살펴보도록 할까요?
먼저 태세가 陰年에 해당하는 경우를 찾아보도록 하겠습니다.

太歲가 陰年인 경우의 일진의 변화

연 도	초하루 일진	규칙적인 변화
2007 丁亥年	己亥日	천간 丁에서 3번째가 己: 음년에는 지지가 亥이므로 己亥日.
2009 己丑年	辛亥日	천간 己에서 3번째가 辛: 음년에는 지지가 亥이므로 辛亥日.
2011 辛卯年	癸亥日	천간 辛에서 3번째가 癸: 음년에는 지지가 亥이므로 癸亥日.
2013 癸巳年	乙亥日	천간 癸에서 3번재가 乙: 음년에는 지지가 亥이므로 乙亥日.
2015 乙未年	丁亥日	천간 乙에서 3번째가 丁: 음년에는 지지가 亥이므로 丁亥日.

다음으로

태세가 陽年인 경우의 일진의 변화

연 도	초하루 일진	규칙적인 변화
2008 戊子年	乙巳日	천간 戊에서 8번째가 乙: 양년에는 지지가 巳이므로 乙巳日.
2010 庚寅年	丁巳日	천간 庚에서 8번째가 丁: 양년에는 지지가 巳이므로 丁巳日.
2012 壬辰年	己巳日	천간 壬에서 8번째가 己: 양년에는 지지가 巳이므로 己巳日.
2014 甲午年	辛巳日	천간 甲에서 8번재가 辛: 양년에는 지지가 巳이므로 辛巳日.
2016 丙申年	癸巳日	천간 丙에서 8번째가 癸: 양년에는 지지가 巳이므로 癸巳日.

의 순서로 질서정연하게 변화하는 걸 알 수 있습니다. 이처럼 후
천의 역법에서는 3, 8이 중도를 이루므로 달력이 없어도 얼마든지
매 년의 초하루 일진을 알 수 있으니, 無道에서 有道로의 전환점이

마련되었다고 하겠습니다.

봄의 색깔을 가리켜 '푸른 색'이라고 하는 것도 이와 깊은 관련이 있는데, 푸른 것은 '풀어 놓은 것' 즉 부활이나 해방을 가리키기 때문입니다. 봄은 겨울의 어둠에 억눌린 생명체들을 부활시키는 청신호이기 때문에 푸른색과 희망을 상징합니다. 따라서 3, 8도 부활이나 희망을 상징합니다. 1, 6수를 근(根)이라고 한다면, 2, 7화는 화(花)라고 하며, 3, 8목은 묘(苗)라고 합니다. 4, 9금은 실(實)입니다. 싹은 비록 여리지만 그 기세는 자못 하늘을 찌를 정도입니다. 묘목이 자라나는 모습을 보면 하루가 다릅니다. 이처럼 왕성하게 생장하는 상태를 가리켜 봄이요, 목이라고 합니다.

바람은 산소를 동반하며, 산소의 맛은 신맛입니다. 그러므로 바람이 많은 봄의 맛을 신맛이라고 합니다. 3, 8목의 맛도 역시 신맛입니다. 1, 6수가 짠맛을 내어 기운을 수렴하는 것처럼, 3, 8목도 역시 신맛으로 기운을 수렴하는 작용을 합니다. 2, 7화의 쓴맛이나 4, 9금의 매운맛은 기운을 발산하게 하는 것과는 대조적이라고 할 수 있습니다. 신맛을 수렴지기가 강하다고만 믿어서도 곤란합니다. 그것은 3, 8목 중에서 8의 속성만 거론한 것이기 때문입니다. 비록 드러나지는 않지만 그 속에는 3의 발산하는 기운도 강하게 들어 있음을 잊어서는 안 됩니다. 짠맛이라고 하여 무조건 거두어들이는 작용만 한다고 믿어도 곤란한데, 그것도 역시 겉으로 드러난 6음의 속성만 얘기한 것입니다. 짠맛도 속에서는 1양이 있어 무언가 발산하려는 기운이 들어 있습니다. 1, 6수는 동지 속의 1양과 같아서 양이 미약합니다. 그러기 때문에 우선 필요한 것이 기운을 보충해주는 일인데, 그것이 바로 짠맛을 필요로 하게 되었다. 마찬가지로 3, 8목도 어린

묘목이기에 기운을 보충해주지 않으면 안 되기 때문에 신맛을 내게 된 것입니다. 신맛은 상큼할 때도 있지만, 만약 도가 지나치면 시건 방지게 마련입니다. 시건방지다고 하는 것은 시다는 말입니다. 이에 반해 2, 7화로 상징되는 만개한 꽃은 양의 기운이 넘치므로 그 기운을 분산할 필요가 있으므로 쓴맛을 필요로 한다. 4, 9금은 알짜배기만 수확해야 하므로 인정사정 볼 것 없이 독한 맛을 내야 하는데 그것이 바로 매운맛입니다.

3을 간지로 알아볼 것 같으면 갑인(甲寅)이 됩니다. 따라서 갑인을 만나면 강력한 발산지기(發散之氣)나 용출력(湧出力)이 발생한다고 해도 무방합니다. 이에 비해 8은 을묘(乙卯)입니다. 갑은 무형을 가리키고, 을은 유형을 가리킵니다. 선천 낙서에서는 아직 모든 것이 이루어지지 않은 시절이요, 양을 위주로 하기 때문에 甲으로써 시공(時空)의 머리를 삼았습니다. 물상의 변화인 1양이 시생하는 것은 壬子라고 하였거니와, 그것이 구체적인 형상으로 드러나는 것은 甲子입니다. 壬子에서 甲子까지 天有 13도가 걸린다는 것은 잊지 않았을 줄로 믿습니다. 물질문명의 시작은 하늘의 중심인 5戊戌를 기본으로 하여 천지인 3계로 5일씩 벌어지게 마련이므로 15차인 壬子로 시두를 삼게 되었던 것이 바로 낙서였습니다. 1임자 하루 12시간은 자전은 되겠지만, 공전의 시작은 13시간 차인 甲子에 이르러서야 가능한 법이니 갑자는 자전과 공전의 일치와 그 출발을 의미한다. 그러기 때문에 선천 낙서에서는 60갑자의 출발을 갑자로 삼았던 것입니다.

하지만 후천 인존문명에서는 甲이 더 이상 자전과 공전의 머리가 될 수 없습니다. 그 까닭은 3은 생수 1, 2, 3, 4, 5의 중심이기 때문이다. 후천은 성수 6, 7, 8, 9, 10의 중심인 8을 기준으로 하기 때문에 3갑이 아닌 8乙로 자전과 공전의 머리를 삼을 수밖에 없습니다. 그리고 선천의 지지는 만물의 형상을 기준으로 하기에 子가 되어 甲子가 자전과 공전의 부두(符頭)가 되었지만, 후천에서는 형상을 지워버리는 火를 기준으로 삼기 때문에 巳時가 시두가 되는 법입니다. 따라서 후천의 천간인 8乙과 합하여 乙巳가 부두로 서게 됩니다. 흔히 '얼싸 좋다. 얼싸 절시구'하는데, 실은 '乙巳 좋다. 을사 절시구'에서 나온 말입니다. 을사가 나오면 바로 인존세상이요, 이상세계가 펼쳐진다는 걸 암시한 조상들의 지혜에서 비롯한 말입니다.

이번에는 3, 8을 12띠로 한 번 살펴볼까요? 3은 寅이요, 8은 卯이니까 호랑이와 토끼라고 해야겠군요. 호랑이와 토끼라고 하면 떠오르는 게 있지 않나요? 그렇죠. 민화(民畵)에 등장하는 호랑이는 담배를 피우고, 토끼는 담뱃불을 붙여주는 그림을 본 적이 있을 겁니다. 호랑이가 담배 먹던 시절이라는 표현을 여러분도 한 번 정도는 사용해 본 적이 있지 않나요? 그 말은 아주 오랜 옛날 옛적을 가리키는 뜻으로 알고 있는데, 그때를 언제쯤으로 보아야 할까요? 그냥 막연하게 옛날이라고만 한다면 좀 곤란하겠죠. 내 생각에는 그 때는 낙서물질문명시절로 보아야 한다고 믿습니다. 왜냐하면 호랑이는 낙서의 세수(歲首)가 되어 正月을 물고 나왔거든요. 밤하늘에 떠오르는 달을 보면서 호랑이가 포효(咆哮)하는 그림을 본 적은 없나요? 호랑이는 태양보다는 밤의 달과 연관(聯關) 지어서 생각한 것이 우리조상들입니다. 하긴 호랑이를 가리켜 밤의 제왕(帝王)이라고 부르기도 합니다. 우리의 민화(民話)에 등장하는 호랑이는 무서운 존재가 아니라, 해학(諧謔)의 상징으로 되어 있는 경우가 많습니다. 호랑이가 물고 있는 장죽(長竹)에 토끼가 불을 붙여주고 있는 그림도 그런 예에 속하는데, 장죽은 대나무로 만듭니다. 대나무는 동방의 강력한 양기를 상징합니다. 대나무는 식물 중에서 가장 신속하게 자랍니다. 개벽주도 천지공사를 보실 적에 대나무의 기운을 활용한다고 하신 일이 있는데, 우후죽순(雨後竹筍)이란 말이 있는 것처럼 지구상의 식물 중에서 용출력(湧出力)이 가장 좋은 것이 대나무입니다. 대나무나 호랑이는 강력한 탄력을 상징하기 때문에 복희 8괘에서도 동북방의 진괘(震卦 ☳)에 배치를 한 것입니다.

여하튼 호랑이는 선천의 정월을 가리키는데 달은 태양과 한 짝을 이루어야 하기 때문에 태양을 상징하는 불, 즉 담배를 찾게 마련입니다. 이와 관련된 천지공사가 여러 차례 대순전경에 소개되어 있는데, 그 중 하나를 들면 이렇습니다.

> <약방에 계실 새 하루는 조조(早朝)에 해가 떠서 앞 제비산 봉우리에 반쯤 떠오르거늘 천주께서 여러 종도들에게 일러 가라사대 이런 난국에 처하여 정세(靖世)의 뜻을 품은 자는 능히 日行을 멈추게 하는 권능을 가지지 못하면 불가할지니 내 이제 시험하여 보리라 하시고 축인 담배 세 대를 갈아 피우시되 해가 산전을 솟아오르지 못하더니 천주께서 연죽(煙竹)을 떼어 땅에 터시니 해가 문득 수장(數丈)을 솟아 오르니라. - 대순전경 2장 56절>

정세(靖世)는 개벽되어 안정을 누리는 후천을 가리키고, 일행(日行)을 멈추게 함은 선천의 태세(太歲)를 후천의 태세로 바꾼다는 뜻입니다. 담배를 물에 적신 것은 태양을 상징하는 낙서 정남방의 9리화를 地支 亥水가 들어가 축축하게 적시기 때문에 하신 말씀입니다.

연죽을 땅에 털었다는 것은 물질문명의 마지막을 장식한 낙서의 9리 화를 2곤지로 이동하는 금화교역(金火交易)을 의미합니다. 이처럼 호랑이는 정월을 가리키고, 담배는 태양을 상징하였음을 알 수 있습니다.

이왕 말이 나온 김에 호랑이와 연관된 천지공사를 하나 더 소개하기로 하겠습니다.

> <하루는 호(虎) 담요를 펴 놓으시고 가라사대 만물의 영장이 되는 사람이 짐승을 제어함이 옳거늘 이 짐승은 사람을 잡아먹으니 어찌 변괴(變怪)가 아니리오. 그 악기(惡氣)가 눈에 있으니 악기를 제하리라 하시고 붓에 먹을 묻혀 그 눈을 찍으시니라.－대순전경 4장 108>

호담요는 호랑이 가죽으로 만든 담요인데, 선천에는 사람들이 호랑이에게 잡아먹히는 호환(虎患)이 제법 많았다고 합니다. 선천 낙서의 정월은 마땅히 사람을 만물의 영장으로 만들어야 하건만, 오히려 그로 인해 짐승만도 못한 상태로 전락하게 하였으니 당연히 그 상징물을 천주님의 입장에서는 개벽을 하지 않으면 안 되겠지요. 하루는 천주님이 왜 그렇게 호랑이는 사람을 잡아먹는지 궁금하여, 그것을 알아보기 위해서 산 위에서 호둔(虎遁: 호랑이로 둔갑 함)을 하였답니다. 호랑이가 되어서 사람들을 쳐다보니까 사람이 사람으로 보이지 않고 그냥 평범한 짐승으로 보이더랍니다. 그래서 '아하! 이러니까 호랑이가 사람을 잡아 먹는구나' 하면서 호랑이의 눈에 든 악기를 제거하게 되었던 겁니다. 그런데 붓에 먹물을 묻혔다는 건 무슨 뜻일까요? 붓은 선비가 쓰는 필기구요, 먹물은 현무(玄武)입니다. 즉 우주의 성리를 깨친 선비가 현무를 통하여 낙서의 세수(歲首)와 태세(太歲)를 개벽한다는 말입니다. 이때의 호랑이의 눈은 1양이 시생하는 子時를 의미합니다. 즉 북방의 자시에 후천에는 巳時가 들어가는 것이 바로 호랑이의 악기를 제거하는 일입니다. 가면 갈수록 힘으로 세상을 지배하던 호랑이나 사자 같은 짐승들은 종족도 보존하기 힘들 정도로 전락할 수밖에 없습니다.

그러면 토끼가 호랑이의 장죽에 불을 붙인다는 말은 무슨 의미일까요? 토끼는 地支로 卯에 해당하는데, 호랑이 寅을 陽木이라고 한다면 卯는 陰木입니다. 1陽은 子丑에서 일어나, 寅卯에서 2양으로 성장하는데, 1양에서는 시간이 발생하여 子時가 되었고, 2양에서는 歲首가 나타나서 寅月이 되며, 3양에서는 太歲가 나타나는데 戊辰이 바로 그것입니다. 2양에서 세수가 나타나는 까닭은 자전을 가리키는 하루와 공전을 가리키는 1년의 중도(中道)가 되는 것이 바로 달이기 때문입니다. 달은 지구와 태양의 중심에 있기 때문에 현무경에서도 인부(寅符)를 가리켜 '동어례자(動於禮者)는 정어례(靜於禮)에 왈도리(曰道理)'라고 했습니다.

즉 寅은 1양과 3양의 중심에서 기준을 바로 잡아주는 역할을 하기 때문에 예(禮)라고 한 것이며, 그것이 양을 위주로 하던 動에서는 寅月로 세수를 삼았지만, 음을 위주로 하는 靜에서는 2陰인 酉月이 세수가 되어야 道理라는 말입니다. 선천에서는 양이 주관하므로 같은 2양이지만 묘가 아닌 인이 세수가 되었지만, 후천에서는 음이 주관하므로 당연히 묘가 세수로 되어야 합니다. 그러나 오행 뿐 아니라, 방위도 바뀌어야 합니다. 즉 동방은 서방으로, 남방은 북방으로 바뀌어야 온전한 개벽이라고 할 수 있습니다. 따라서 동방의 寅卯는 서방으로 이동하고, 서방의 2陰이었던 申酉는 동방으로 이동을 한 것입니다. 그리하여 동방에서 오미 1음, 신유 2음, 술해 3음이 자리를 잡은 모양이 용담도입니다. 이처럼 호랑이와 토끼는 다 같이 선천의 2양을 담당하여 세수를 돋아나게 하던 상징인데, 선천에서는 양을 위주로 하므로 호랑이가 主요, 토끼가 客이 되었다는 의미라고 도 하겠습니다.

그러나 많은 설화의 경우, 토끼가 꾀를 내어 호랑이를 이긴다는 얘기를 들어 본 일이 있을 겁니다. 불쌍한 까치를 못 살게 구는 호랑이에게 불에 구운 돌덩이를 떡이라고 속이는 토끼, 또는 물고기를 많이 잡는 법을 일러주겠다고 하여 얼음구멍에 꼬리를 낚시처럼 담그게 하여 상처를 내는 토끼 등, 우리 민족은 강자인 호랑이를 이긴 토끼를 꾀돌이로 묘사하고 있습니다. 이는 곧 선천에서는 호랑이를 도와주던 약한 토끼였지만, 후천에서는 새로운 세수를 알리는 닭(酉正月)과 더불어 후반기의 머리가 되어(卯七月), 기유성사(己酉聖師)와 기묘성학(己卯聖學)으로 등장합니다. 이런 말이 너무 생소하여 잘 이해가 안 되는 분들도 많을 겁니다. 그러나 지금은 그냥 넘어가세요. 읽어가다 보면 다 알 수 있게 될 것입니다.

예부터 꿈에 호랑이를 보면 뭐라고 하나요? 호랑이는 산신령을 상징한다고도 하지요? 그 이유는 뭘까요? 호랑이는 바로 선천의 달을 물고 나오기 때문입니다. 달은 천지인 중에서 땅에 속하기 때문에 하나님이 아닌 산신령이라고 한 것입니다. 산은 땅에 있으니 당연한 일이지요. 땅과 호랑이는 일월성(日月星) 중에서 달(月)에 속하는데, 달은 여성이기에 호랑이는 열 두 고개를 넘어가는 할머니에게 '떡 하나주면 안 잡아먹지'라고 하는 것입니다. 이때의 할머니는 무얼 가리킬까요? 낙서의 2곤모(坤母)임은 다시 말할 필요도 없겠죠. 본래 곤모는 정남방에 자리를 잡아야 하는데, 낙서의 2곤모는 서남방으로 밀려

난 상태입니다. 어머니는 덕을 베푸는 분이므로 호랑이에게 떡(덕의 센 말)을 베풀다가 마침내 잡아 먹혀버리죠. 만일 현무경의 인부에서 말한 것처럼 동어례자가 정어례에 그 자리를 물려주어 도리를 다 한다면 저절로 노모는 정남방 제 자리를 차지하게 됩니다. 8괘가 아닌 12지지에서 노모를 찾는다면 술해지간(戌亥之間)에 있는 개와 돼지가 되겠지요. 그런데, 선천에서는 호랑이가 개와 돼지를 잡아먹는 것이 다반사였습니다. 할머니를 잡아먹은 호랑이가 아이들도 잡아먹으려고 하얗게 분칠을 한 것은, 기서재동을 인위적으로 하는 것을 가리킵니다. 아이들은 후천의 陰을 상징하는데, 실질적인 후천은 未로부터 시작하므로 호랑이는 양의 탈을 뒤집어쓰려고 분칠을 한 것입니다. 그러나 마지막 오누이는 용케도 살아남아 뒤뜰에 있는 우물로 피신하고, 하늘에서 내려오는 밧줄을 잡고 천상으로 올라가 태양과 달이 되었다고 합니다. 선천의 태양은 용이요, 달은 호랑이입니다. 후천의 태양은 未요, 달은 酉입니다.

뒤뜰의 우물은 선천에는 북방의 子時였고, 후천에는 巳時입니다. 호랑이도 하늘에서 내려온 밧줄을 잡고 올라가지만, 썩은 줄이었기에 땅의 수수밭으로 떨어져 지금도 수숫대는 호랑이 피로 벌겋게 물들었다고 합니다. 동아줄은 날줄과 씨줄이 얽혀서 만들어진 우주의 경위입니다. 즉 도수입니다. 썩은 밧줄은 낡은 선천 낙서의 도수를 가리킵니다. 호랑이로 상징되는 인월세수(寅月歲首)를 놓지 못하면 모두가 죽음을 면치 못하게 된다는 교훈임을 알 수 있을 겁니다. 그런데 왜 수수밭에 떨어진 걸까요? 수수는 수분이 별로 없으면서 키가 껑충 큰 것이 마치 가을을 닮지 않았나요? 서방의 금기(金氣)를 상징하는 것이 바로 수수입니다. 동방에 있던 寅은 正西方으로 가지 않으면 안 된다는 자연의 이치를 그대로 보여준다고 할 수 있지요? 이처럼 우리민족의 설화를 잘 살피면 무궁한 개벽의 원리가 들어 있습니다. 앞으로 시간이 허락한다면 이런 것만 전문적으로 연구해도 훌륭한 하나의 학문이 될 수 있습니다.

그럼 용꿈은 천지인 중에서 어디에 해당할까요? 두말할 것도 없이 용은 하늘에 속하는 상징입니다. 그러기에 용꿈을 꾸면 출세나 명예 등과 연관된다고 보는 것입니다. 용은 3陽에 속한 辰이요, 그건 太歲를 상징하는데, 그것이 바로 하늘입니다. 태세와 세수가 나왔으면 일진과 시두가 남았군요. 일진에 해당하는 꿈은 무슨 짐승이라고 해야 할까요? 앞으로 다시 언급할 것이므로 생략하기로 하겠지만, 여러분도 한 번 생각을 해 보세요.

이번에는 토끼에 대한 얘기를 해보기로 하겠습니다. 수궁가라고도 하는 별주부전에 등장하는 토끼는 흔히 말하기를 권력층의 횡포를 기지로써 해결하는 꾀의 상징이라고 합니다. 그러나 그렇게만 보기에는 너무도 깊은 뜻이 그 속에 들어 있습니다. 예를 들면, 병든 용왕은 어느 바다의 용왕일까요? 동해용왕도 있고, 서해용왕도 있거든요. 수궁가에 등장하는 병든 용왕은 남해용왕입니다. 용왕은 12지지로 본다면 辰에 해당합니다. 따라서 동해용왕은 갑진(甲辰)이요, 서해용왕은 경진(庚辰)이며, 북해용왕은 임진(壬辰)이고, 남해용왕은 병진(丙辰)입니다. 남방은 붉은 색이므로 결국 남해용왕은 '붉은 용'이라고 하겠습니다. 붉은 용하면 금방 떠오르는 게 있지요? 성경의 계시록에 등장하는 사탄이 바로 붉은 용이라고 했습니다. 그 기록을 인용해 볼까요?

<하늘에 큰 이적이 보이니 해를 입은 한 여자가 있는데 그 발아래

는 달이 있고, 그 머리에는 열 두 별의 면류관을 썼더라. 이 여자가 아이를 배어 해산하게 되매 아파서 애써 부르짖더라. 하늘에 또 다른 이적이 보이니 보라 한 큰 붉은 용이 있어 머리가 일곱이요, 뿔이 열 이라. 그 여러 머리에 일곱 면류관이 있는데 그 꼬리가 하늘 별 1/3 을 끌어다가 땅에 던지더라. 용이 해산하려는 여자 앞에서 그가 해산 하면 그 아이를 삼키고자 하더니 여자가 아들을 낳으니 이는 장차 철 장(鐵杖)으로 만국을 다스릴 남자라. (계시록 12장 1절−6절)

또 일곱 대접을 가진 일곱 천사 중 하나가 와서 내게 말하여 가로 되 이리 오라 많은 물 위에 앉은 큰 음녀의 받을 심판을 네게 보이리 라. 땅의 임금들도 그로 더불어 음행하였고, 땅에 거하는 자들도 그 음행의 포도주에 취하였다고 하고 곧 성령으로 나를 데리고 광야로 가니라. 내가 보니 여자가 붉은 빛 짐승을 탔는데 그 짐승의 몸에 참 람(僭濫)된 이름들이 가득하고 일곱 머리와 열 뿔이 있으며……그 이마 에 이름이 있으니 비밀이라 큰 바벨론이라……(계시록 17장 1절−5절)>

붉은 용은 에덴동산에서 인간을 유혹한 뱀의 열매입니다. 이때의 뱀 도 붉은 뱀이었습니다. 애굽에서 400년 간 노예생활을 하던 이스라 엘 백성이 모세를 따라 애굽을 탈출하여 광야에서 생활할 적에 하느 님이나 모세를 원망하면 불뱀이 나타나 사람들을 물곤 하였는데, 그 것이 바로 에덴동산의 뱀이었습니다. 그것을 간지로 말한다면 丁巳 라고 할 수 있겠죠. 이처럼 병진, 정사는 가장 큰 문제를 안고 있는 데, 그 이유는 바로 진사지간(辰巳之間)이기 때문입니다. 진사지간은 앞에서 누차 말한 것처럼 삼양지처(三陽之處)가 되어 양이 극성(極 盛)한 곳입니다. 인간이 진실에 접근하지 못하는 난공불락(難攻不落) 의 城이 바로 그곳입니다. 극성한 양은 화려한 물질문명을 상징하는 것으로서, 그 유혹(誘惑)으로 벗어난다는 것은 지극히 힘든 일입니 다. 위의 기록을 보면 두 여인이 등장하는데, 한 여인은 붉은 용을 탄

음녀(淫女)인 바벨론이요, 또 다른 여인은 만국을 철장으로 다스릴 아이를 해산하는 여인입니다.

철장(鐵杖)은 쇠로 만든 지팡이를 가리키는데, 그것은 곧 .여의봉(如意棒)을 가리킵니다. 여의봉은 손오공이 요괴(妖怪)들을 때려잡을 적에 사용하던 철장인데, 용왕의 창고에서 강취(強取)한 철봉(鐵棒)으로 만들었습니다. 그런데 그 철봉은 낙서를 풀이하여 9년간의 홍수를 다스린 우(禹)임금이 황하에서 홍수를 다스릴 적에 사용했던 것입니다. 이는 곧 낙서의 이치를 깨닫는 것이 여의봉이라는 뜻입니다. 낙서를 가리켜 홍범구주(洪範九疇)라고도 하는데, 만물과 인간의 9궁성리가 운행하는 심전(心田)이지요. 손오공은 空을 깨달은 (悟) 자손(孫)이라는 의미이니 9궁 心田을 잘 경작(耕作)하여 10무극에 도달한 인간들을 상징하는 이름입니다. 그럼 여의봉의 정체는 무얼까요? 천간으로는 경금(庚金), 신금(辛金)이요, 지지로는 신금(申金), 유금(酉金)이니, 경신(庚申), 신유(辛酉)가 정답이라고 하겠습니다.

즉 후천의 정월을 물고 나오는 세수(歲首) 유(酉)를 가리켰다고 보면 틀림없습니다. 세수는 달을 가리키고, 달은 귀와 연관이 있기 때문에 손오공은 여의봉을 항상 귀에 숨겼던 것입니다. 만국을 철장으로 다스릴 아이는 구세주가 아니라 시천주입니다. 시천주를 낳는 여인은 해를 입었다고 하였는데, 그것은 선천의 태세인 辰이 아니라, 후천의 태세인 未를 가리킨 것입니다. 사탄을 상징하는 붉은 용을 탄 음녀, 바벨론은 간음녀(姦淫女)를 가리킵니다. 바벨론이라는 뜻이 '혼돈'이라는 사실을 안다면 왜 음녀, 간음녀라고 한 것인지 이해가 될 겁니다. 그 여인은 누굽니까? 계시록을 풀이하는 사람들은 대부분 영적으로 타락한 천사, 혹은 영물(靈物)이라고 말들을 하지만, 물질문명의 등에 앉아서 내려올 줄 모르는 우리의 자화상(自畵像)이라고 하는 게 옳을 겁니다. 해를 입은 여인도 우리의 자화상이요, 음녀도 우리의 자화상입니다.

여하튼 남해 용왕이 병들었다고 하는 것은, 극에 달한 붉은 용이 병들었다는 뜻이며, 그 병을 고치기 위해서는 토끼의 간을 먹어야 한다고 하였습니다. 토끼는 동방에 속한 동물이니 당연히 간(肝)에 해당하지요? 붉은 용은 선천의 진태세(辰太歲)라고 하였는데, 이는 곧 선천의 태양을 가리킵니다. 태양이 병든 까닭은 음을 제대로 만나지 못해서입니다. 음은 정월 세수(歲首)를 가리키는데, 선천 낙서의 세수는 인월(寅月), 즉 호랑이였습니다. 용과 호랑이가 만나면 용호상박(龍虎相搏)이 되어 한 치의 양보도 없는 혈투를 벌이게 됩니다. 그러니 선천 물질세상에서는 겉으로는 양이 음을 이겨서 남성이 여성을 종속(從屬)으로 삼은 듯 보이지만, 내면적으로는 결코 여성들이 남성에게 굽히지 않았습니다. 따라서 용의 소원은 陽木이 아닌 陰木인 卯로 세수를 삼고 싶어 할 건 당연한 현상입니다.

그것이 바로 토끼의 간을 먹어야 한다는 처방입니다. 정역을 창시하신 일부(一夫)선생께서는 이런 이치를 잘 알고 계시기에 후천의 세수를 卯月로 해야 한다고 하셨습니다. 하지만 그것은 낙서에서 벗어나지 못한 처방이니 '판 밖'이 아니었습니다. 판 밖에서는 동방의 寅卯가 서방으로 옮기고, 서방의 申酉가 동방으로, 남방의 巳午가 북방으로, 북방의 亥子가 남방으로 자리를 옮기는 개벽이 선행(先行)되어야만 합니다. 그렇게 되면 응당 낙서의 붉은 용인 辰의 자리로 닭인 酉가 들어가 정월 세수로 등장합니다. 즉 용왕의 병을 고치는 것은 토끼의 간이 아니라, 닭의 허파였습니다. 자라는 거북이라고도 할수 있으니, 이는 곧 낙서를 가리킵니다. 실제로 낙서의 모습을 보면거북이를 그대로 빼다 박았다고 해도 무방합니다. 하고 많은 용왕의신하 중에서 자라가 토끼를 용궁으로 유인하는 역할을 하게 된 것은, 낙서를 토대로 해서 개벽이 이루어져야 하기 때문입니다. 비록 낙서가 無道의 상징이라고는 하지만, 낙서가 없이는 용담도도 없으며, 평등세상은 절대로 올 수 없다는 걸 가리켜 주는 것이 바로 자라의충성심이라고 일러주는 셈입니다. 현무경의 3, 8에 해당하는 인부(寅符)와 묘부(卯符)에 대한 설명은 현무경 해설편을 참고하기 바랍니다.

* 4 · 9 金

4, 9는 오행으로 금(金)이라고 합니다. 금은 지구상의 만물 중에서가장 단단한 상태를 가리킵니다. 단단한 것은 열매입니다. 그러므로금을 가리켜 열매라고 부릅니다. 부드러움의 상징인 3목과 상대적인것이므로 단단하다고 하게 된 것입니다. 4는 생수 중에서 마지막 숫자입니다. 마지막은 열매이므로 생수의 열매는 4가 되고, 성수의 열매는 9가 됩니다. 북방은 근(根)이요, 동방은 묘(苗)이며, 남방은 화(花)이고, 서방은 실(實)입니다. 하도에서 4, 9금을 서방에 배치한 것은 서방이 수렴을 상징하기 때문입니다. 동방은 태양이 막 떠오르는기세를 가리킨다면, 서방은 태양의 기세가 가라앉은 상태라고 하겠습니다. 동방의 3, 8목이 막 피어나는 동적(動的)인 陽의 기운을 상징한다면, 서방은 정적(靜的)인 음의 기운을 상징합니다. 그러나 눈에

보이는 형상으로 말한다면 동방은 아직 여리고 부드러운 陰의 형상이며, 반대로 서방은 이미 성숙할 대로 성숙해져 단단해진 양의 상태라는 사실을 간과하면 안 됩니다. 즉 동방을 양이라고 할 때에는 무형의 기를 기준으로 하는 말이고, 동방을 음이라고 할 때에는 유형의 형상을 기준으로 하는 말입니다. 이렇게 보면 서방의 기운은 음이지만, 형상은 양이라고 해야 할 것입니다. 봄을 가리켜 여성의 계절이라고 하는 것은, 눈에 보이는 형상을 위주로 보았기 때문이고, 왕자가 거주하는 곳을 가리켜 동궁(東宮)이라고 한 것이나, 동도서기(東道西器)라고 한 것은 반대로 무형의 기를 위주로 본 것입니다. 그렇다면 가을을 가리켜 남성의 계절이라고 하는 것이나, 남자를 가리켜 서방이라고 하는 것은 유형적인 면을 기준으로 본 것입니다. 만약 가을이나 서방을 무형적인 기를 기준으로 본다면 어떤 표현이 적당할까요? 가을의 날씨만큼이나 서늘한 음기를 나타내는 '사색(思索)의 계절'이라는 표현이 맞을 겁니다.

봄은 춘분이요, 가을은 추분이라고 합니다. 둘 다 낮과 밤의 길이가 같지만, 그 내용은 서로 다릅니다. 춘분은 내면에 3과 같은 양을 안고 있는데 비해, 추분은 4와 같은 음을 안고 있습니다. 춘분은 겉으로 8과 같은 음을 드러내고 있는데 비해, 추분은 9와 같은 양을 드러내고 있습니다. 즉 춘분은 외유내강(外柔內剛)이라고 한다면, 추분은 내유외강(內柔外剛)이라고 할 수 있습니다. 춘분은 하루 중에서 새벽 인시, 묘시에 해당하여 동산에 떠오르는 태양을 기준으로 삼는다면, 추분은 저녁에 서산으로 뉘엿뉘엿 지는 태양을 기준으로 삼고 있습니다. 새벽의 태양은 무언가 희망찬 꿈을 꾸게 하지만, 석양(夕陽)은 편안한 휴식을 연상하게 합니다. 따라서 3, 8은 희망찬 꿈을 꾸게 하는데 그것을 색으로 나타내면 푸른색입니다. 이에 반해 4, 9는 사람으로 치면 황혼기에 접어든 상태이므로 모든 색욕(色慾)으로부터 벗어나는데, 그것을 색으로 나타내면 흰색입니다.

인류의 문명도 이와 같은 사이클이 있게 마련이어서, 한 때는 희망에 부풀기도 하며, 화려한 번영을 누리기도 하지만, 언젠가는 모든 욕심을 버리고 달관한 노인들처럼 편안한 휴식을 즐기려는 때가 있습니다. 그것을 가리켜 후천 인존문명이라고 하는데, 바로 지금 우리는 그런 문명으로 접어들었습니다. 앞으로 인류는 서서히 마음 편한 것이 제일이라는 진리를 여유롭게 즐기면서 살아가는 날들로 점차 다가서고 있습니다.

욕망이나 욕심이 발동할 때에는 4를 죽을 사(死)라고 하여 싫어하지만, 4, 9금의 기운이 튼실해질수록 인류는 오히려 4를 좋아하게 됩니다. 한때는 건물을 짓거나 계단을 만들 때에도 4층을 기피(忌避)하기도 하였지만, 요즘은 그런 현상들이 많이 없어졌습니다. 그것은 우주의 운기가 그렇게 흐르기 때문에 그렇습니다.

3, 8을 아들이라고 한다면, 4, 9는 딸입니다. 3, 8목은 동방에서 떠오르는 태양의 정기를 많이 닮았기에 아들이라고 하며, 4, 9금은 서방의 달과 같기에 딸이라고 한 것입니다. 달을 세게 발음하면 딸이 되지요? 아들의 '아'는 본래 아침, 아사달에서 알 수 있는 것처럼, 밝은 양을 가리킵니다. 양의 기운인 아들과 음의 기운인 딸의 구분은 보이지 않는 무형을 기준으로 한 것이라고 할 수 있으며, 남성은 선이 굵고 강한 가을의 모습이며 여성은 부드럽고 탄력적인 모습이 영락없는 봄의 모습을 닮았다고 하는 것은 유형적인 형상을 위주로 보았기 때문입니다.

이것을 인체에서 나타내면 3, 8목은 간과 담이요, 4, 9금은 폐, 대장입니다. 폐를 보면 겉은 매우 질기고 단단한데 비해, 간은 매우 부드러우면서 푸석푸석한 감이 있습니다. 폐는 외강내유하고, 간은 내강외유 하다고 할 수 있으니, 흡사 봄과 가을과 같다고 하겠습니다. 간이 폐보다 큰 까닭은 木氣의 특성 때문이고, 폐는 간보다 비록 작지만 단단하게 생긴 까닭은 金氣의 특성을 그대로 보여주기 때문입니다. 水는 火에 비해서 기운이 움츠러들기 때문에 水氣를 관장하는 신장은 火氣를 관장하는 심장에 비해 그 크기가 작고 움츠러든 모습을 하고 있습니다. 간은 인체에서 가장 큰 장기라고 할 수 있으니, 그것은 곧 바람의 속성을 지니고 있기 때문입니다. 그러기 때문에 앞에서도 말했지만 간덩이가 부으면 눈에 보이는 것이 없다고 합니다. 가뜩이나 큰 간덩이가 붓는다면 그걸 누가 막는단 말인가요? 그래서 12띠 중에서 간의 기운을 간직한 짐승을 가리켜 돼지라고 합니다. 흔히 저돌적(猪突的)이라는 표현이 있는데, 그것은 멧돼지의 무모함을 가리킵니다. 돼지는 亥요, 그 반대편에 있는 것은 巳이므로, 뱀을 가리켜 지혜의 상징이라고 한 것입니다. 겁이 없는 것은 돼지요, 조심성이 유난히 많은 것은 뱀입니다.

간은 혼(魂)을 낳고, 폐는 백(魄)을 낳는다고 하였습니다. 혼은 3, 8 목처럼 외유내강하여 약동하는 의식을 주관한다면, 백은 4, 9금처럼 외강내유하여 정숙(靜肅)한 의식을 주관합니다. 성격이 차분하면서 흔들림이 없는 사람은 폐의 기능이 원활하기 때문이요, 성격이 활동적이면서 오래 가지 못하는 것은 간의 성질이 강하기 때문입니다. 봄의 새싹은 하루가 다르게 모습을 변하는 것처럼, 간의 기운도 역시 사람의 의식을 자주 변하게 합니다. 이에 반해 폐의 기운은 가을의 열매처럼 든든하여 잘 변하지 않습니다. 그러나 융통성이 별로 없다는 것이 단점이겠지요. 폐의 기운이 강하면 판단력과 결단력이 뛰어납니다. 그러나 부드러운 맛이 부족하기 쉬운 단점도 있습니다. 폐와 간의 장점을 동시에 지닌 상태를 가리켜 '인의(仁義)'라고 합니다.

4, 9금은 단단한 겉모습을 자랑합니다. 물질 중에서 단단하면서 건조한 것을 찾는다면, 돌이나 보석 같은 광물질입니다. 그런 것을 통틀어서 金이라고 합니다. 단단한 겉모습을 가리켜 9라고 하며, 속의 부드러운 기운을 가리켜 4라고 합니다. 양은 본래 단단한 강(剛)을 가리키고, 음은 유(柔)를 가리킵니다. 9는 양수 중에서 가장 큰 수이기 때문에 가장 단단할 수밖에 없는데, 그렇게 될 수밖에 없는 것은 내면에 모든 기운을 한 곳으로 끌어 모아주는 四가 있기 때문입니다. (八방을 사방의 틀 □속에 가두어 놓은 형상이 四)

이런 4, 9금의 성질은 흡사 가을과 같습니다. 가을은 여름에 무성했던 잎사귀와 화려했던 꽃들이 다 떨어지고 알곡만 남습니다. 木火로 통명(通明)하던 봄과 여름은 형상을 밝게 했지만, 金水로 통하는 가을과 겨울은 내면을 밝게 합니다. 본래 가을의 열매는 잎사귀와 꽃의 그늘에 가려져 보이지 않던 내면의 기운이 밖으로 드러난 것입니다. 금도 마찬가지입니다. 사물 속에 들어 있던 눈에 안 보이던 내면의 양기가 겉으로 결집된 형체가 바로 금입니다. 사물 속에 들어 있던 눈에 안 보이던 내면의 음기가 겉으로 결집된 형체를 8목이라고 하는 것과는 대조적입니다. 금의 9양은 그 출발을 4라는 음에서 하기 때문에 강한 구심력이 생겨 응집력과 건조함, 단단함을 지니게 된 것이고, 목의 8음은 그 출발을 3이라는 양에서 하기 때문에 강한 원심력이 생겨 발산과 성장력을 지니게 된 것입니다.

4, 9금의 색깔은 흰색입니다. 흰색은 순결의 상징입니다. 가을의 열매는 일체의 군더더기가 탈색된 청명함의 상징입니다. 겨울의 1, 6수가 모든 색을 하나로 모아 놓은 것이라면, 가을의 4, 9금은 모든 빛을 하나로 모아 놓았습니다. 봄은 사방으로 빛을 분산시키고, 여름은 사방으로 열을 분산시키며, 가을은 사방의 빛을 모우고, 겨울은 사방의 열을 한 곳으로 모아 놓습니다. 따라서 가을은 금과 같은 보석들을 모아 놓은 영롱한 빛의 창고라고 한다면, 봄은 색의 창고라고 할 수 있습니다. 가을의 단풍이나 낙엽을 보고 사람들은 열기가 식은 영롱함을 느끼지만, 봄의 푸릇한 초목들을 통해서 훈기가 있는 화사함을 맛봅니다. 간이 인체에 봄의 생기를 불어 넣는다면, 폐는 인체에 가을과 같은 절제와 견고함을 부여합니다. 부드러움이 만약 견고함을 잃는다면 유약하고 나약한 모습을 띠게 마련이요, 견고함이 만약 부드러움을 잃는다면 폐쇄적이고 쭈글쭈글한 모습을 띠게 마련입니다. 물이 없어 논바닥처럼 갈라진 노인네의 피부는 봄의 양기를 잃어버린 것이며, 푸석푸석하게 부은 피부는 가을의 양기를 잃어버린 상태를 가리킵니다.

가을은 군더더기가 없는 상쾌함, 청량감 등이 주류를 이루는데, 그 맛을 가리켜 매운맛(辛味)이라 합니다. 매운맛은 '맵다'에서 온 것이요, 맵다는 '매다'와 연관된 것인데, 매는 열매를 맺게 하는 기능을 상징합니다. 하늘을 나는 새 중의 왕을 가리켜 매라 하는 것은 그것이 금처럼 날카롭기 때문이며, 아이들에게 정신을 차리게 할 때에도 '매를 때린다'고 합니다. 사실 매는 심판을 상징하는 용어입니다. 매 맞을 짓을 한 사람이 심판을 받는 법이지, 그런 짓을 안 한다면 심판을 받을 이유가 없습니다. 맵다고 하는 것은 十을 立한 상태이므로 십무극을 드러낸다는 의미가 있습니다. '짓'이라는 말도 地에서 왔다고 보는데, 땅은 만물의 형상을 드러내는 곳이기 때문이지요. 밭의 김을 매는 것도 잡풀들을 솎아 내는 심판이요, 나무에 열매가 매달리는 것도 고난을 극복하고 심판을 통과한 상징입니다. 본래 매운맛은 고추처럼 매운 걸 가리킨 게 아니라, 가을하늘처럼 청량한 맛을 가리킵니다. 마치 박하(薄荷)사탕이나 은단(銀丹)처럼 상쾌하면서 약간 쌀쌀한 느낌이 바로 매운맛입니다. 매운맛을 제대로 이해하려면 가을의 날씨를 상기하면 됩니다. 가을 날씨는 한낮에는 제법 태양이 여름의 잔재를 떨치지 못하고 뜨거운 맛을 풍기지만, 맑고, 쌀쌀한 느낌이 들지요. 봄의 맛은 여리면서 화사한 면을 풍기는데, 그런 것의 대표적인 것이 바로 식초라고 하였습니다.

매실이나 살구, 산수유, 멍게, 해삼 등은 봄의 맛을 잘 나타내는데, 이들의 공통점은 水分을 많이 함유하고 있다는 점입니다. 그것은 봄의 3, 8목은 겨울의 1, 6水에서 水生木으로 연결되기 때문입니다. 이에 반해서 가을의 맛은 늦여름의 잔기(殘氣)로 인해 수분이 별로 없는 건조함이 특성이라고 할 수 있지요. 그러니까 고추나 후추, 현미, 수수, 명태, 국화, 산초 등이 대표적인 식물(食物)이라고 하겠습니다.

이런 성질을 잘 나타내는 것이 바로 폐와 대장입니다. 폐는 오염된 공기를 맑게 정화시킵니다. 하늘이 어둡고 공기가 탁하면 기운을 차릴 수 없는 것과 마찬가지로 폐와 대장에 이상이 생기면 인체는 저절로 맥이 없게 마련입니다. 폐에 이상이 생기면 당장에 나타나는 증상은 기운이 없어진다는 사실입니다. 그 원인은 가을의 金氣는 봄의 木氣를 금극목(金克木)하여 단단하게 하지 않으면 여리고 약해지게 되는 자연의 법칙 때문입니다. 열매는 습기를 제일 싫어하는 것처럼 폐도 역시 습기를 싫어한다. 하지만 열매가 건조하다고 하여 수분이 없는 것은 아닙니다. 불필요한 수분을 없앴을 따름이지, 열매에는 필요한 수분이 들어 있습니다. 그러기 때문에 복희도의 서방에는 6水가 있었고, 문왕도의 서방에는 7火로 연단을 받았으며, 용담도의 서방에는 4金으로 견고한 열매를 맺게 된 것입니다. 나무가 너무 건조하고 메마르면 화재가 많이 발생하는 것처럼, 폐도 역시 너무 건조하면 심장의 열기에 허화(虛火)가 발동하는데 폐결핵은 그 대표적인 사례입니다.

4와 9는 다 같이 오행으로 金이라고는 하지만 4는 5가 없는 生金이요, 9는 5가 있는 成金이라고 합니다. 5가 있다는 것은 곧 중심이 갖춰진 상태를 가리키는 뜻이고, 5가 없다는 것은 중심을 갖추어 가는 과정이라는 말입니다. 사실 4는 짝수인 2가 두 배를 한 상태인데, 그것은 천지의 형상이 음양으로 펼쳐진 상태를 의미합니다. 아직 사람에까지 그 형상이 이루어진 건 아니므로 인간의 의식 속에 자리잡은 건 아닙니다. 물론 사람까지 충만하면 8방을 가리키는 8괘가 되어 인간으로 하여금 온전한 사물의 형상을 인식할 수 있게 한다는 건 이미 말씀드린 적이 있습니다. 이에 비해서 9는 1양이 천지인까지 충만한 상태라고 할 수 있으니, 이는 곧 천지인 3계에 미쳐 사물의 움직임, 즉 변화가 다 이루어졌다는 뜻입니다.

여기서 다시 한 번 강조하고 넘어가고 싶은 것이 있으니, 그것은 생수 즉, 1, 2, 3, 4, 5는 천지만 있을 뿐, 인간이 없다는 사실입니다. 더 쉽게 말할 것 같으면, 양수는 1과 3이 있을 따름이요, 음수는 2와 4가 있을 따름이라는 말입니다. 양수는 3배로 변(變)하고, 음수는 2배로 승(乘)한다는 것은 잊지 않으셨겠죠? 양이 하늘에서 한 번 움직이면 1로 드러나고, 땅에서 한 번 움직이면 3으로 드러납니다. 이에 비해 음이 하늘에서 갈라서면 2음양이 되고, 땅에서 다시 갈라서면 4가 됩니다. 만약 양이 한 번 더 움직이면 인간 내면의 움직임으로 나타나는데, 그 수를 9라고 하게 되어 9궁 성리(性理)라 하고, 음이 한 번 더 갈라서면 인간의 형상으로 나타나게 되는데 이를 8괘라 합니다. 이처럼 8괘와 9궁은 인간의 움직임과 형상이 내외에서 벌어지는 현상을 이른 말입니다.

4와 9는 오행으로 金인데, 금의 표면을 보면 단단하고 영롱한 빛이 발산합니다. 그것은 9의 속성을 그대로 보여줍니다. 같은 陽이라고 하여도 1은 물의 내부에 들어 있는 투명하고 맑은 상태를 가리킨다면, 3은 동방에 떠오르는 태양처럼 기세가 등등한 상태를 가리키며, 7은 더 이상 분열할 수 없을 정도로 확산된 양을 가리킨다면, 9는 군더더기를 제해 버리고 알맹이만 남은 노양(老陽)이라고 보면 됩니다. 군더더기를 제했으니 얼마나 깨끗하겠습니까? 그래서 9금은 영롱한 광채를 발합니다.

4와 9를 12지지의 짐승으로 살핀다면, 4는 酉이므로 닭이라 하고, 9는 申이므로 원숭이라 합니다. 현무경의 12부에서는 酉符와 申符라고 할 수 있지요. 닭은 예부터 시간의 전령(傳令)이라고 하였습니다. 새로운 시대를 상징하는 짐승이 되어 계림(鷄林)이라고도 합니다. 그 옛날 신라의 서울을 가리켜 계림이라고도 하였다는데, 그것은 그만큼 새로운 시대를 열겠다는 의지의 표현인 셈이죠. Y.S가 '닭의 목을 비틀어도 새벽은 온다'고 하였다는데, 아마 군부독재시절의 추상같은 탄압이 거세어도 결국 민주화는 된다는 의지를 나타낸 것이겠죠. 이처럼 닭이 새 시대의 상징으로 여겨지는 까닭은 닭은 때를 알려주는 짐승이기 때문일 겁니다. 닭을 서방에 배치한 것을 보면 닭은 금의 기운이 강하다는 사실을 알 수 있겠죠? 가을은 온 산하에 수분이 부족한 것처럼, 닭도 역시 수분을 싫어합니다. 닭이 좋아하는 것은 모래처럼 건조한 곳입니다. 닭이 모래 속에서 노는 광경을 여러분도 많이 보았을 것입니다. 닭을 금의 상징으로 보는 또 하나의 이유가 있다면 닭은 알을 낳는다는 사실입니다. 알은 알맹이라는 표현처럼 실속 중의 실속을 가리킵니다. 예전부터 성인들의 출생에는 난생설화(卵生說話)가 있게 마련인데, '알'은 알과 얼, 올, 울의 네 가지 의미가 있는데, 모두가 천지인신을 상징합니다. 닭의 피부는 다른 고기보다 찰진 느낌을 주는데, 그것도 역시 금의 기운이 강하기 때문입니다.

닭이 후천의 용담도에서는 용이 있던 辰으로 들어가는데, 닭과 용이 합하였다고 하여 계룡(鷄龍)이라 합니다. 예로부터 계룡산은 왕도(王都)라 하여 정도령이 정씨 왕국을 차릴 것이라는 속설(俗說)이 전해지고 있습니다. 충청도 공주에 있는 지명 자체도 실은 그냥 지나쳐서는 안 될 의미가 있으니, 그것은 中心을 맑게 하는 忠淸의 道가 있는 公共의 州라는 뜻이 있습니다. 우리의 중심 자리에 사사로운 욕망이 사라지고 대신 공주가 들어서는 곳이 바로 계룡이라는 의미입니다. 선천의 태양이 뜬 곳으로 후천의 달이 들어가니 비로소 밝을 明이 되었으니 세상은 암흑에서 벗어나 자유자재하는 본성광명의 시대로 접어들게 됩니다.

사람이 추울 때나, 아니꼬운 광경을 보면 '닭살'이 돋아납니다. 물론 닭살이 소름끼치는 형상이기 때문에 그랬겠지만, 그 역시 선후천의 개벽을 알려주려는 하늘의 가르침이 배어 있다고 봅니다. 선천의 용이 있던 진사지간은 뜨거운 3양의 기운이 있었고, 그곳으로 가을의 서리를 상징하는 酉戌이 들어가니 어찌 소름이 돋지 않을까요? 냉기와 온기가 급작스럽게 만나면 소름이 생기게 마련입니다. 앞으로 아마 닭살부부는 계속 늘어날 것입니다.

닭의 특징은 벼슬이 있다는 사실입니다. 벼슬은 아무나 하는 것이 아니라, 고귀한 신분을 가진 자만이 할 수 있습니다. 고귀한 신분은 사람다운 사람을 가리키는데, 그것이 곧 후천 인존문명의 대열에 합류하는 사람을 의미합니다. 닭이 머리가 되어 인존문명의 12方伯이 벼슬을 하게 되는 것이 후천입니다. 백의장상(白衣將相)이란 말은 바로 陰金인 酉와 陽金인 申을 가리킨 것입니다.

이런 이유 때문에 개벽주께서도 己酉년 정월에 현무경을 성편하시어, 새로운 후천의 도수를 내어놓았습니다. 닭에도 5행이 있으니 동방의 乙酉는 청계(靑鷄)요, 남방의 丁酉는 홍계(紅鷄)요, 중앙의 己酉는 황계(黃鷄)요, 서방의 辛酉는 백계(白鷄)요, 북방의 癸酉는 黑鷄(烏骨鷄)라고 합니다.

> <하루는 부친이 벼를 말리는데 새와 닭의 무리를 심히 쫓으시니 천주 만류하여 가라사대 새 짐승이 한 알 씩 쪼아 먹는 것을 그렇게 못 보시니 사람을 먹일 수 있나이까 하시되 부친이 듣지 않고 굳이 쫓더니 뜻 밖에 백일(白日)에 뇌우(雷雨)가 대작(大作)하여 말리던 벼가 다 표류(漂流)하여 한 알도 건지지 못 하였더라.-대순전경 1장 11절>

단순하게 호생지심(好生之心)에서 그런 것이 아니라, 개벽주의 입장에서 보면 새와 닭의 무리는 곧 서방의 金, 즉 후천의 시천주한 인간상을 가리키는 것이므로 대낮에 번개와 비가 크게 내리게 하였습니다. 대낮은 양이 왕성한 선천의 자축, 인묘, 진사를 가리키는 것이요, 번개가 치는 것은 음양이 부딪치는 것이요, 水火의 두 기운이 크게 부딪치는 소리이니 이는 곧 뇌풍이 상박하는 이치를 가리킵니다. 문왕도를 보면 번개를 상징하는 3진뢰와 바람을 상징하는 4손풍이 진사지간, 동남방에 자리를 잡고 있으니 뇌풍이 크게 상박하는 소리를 내고 있습니다. 진사지간은 양이 극성한 시기이므로 대낮에 해당합니다. 또한 대낮에 비가 내린다고 한 것은 진사지간에 있는 태세인 辰3월의 비를 가리킵니다. 만약 밤에 내리는 비라면 亥 10월의 비라고 해야겠지요. 말리던 벼는 가을의 금의 기운을 상징하는 것이므로 申金, 酉金이라고 할 수 있으니 가을에는 수분이 말라야 알곡이 제대로 익게 마련입니다. 후천이 되면 진사지간으로 申金, 酉金, 戌金이 들어가야 하건만, 부친은 이런 이치를 모르고, 선천의 진사지간의 인습(因襲)에 젖어 있는 상태였으므로 어쩔 수 없이 낙서의 辰3月雨에 속수무책으로 당하게 된 것입니다. 이처럼 닭이나 새는 후천의 도수를 상징하는 아주 좋은 매체입니다.

　　<하루는 용화동 朴奉敏의 주막에 이르사, 술을 찾으시니 마침 술이 떨어졌다 하거늘 천주 술 빚어 넣었던 독을 가져 오라 하사 물을 채워 부으시고 손으로 저으신 뒤에 마시시며 종도들에게 나누어 주시니 그 맛이 본래 빚었던 술맛과 같더라.-대순전경 2장 47절>

　물을 술로 만들었다는 것은 氵와 酉를 합하여 酒를 이루었다는 의미입니다. 손괘가 있는 선천 진사지간의 三月雨로 후천에는 酉正月 歲首가 들어가니 酒가 되었습니다. 손으로 저었다는 것은 7손풍이 있는 곳으로 유정월이 들어간다는 의미입니다. 이처럼 술은 酉와 밀

접한 연관이 있습니다.

> <24살 되시던 갑오(甲午)년에 태인(泰仁) 동골 사람 전봉준(全琫準)이 당시의 악정에 분개하여 보국안민(輔國安民)의 표호로 동학 신도들을 모아 고부(古阜)에서 혁명을 일으키니 온 세상이 들끓는지라. 천주 그 전도가 이롭지 못할 줄을 아시고 '월흑안비고 선우야둔도 욕장경기축 대설만궁도 月黑雁飛高 單于夜遁逃 欲將輕騎逐 大雪滿弓刀'란 옛글을 여러 사람에게 외워 주사 겨울에 이르러 패망할 것을 예언하시며 망동치 말라고 효유(曉諭)하시니라.─대순전경 1장 14절>

이 詩句는 옛 시를 인용한 것인데, 동학군이 갑오년 눈이 내리는 겨울에 패망할 것을 말했다고 합니다. 이 시구에 기러기가 등장하는데, 기러기는 닭과 같은 속성이 있습니다. 어두운 밤에 기러기가 높이 난다고 하였는데, 어두운 밤은 서방을 가리키고, 기러기가 높이 난다고 한 것은 서방에 있던 酉가 가장 높은 하늘인 진사지간으로 이동한다는 의미입니다. 선우는 중국인들의 입장에서 말하는 오랑캐의 왕을 가리킵니다. 오랑캐는 법도를 모르는 무지한 족속을 가리키므로 선천 무도의 상징인 낙서의 왕 즉, 天子인 時頭 子時를 의미합니다. 천자가 북방에서 서방의 未로 자리를 이동하는 것을 가리켜 밤에 숨어서 도망한다고 한 것입니다. 장수가 날쌘 말을 타고 뒤쫓는다고 한 것은 갑오년에 동학(전봉준)이 혁명을 일으켜 子未會를 이루어 개벽을 완성하려고 한다는 말씀입니다. 전봉준의 이름은 무력으로 평등한 세상을 만든다는 뜻이 들어 있습니다. 전봉준의 琫은 옥돌로 장식한 칼집을 말하고, 그것으로 평준화된 세상을 만든다는 뜻이 있습니다. 그러나 대설이 궁도에 차게 되어 겨울에 이르러 패망한다고 하였으니, 대설은 소설, 대설이 들어 있는 음력 亥 10월, 子 11월을 가리키고, 亥는 선천의 말이 있던 午로 자리를 옮겼으니 이는 곧, 장수가 말을 탄 것입니다. 궁도는 천지의 도수를 가리키는 것으로서 오마(午馬)가 亥 10월 눈 속에 빠져 더 이상 혁명을 진행할 수 없게 된다는 말입니다. 동학은 분명 후천의 動勢를 연 위대한 업적을 남 겼지만, 아무리 좋은 것이라도 결코 무력을 사용해서는 안 됩니다. 무력을 맡은 것은 陽이므로 甲午년에 혁명을 일으키게 되었던 것입 니다.

당시에 유행했던 민요(民謠)가 있는데, 여러분도 잘 알고 있을 겁 니다. "새야 새야 파랑새야, 녹두밭에 앉지 마라. 녹두꽃이 떨어지면 청포 장사 울고 간다." 정식 곡목은 '파랑새 謠'라고 합니다. 녹두(綠 豆)는 전봉준의 체구가 워낙 작아서 붙여진 별명이라고 하는데, 압 록강과 두만강의 略字로도 볼 수 있겠지요. 파랑새는 八王새라고도 할 수 있으니, 전봉준의 全을 그렇게도 부릅니다. 녹두꽃은 파란 색이니 파랑새와 연관이 되며, 새는 하늘과 땅 사이(새)를 오가는 전령인데, 동학은 후천의 소리를 지상에 전해준 큰 파랑새라는 의미가 있습니 다. 파란 색은 동방을 상징하고, 乙卯 1855년생인 전봉준을 가리킨다 고도 할 수 있겠지요. 후천의 세수는 전반기 정월은 닭이 되어야 하 고, 후반기의 첫 머리인 7월을 토끼가 맡아야 합니다. 따라서 토끼띠 인 전봉준이 후천 5만 년의 정월 첫 머리로 등장할 수는 없는 법이므 로 결국 큰 눈이 내릴 때에 패망하게 되었던 것입니다. 청포장사는 녹 두로 만든 묵을 파는 상인인데, 서방의 오미신유술해와 동방의 자축인 묘진사를 서로 맞교환하는 상태를 의미합니다. 녹두꽃이 떨어지면 청 포장사가 울고 간다는 말은 조선이 팔왕새인 동학의 무력에 의해서 떨어지게 되면 선후천의 교역이 온전하게 이루어지지 못하므로 천추의 한을 남기게 된다는 뜻입니다. 녹두로 만든 묵인데도 청포는 하얀 색이 된다는 점은 이런 동서의 지지가 서로 맞교환을 한다는 걸 일러 준다는 것도 유의해야 할 사항입니다.

다음은 녹두장군이 마지막 임종 시에 지었다는 절명시(絶命詩)를 소개해 드리겠습니다.

> <시래천지개동력時來天地皆同力 운거영웅부자모運去英雄不自謀 애민정의아무실愛民正義我無失 위국단심수유지爲國丹心誰有知>
> ―때를 만나서는 천지가 모두 힘을 합치더니, 운이 다하매 영웅도 스스로 도모할 길이 없구나. 백성을 사랑하고 의를 세움에 나 또한 잘못이 없건마는 나라를 위한 붉은 마음을 누가 알리오?

가슴이 찡해지지 않습니까? 수운은 후천의 동세(動勢)를 맡았고, 증산은 정세(靜勢)를 맡아서 동정을 완수하고, 음양의 조화를 이룩한 것이 바로 동학의 참 뜻입니다. 그리고 그 결과체가 바로 현무경입니다.

마지막으로 닭과 연관된 대순전경의 말씀을 두 가지만 더 소개하기로 하겠습니다.

> <하루는 川原에 계실 때 참외를 드린 자가 있거늘 천주 맛보지 않고 두셨더니, 공우 한 개를 먹음에 설사가 나서 낫지 아니한지라 천주께 아뢰니 가라사대 본래 그 아내가 주기 싫어하였으므로 살기가 맞았도다 하시고 닭국을 먹으라 하시거늘 공우 명하신 대로 함에 곧 나으니라.―대순전경 3장 63절>

> <짚으로 만든 계룡이라 하나니 세상이 막 일러주는 것을 모르느니

라. - 대순전경 3장 101절>

아무리 맛있는 음식이라도 그 속에 살기가 박혔다면 독이 되는 법입니다. 그런데 살기를 풀기 위해서 닭국을 먹으라고 한 걸 보면, 닭이 해독제라도 되는 모양이지요? 물론 이것도 역시 도수를 상징적으로 나타낸 것이라고 할 수 있는데, 후천의 첫 머리를 유정월이 되어야 모든 선천의 독이 없어진다는 가르침입니다. 참외는 겉으로는 노란 황토(黃土)이고 속에는 흰색입니다. 즉 낙서의 5토로 용담의 경금(庚金)이 들어가야 참이 된다는 말입니다. 그러나 그런 것이라도 살기가 들어 있으면 안 되는데, 그것은 유정월이 머리를 들어야 비로소 온전하게 사라집니다.

또한 짚으로 만든 계룡이라는 말이 있는데, 이는 곧 후천은 계룡으로 집을 만든다는 말입니다. 계룡산에 도읍을 한다는 말은 곧 진사지간으로 유정월이 세수가 되어 후천 5만 년의 토대를 이룬다는 말입니다.

다음으로는 9申, 즉 원숭이에 대한 얘기를 해보도록 할까요? 원숭이는 사람과 가장 닮은 짐승입니다. 즉 酉金과 더불어 사람과 가장 흡사한 것이 申金이라는 말입니다. 닭을 사람이라고 하는 까닭은 벼슬이 있기 때문입니다. 사람이라고 해서 다 사람이 아니라, 뭔가 사회를 위해서 큰일을 하는 사람이 진정한 사람인데, 그것은 곧 벼슬을 가리킵니다. 닭은 무도의 상징인 선천에서는 서방의 한적한 외진 곳에 있었지만, 후천에서는 인간의 중심, 즉 선천의 진사지간에서 세수를 들고 나왔으므로 모든 사람에게 영광된 벼슬을 주었습니다. 원래 1년 12개월 중에서 전반기는 호랑이 寅正月로 시작을 하고, 후반기는 원숭이 申七月로 시작을 하게 마련입니다. 그러므로 후천의 시작은 원숭이가 시작을 하는 것이 당연한데, 申은 陽金이기 때문에 그 자리를 陰金인 酉에게 내주었습니다. 그러므로 유와 가장 가까운 것이 신이기 때문에 사람과 가장 흡사한 것이 원숭이라고 한 것입니다. 원숭이를 陽으로 본 까닭은 무얼까요? 그것은 원숭이의 얼굴을 보면 금방 알 수 있지요. 마치 술 취한 것처럼 벌건 색으로 되었는데, 붉은색은 양을 가리킵니다. 양에도 열이 있는 양이 있고, 열은 없는 양이 있습니다. 불은 열기가 강한 양이지만, 단단한 보석은 열이 없습니다. 오히려 보석은 차갑게 느껴집니다. 원숭이 얼굴이 붉다고 해서 몸에 열이 있다고 단정하면 곤란합니다. 원숭이를 가리키는 申을 보면 口속에서 十을 펼쳐 보이는 상태입니다. 酉는 口속에 一을 담고 있는 모습이므로, 申金과 酉金은 결국 十一 즉 무극과 태극을 갈무리 하는 상태임을 알 수 있습니다. 다시 말하자면 열매라는 것은 무극과 태극을 의미한다는 걸 암시하고 있습니다. 현장법사를 따라 천축국으로 불경을 찾으러 가는 서유기를 보면 손오공이 등장합니다. 손오공에 대해서 사전을 찾아보면 다음과 같습니다.

<孫悟空: 중국(中國) 소설(小說) 서유기(西遊記)의 주인공. 돌에서 태어난 신통력(神通力)을 가진 원숭이로, 칠십이반 변화(七十二般變化)의 술(術)과 근두운(筋斗雲)의 법을 수득(修得)하여 신축자재(伸縮自在)의 여의봉(如意棒)을 써가며 천공(天空)을 어지럽혔으나 불조(佛祖)의 법력(法力)에 의해서 진압(鎭壓)되고 후에 현장삼장(玄奘三藏)을 따라 대소(大小) 팔십 일난(八十一難)을 극복하여 천축(天竺)에 들어가서 삼장(三藏)으로 하여금 5천 48권의 경문(經文)을 얻게 하였다 함>

손오공이란 이름 자체가 원래 '공을 깨달은 자손'이라는 의미입니다. 그런데 이 원숭이는 돌에서 태어났다고 합니다. 손오공을 탄생시킨

돌은 본래 화과산(花果山)이라는 곳에 있었는데, 이곳은 진사지간을 가리킵니다. 그러므로 팔괘에서 돌은 손괘(巽卦)에 해당하며(팔괘에 대해서는 따로 언급하겠음), 손괘는 동남방의 진사지간에 자리를 잡았습니다. 선천 낙서에서는 그 곳에 3양인 진사(辰巳)가 있었지만, 후천 용담에서는 그 곳으로 천지지중앙인 술오공(戌5空: 술은 숫자로 5이며 서북방의 겨울 빙하로 돌아가는 지점)이 들어갑니다. 72반의 변화를 하는 것은 음양 72둔법을 의미하는 것으로, 그것은 곧 8괘와 9궁이 곱하여 생긴 수리입니다. 즉 8괘와 9궁으로 성리가 이목구비에서 변화하는 것이 진정한 둔갑술이라는 의미입니다.

여의봉은 본래 낙서 시절 우임금이 황하의 치수 사업을 벌일 적에 사용한 철장으로 만든 것이므로 평소에는 귀에 넣고 다닌다고 합니다. 81난을 극복하였다고 한 것은, 공을 깨닫기 위해서는 불가불 9×9＝81의 색을 다 극복하지 않으면 안 된다는 뜻이 들어 있습니다. 아홉 개의 구멍이 왕복하면서 빚어내는 구변과 구복의 81난이야말로 모든 인생이 극복해야할 과제가 아닐 수 없습니다. 그렇게 극복하는 것이 바로 용담도의 9궁수리가 가는 길입니다. 손오공과 함께 불경을 가지러 가는 일행은 저팔계(豬八戒)와 사오정(沙悟淨)이 있습니다. 손오공은 하늘을 날고, 돼지 저팔계는 땅에서 살며, 사오정은 물귀신이니까 결국 천지인 3재가 모두 들어 있군요. 천지인 3계를 모두 평정하지 않으면 삼장법사(三藏法師)가 될 수 없다는 말입니다. 삼장은 천지인을 모두 품는다는 의미입니다. 돌에서 태어난 손오공이 하늘나라의 천도복숭아를 따 먹고 소란을 피운 죄로 500년 간, 갇혀 있던 산 이름은 오행산(五行山)입니다. 500년은 5행이 온전하게 채워지는 상징수입니다. 즉 손오공은 5행을 온전하게 깨우치는 고행의 기간을 통과했다는 의미입니다. 서유기는 명나라 사람 오승은의 작품이라고 하지만, 당나라 시절부터 전해 내려온 이야기를 정리한 것에 지나지 않습니다. 아득한 옛날부터 이처럼 동양에서는 천지인이나 음양오행에 관한 사상이 주류를 이루었다고 할 수 있겠지요. 현무경의 영부와 숫자에 관해서는 따로 언급하기로 하겠습니다.

* 5 · 10 土

하도의 중앙에는 백점 다섯 개와 흑점 열 개가 있습니다. 이를 가리켜 흔히 5, 10토라고 합니다. 오행에서 말하는 토(土)는 단순한 흙을 가리킨 것이 아니라, 흙과 같은 속성이나 그 기능을 의미합니다. 흙은 모든 물질이나 생명체를 담고 있는 큰 그릇입니다. 무형의 물질이나 생명체를 담는 그릇은 하늘이라 하며, 유형의 물질이나 생명체를 담는 그릇은 땅이라고 하는데, 토(土)라고도 부릅니다.

우주를 보면 허공과 천체로 크게 나누어져 있습니다. 허공은 비록 텅 빈 듯하지만, 지구와 같은 각종 별들을 모두 담는 그릇이므로 사실 보이는 그릇인 땅이나 별들보다 훨씬 크다고 하지 않을 수 없습니다. '한울'이라는 용어는 이처럼 모든 걸 담는 큰 그릇이라는 뜻에서 나왔다고 보아도 틀리지는 않을 겁니다. 하도의 중심에서도 10이 5를 담고 있는 것은 이런 이유 때문입니다. 같은 토이지만, 10이 그릇이며, 그 속에 들어 있는 내용물이 5라는 걸 염두(念頭)에 두고 강좌에 임하기를 바랍니다. 10은 음이며 짝수이기 때문에 본래 2요, 5는 양이며 홀수이기 때문에 본래 1입니다. 그러기 때문에 5는 10속에서 움직이는 내용물이라고 할 수밖에 없습니다.

　그릇은 고정된 것이므로 정(靜)이요, 음(陰)이 되고, 움직이는 것은
동(動)이요, 양(陽)이 됩니다. 그릇 속에 들어 있는 내용물은 항상 변
하게 마련인데, 변화는 움직임과 동일합니다. 고정된 10은 음토(陰土),
혹은 정토(靜土＝淨土)라고 하며, 변하는 5는 양토(陽土), 혹은 동토
(動土)라고 합니다. 동토는 변화를 위주로 하며, 정토는 안정을 위주
로 합니다. 그러기 때문에 동토인 5는 생수를 성수로 변화시키는 역
할을 하며, 정토는 9변한 숫자를 10무극 안식처로 이끌어 새로운 출
발을 하게 합니다. 이처럼 하도의 중심에 음과 양이 함께 있는 것은,
곧 우주만물은 모두 음양의 발로(發露)임을 가리킵니다.

　음수는 모두 10에 뿌리를 두고 있으며, 양수는 모두 5에 뿌리를 두
고 있습니다. 상식적으로 숫자의 뿌리를 논한다면 0(10)과 1입니다.
사실 숫자가 아무리 많다고 하여도 0과 1에 지나지 않는다는 걸 금
방 알 수 있는데, 무형을 상징하는 숫자는 0이요, 유형을 상징하는
숫자는 1이라고 한다는 건 이미 알고 계시리라 믿습니다. 아무리 복
잡다단한 삼라만상이 있다고 하여도 그것은 모두 독특한 개성을 지
닌 1과 개성을 벗어 버린 0으로 대별(大別)할 수 있으니, 결국 우주는
0과 1로 이루어져 있다고 할 수밖에 없습니다. 그런 걸 숫자의 계산
으로 나타낸다면 0에 아무리 0을 가감승제(加減乘除)를 하여도 0이
되지만, 1은 다양한 변화를 한다는 사실이겠지요. 이걸 가리켜 0은
전체를, 1은 개체를 나타낸다고 하는 겁니다. 10과 1이 하나 된 11
귀체는 개체와 전체가 하나 된 상태라고 할 수 있으니 곧 이상적인
평등세상을 가리킵니다.

　중심을 가리켜 토(土)라고 하는 이유부터 알아보도록 할까요? 土는

'흙'이라고 합니다. 흙은 모든 생물체가 생존하는 터전입니다. 흙을 기반으로 하는 생물들은 그것이 음이건, 양이건 상관없이 흙에서 살아갑니다. 음이라고 해서 싫어하고, 양이라고 해서 좋아하는 건, 흙의 입장에서는 있을 수 없습니다. 그것은 마치 하늘이 모든 것을 일체의 차별이 없이 대하는 것과 같습니다. 하늘은 0의 밭(흙)이요, 땅은 1의 밭(흙)입니다. 즉 하늘은 10의 밭이요, 땅은 5의 밭이라는 말이지요. 하늘의 밭은 무형을 키워내고, 땅의 밭은 유형을 키워냅니다. 마음은 하늘에서 온 것이며, 육신은 땅에서 온 것이라고 합니다. 그러기 때문에 인체에서도 열 개의 구멍으로는 하늘과 소통하며, 5장은 땅의 음식물을 소화, 처리하게 된 것입니다. 이처럼 하늘은 무형의 공간이요, 흙(땅)은 유형의 공간이라는 개념이 성립합니다.

이것을 요약하면,

첫째: 5와 10은 모든 사물의 그릇이다.
둘째: 5는 1에서 9에 이르는 유형의 그릇이며, 10은 모든 유무형의 그릇이다.
셋째: 5는 生 → 成을 주관하고(忽生), 10은 無 → 有를 주관한다(忽有).
넷째: 5는 양을 주관하고, 10은 음을 주관한다.
다섯째: 5는 몸을 주관하고, 10은 맘을 주관한다.

고 할 수 있습니다. 앞에서 이미 밝힌 바 있지만, 5는 인체의 5장처럼 내부에서 유형적인 음식물들을 소화, 전달하는 기능을 하고, 10은 10구멍이 되어 외부에서 무형의 허공과 연결되어 있다는 사실은 하도의 중심에 5가 내부에, 10이 외부에 있게 된 까닭이라고 했음은 잊지 않으셨으리라 믿습니다.

5와 10의 차이점에 대해서 조금만 더 알아보기로 하겠습니다. 5는

1水＋4金, 2火＋3木에서 알 수 있는 것처럼, 생수의 음양을 합한 수입니다. 그것도 목화금수라는 사상을 모두 합한 수가 아니라, 금과 수, 목과 화만 합한 수입니다. 그러나 10은 1수, 2화, 3목, 4금을 모두 합한 수입니다. 즉 10은 4상이 모두 합한 수이지만, 5는 음양이 합한 수입니다. 음양이 합하면 만물을 생(生)에서 성(成)으로, 홀수에서 짝수로 조화를 부리지만, 사상이 합하면 홀수는 홀수대로, 짝수는 짝수대로 본래의 모습으로 나타나게 합니다. 그것은 0에 아무리 많은 숫자를 가감승제를 하여도 아무런 변화가 일어나지 않는다는 사실과 일맥상통하고 있습니다. 이때에 유의해야 할 사항은 0에 덧셈과 뺄셈을 하면 0이 그 모습을 감추지만, 0에 곱셈과 나눗셈을 하면 0은 그 모습을 드러냅니다.

$$0+4=4, \ 0-6=-6$$
$$0\times4=0, \ 0\div6=0$$

이런 사실은 0은 공전을 가리키고 있다는 점을 말해줍니다. 따라서 공전의 주체는 0(10)이요, 자전의 주체는 5라고 할 수 있습니다. 이걸 다시 수리적인 면에서 고찰한다면 10은 1과 9 사이의 수요, 5는 4와 6 사이의 수라고 할 수 있겠지요. 1은 사물의 시작이요, 9는 사물의 마지막이므로 10은 사물의 시종(始終)을 주관한다고 보면 될 겁니다. 이에 비해서 4는 생수의 끝이요, 6은 성수의 시작이므로 5는 사물의 생성(生成)을 주관한다고 보면 됩니다. 이것은 앞에서 인체의 5장은 형상적인 음식물을 소화처리하고, 10구멍은 무형의 허공과 연결되어 있다고 한 것과 같은 이치입니다.

사정이 이렇기 때문에 5, 10토는 하도의 중심에 배치된 것이며, 12
지지에서도 네 계절의 중심에 배치했습니다. 그것은 다음과 같습니다.

<pre>
              巳   午   미
     진   申

     卯   酉

     寅   술

         축   子   亥
</pre>

봄(인묘)과 여름(사오) 사이에는 진(辰)이라는 5토가 있고, 여름과 가
을(신유) 사이에는 미(未)라는 10토가 있으며, 가을과 겨울(해자) 사
이에는 술(戌)이라는 5토가 있고, 겨울과 봄 사이에는 축(丑)이라는 10
토가 자리를 잡게 되었습니다. 이것을 만약 천간으로 나타낸다면

<pre>
              丙   丁

        乙   무   庚

        甲   기   辛

            癸   壬
</pre>

라고 할 수 있는데, 무(戊)는 5토요, 기(己)는 10토라고 합니다. 지구
의 공전은 공적인 것이므로 중심에서부터 비롯하는 법이므로 천간으
로는 무기, 지지로는 진술축미에서 나타나고, 자전은 사적인 것이므

로 중심이 아닌 사방, 팔방에서부터 비롯하는 법입니다. 이런 이치에 의해 공전을 나타내는 선천의 태세와 일진은 무진년과 무술일로부터 비롯하였고, 후천의 태세와 일진은 기미년과 기축일로부터 비롯하였다고 합니다. 선천은 양을 위주로 하였기에 5토에 해당하는 무진, 무술이 태세와 일진을 이루었고, 후천은 음을 위주로 하기 때문에 10토에 해당하는 기미, 기축으로 태세와 일진을 이루게 됩니다.

또 하나, 주의할 사항은 천간을 나타내는 도표를 그릴 적에는 반드시 중심에 무기를 집어넣는데 비해, 지지를 나타내는 도표를 그릴 적에는 진술축미는 중심에 그려지는 것이 아니라는 사실입니다. 그 이유는 천간은 공간을 나타내고, 지지는 시간을 나타내기 때문입니다. 공간은 동서남북과 중앙이라는 고정된 방위가 있지만, 시간은 고정된 틀이 없기 때문입니다. 고정된 것은 반드시 중심이 있게 마련이지만, 항상 변하는 것은 중심이 있을 수 없기 때문입니다.

역학을 꽤 공부했다고 하는 사람들에게 '5, 10토가 중심에서 작용을 한다고 하는데, 구체적으로 시간적인 면과 공간적인 면으로 설명을 해 보라'고 하면, 대부분 토는 중성(中性)으로서 음양을 좌우 어느 한 쪽으로도 치우치지 않게 조화해 주는 작용을 한다고 말하는 걸 많이 보았습니다. 그러면서 그 색은 황색이요, 오상(五常)으로는 신(信)에 속하며, 장부로는 비, 위장에 속한다는 식으로 답을 하는 것이 통례(通例)입니다. 그러나 그것은 공간적인 면 측면에서만 본 것일 뿐, 시간적인 측면에서 본 것은 아닙니다. 시간적인 측면을 보지 못하면 시대의 흐름을 읽을 수 없습니다. 우리는 이미 앞에서 살핀 것처럼, 공간적인 측면에서는 5무(戊)와 10기(己)로 상징하고, 시간적인 측면에서는 진술5토와 축미10토로 상징한다는 사실을 알았습니다. 이처럼 60갑자는 시공을 입체적인 시각으로 보는 '깨달음의 상징'이라는 점을 십분 명심해야 합니다. 60갑자에 대해서는 따로 공부하겠지만, 그 중요성은 이루 말로 형언할 수 없을 지경입니다.

여기서 다시 한 번 천간은 왜 10개로 되어 있고, 시간을 나타내는 지지는 12개로 되어 있는 건지 상기해 보기 바랍니다. 그건 이미 충분한 언급을 하였으므로 생략하기로 하고, 빠뜨린 부분만 조금 덧붙이려고 합니다. 10천간은 불변하는 체(體)를 가리키고, 12지지는 변화하는 용(用)을 가리킨다고 합니다. 이런 이치를 잘 보여주는 것이 바로 10의 1과 0을 합하면 1이요, 12의 1과 2를 합하면 3이라는 사실입니다. 즉 10천간은 그 바탕이 1이며, 12지지는 1이 천지인으로 변화한 상태이므로 3신을 가리킵니다. 하느님이라고 하면 1이요, 그것이 구체적으로 활동을 시작하면 3신으로 나타납니다. 즉 무형의 공간이 구체적인 작용으로 나타나는 것이 바로 시간이라는 뜻입니다. 1년이 12개월이라고 하는 것이나, 하루를 12시간이라고 하는 것은 천지인 3신이 각기 4방에서 변화하는 상태를 나타낸 단위입니다. 10이 9라는 숫자를 품고 있는 것처럼, 12도 역시 11귀체를 품고 있습니다. 11귀체는 무극과 태극, 천지가 합한 상태이므로 결국 12는 천지가 합하여 움직이는 걸 나타내는 숫자라고 할 수 있습니다.

5와 10은 양토, 음토라고 하여 마치 서로 다른 것처럼 인식할 가능성이 있지만, 실은 하나라고 하였는데, 그걸 좀 더 심도 있게 살펴 볼 필요가 있습니다. 10은 5가 두 개 있으니 음양이 합한 상태인데, 이는 곧 토가 음양으로 나뉘었다는 말이지요. 음양으로 나누어지기 전의 상태를 무어라고 부르지요? 그렇죠. 태극입니다. 따라서 5를 가리켜 태극이라 하며, 10을 가리켜 음양이라 부릅니다. 그렇다면 하도의 중심에 있는 15수는 뭐라고 부를까요? 그건 두말할 것도 없이 '삼신(三神)'이라고 합니다. 그러니까 하도의 중심에는 태극과 음양, 삼신이 있으며, 나머지 변두리 4방에는 4상이 있게 된 것이며, 그것이 음양으로 나뉘어져서 8괘가 나오게 된 것입니다. 하도의 중심에 있는 15는 천태극(天太極) 5, 지태극(地太極) 5, 인태극(人太極) 5의 합인데, 이걸 각기 천5, 지5, 인5라고도 합니다. 하도의 중심에는 5가 세 개 있는데, 중심에는 흰점 5가 있고, 겉에는 검은 점 5가 두 개씩 있습니다. 흰점 5는 무형이므로 천5를 가리키고, 검은 점 10개는 각기 유형인 땅과 인간을 가리킵니다. 이처럼 하도의 중심에 있는 15를 기본으로 하여 천체는 변동을 하는데, 예를 들면 15가 음양으로 변화를 하면 한 달 30일이요, 그것이 4상을 갖추면 2개월 60일이 되며, 60일이 3음, 3양으로 6변을 하면 1년 360일이 됩니다.

태극이라고 하면 1태극만 연상하는 수가 많은데, 이처럼 5가 태극이라는 것도 잊으면 안 됩니다. 그러기 때문에 1에서 10까지의 수를 적산(積算)하면 대정수 55가 되는 것입니다. 1에서 10까지의 수는 11개의 5가 있다는 뜻입니다. 1에서 10까지라면 당연히 숫자가 10개라고 해야지, 어째서 11개라고 하느냐 하는 의문이 들 것입니다. 여기에서 생각을 깊이 해야 합니다. 형상이 있는 것만 나타내려고 한다면 1에서 9까지 아홉 개의 숫자만 있다고 할 수 있지만, 그 바탕에는 무형의 숫자가 있는데, 그 속에도 음양이 있기 때문에 9+2=11이 되었습니다. 또 이를 가리켜 11귀체라고 부른다는 건 잘 알고 계시리라 믿습니다. 본래 유형을 상징하는 숫자는 1, 2, 3, 4, 5, 6, 7, 8, 9의 아홉 개의 숫자라고 하였습니다. 그렇다면 무형의 숫자는 하나가 아니라 둘인 셈이 되지요? 1에서9까지의 합은 45입니다. 거기에 10을 합하면 55가 되는데, 이걸 달리 표현하면 천지인이 3변하는 숫자의 합은 45이고, 불변하는 바탕은 음토와 양토의 두 개가 된다는 의미입니다. 다시 다른 각도에서 살핀다면 1에서 8까지의 합은 36이요, 거기에 천지인의 기본이 3변한 9와 바탕수 10을 합하면 55가 되는군요.

이처럼 변화의 기본과 바탕수를 빼 버린 숫자가 36이 되는데, 이건 도대체 무슨 의미일까요? 그건 8방을 합한 숫자이니 만물의 겉 표면, 즉 형상을 합한 수라고 할 수 있겠군요. 이런 이치 때문에 36은 천도수(天度數)라고 합니다. 이때의 하늘은 허공을 가리킵니다. 허공은 형상이 없기 때문에 커다란 그릇이라고 하며, 그 속에서 움직이는 것은 형상이 있는 물질인데, 그것을 상징하는 숫자가 9이며, 9를 합한 숫자가 낙서의 45도수요, 지도수(地度數)라고 합니다. 여기에 무형의 음양을 동시에 구족(具足)한 10을 합하면 용담의 55도수요, 인도수(人度數)라고 합니다. 하도, 낙서, 용담을 모두 합하면 136이 되는데, 이것은 하도의 중심에 있던 3태극인 5, 10토(15)가 9변한 상태에 천원수를 합한 '15×9+1=136'을 가리킵니다. 또한 8괘와 9궁을 합한 수가 8방에 충만해진 '17×8=136'이라고도 할 수 있습니다. 아무튼 5는 5행만 가리키는 게 아니라 태극을 가리킨다는 사실을 잊으면 안 됩니다.

잠깐, 여기에서 또 하나 간과(看過)해서는 안 될 것이 있으니, 모든 홀수는 다 태극이라고 하며, 짝수는 음양이라고 볼 수 있습니다. 1, 3, 5, 7, 9는 태극의 다른 모습이요, 2, 4, 6, 8, 10은 음양의 다른 모습입니다. 그런데 유독 1을 가리켜 태극이라고 한 것은, 0이라는 무극이 아직 음양으로 나누어지기 전의 중심을 가리키는 숫자는 1밖에는 없기 때문이지요. 그러나 2라는 음양이 아직 4방으로 나누어지기 전의 중심을 가리키는 하나의 숫자가 3이므로 3도 역시 태극이라 하는 것이며, 4방으로 퍼진 음양이 6면체로 입체화하기 전의 중심에 있는 하나의 숫자가 5이므로 5도 역시 태극이라 하는 것이고, 6각형으로 입체화한 물질이 8방으로 나누어지기 전에 중심에서 빛을 발하는 하나의 숫자가 7이므로 이 역시 태극이라 하는 것이며, 8방으로 음양이 퍼져 더 이상 갈 곳이 없어서 다시 10무극으로 변하게 하는 것도 역시 중심의 한 숫자 9이므로 9도 역시 태극의 속성을 지녔다고 하는 것입니다. 1은 0속에 들어 있던 음양이라는 2로 드러내게 하는 매체이며, 3은 음양을 4상으로 드러내는 매체이고, 5는 4상을 6기로 변하게 하는 매체이며, 7은 6기를 8괘로 드러내는 매체이고, 9는 8괘를 다시 10무극으로 환원시키는 매체라고 하면, 이 모두가 태극의 속성이라고 보면 됩니다.

이처럼 태극의 속성은 다양한 면이 있는데, 태역(太易), 태초(太初), 태시(太始), 태소(太素), 태극(太極)의 다섯 가지가 바로 그것입니다. 이처럼 태극은 모든 짝수의 중심에 들어 있는 기본 바탕을 가리키는 것인데, 이걸 통틀어서 '공간'이라고 합니다. 1, 3, 5, 7, 9라는 다섯 가지가 있는데 그걸 5방이라고 부르는데, 형상이 없기 때문에 홀수라고 표현하기도 합니다. 이에 비해서 음수는 눈에 드러난 물질과 그 움직임, 곧 변화를 가리키는데 모든 물질은 음양이라는 짝이 있기 때문에 짝수라고도 부릅니다. 2는 1속에 들어 있던 음양이 나타난 것이며, 4는 음양이 다시 거듭하여 4상으로 나타난 것이며, 6은 3음과 3양이 구체적인 자연의 기로 드러나는 기본적인 숫자인 6기를 가리킨 것이며, 8은 4상이 거듭한 8괘입니다. 그러나 이 모든 것의 근원은 태극(5)이 음양으로 짝을 이룬 10이기에 10을 가리켜 '중심 토(土)'라고 하였습니다. 그러나 10을 이루고 있는 것은 한 개의 태극(5)이므로 그걸 가리켜 양토(陽土)라고 하며 역시 '중심 토(土)'라고 하는 것입니다.

대정수 55에서 5와 10을 제하면 40이 되는데, 홀수 1, 3, 7, 9의 합 20과 짝수 2, 4, 6, 8의 합 20을 합한 수입니다. 즉 홀수의 합 20은 하늘의 사방에 있는 태극(5)을 가리킨 것이요, 짝수의 합 20은 땅의 사방에 있는 태극을 가리킨 것입니다. 천지의 사방을 합하면 8방이 됩니다. 따라서 8방이라고 하는 표현은 천지를 합한 상태라고 보면 되는데 그 합이 40입니다. 이것은 천지의 음양(2)이 10무극을 드러낸 상태라고 할 수 있으니 2×10×2＝40이라고 하겠습니다. 천지의 음양이 10무극을 드러낸 상태가 이렇다면 인간까지 음양을 드러내면 그 수는 어떻게 변할까요? 천지의 음양이 곱하면 4이지만, 인간까지 곱하면 8이 된다는 건 알고 계시겠죠? 그러니까 8×10＝80이 나오는군요. 이걸 5태극을 기준으로 한다면 5×16방＝80이 되는군요. 80이라는 숫자는 이처럼 천지인의 4상을 모두 합한 수입니다. 중복 되는 감이 있지만, 이처럼 자꾸 숫자에 대한 음양, 태극을 강조하는 까닭은 그만큼 기본이 충실해야 하기 때문입니다.

현무경의 서종과의 밑에 '언청신계용(言聽信計用)'이라는 다섯 개의 글자가 있는데, '기서재동'이라는 사방의 중심을 가리키고 있습니다. 그것은 곧 동방으로 모든 중심이 이동한다는 의미라고도 할 수 있지요. 이조장에서도 술부(戌符)에 '사무여한부(死無餘恨符)'라는 다섯 글자를 가로로 썼는데, 천지의 중앙은 5수이기 때문입니다. 또한 도수장 첫 머리에 '천지성경신(天地誠敬信)'이라는 다섯 글자가 있으니, 이는 천지인을 상징하는 이조장, 허무장, 적멸장의 중심으로 들어가기 때문이지요. 허령부, 지각부, 신명부로 각기 '무이구곡(武夷九曲)'을 12변을 하게 되는데 그 중심에 5가 있다는 걸 암시하고 있습니다.

또한 선천에 음해하던 모든 것을 무신(戊申)으로 소멸한다는 '소멸음해부'도 가로, 세로로 도합 10자로 써 놓은 후에, 기초동량을 놓게 된다는 내용도 선천의 천간인 무(戊)와 지지인 진(辰)을 가리킨 것이라고 보면 될 것입니다. 현무경에서 다섯 글자가 들어가는 곳으로는 인간의 근본으로 돌아가는 대향진설도(大享陳設圖)가 있는데, 대향진설도라는 글자도 다섯 개이고, '●●● 향원'이라는 글자 수도 다섯 개입니다. 이것은 사람의 근본은 5태극이라는 의미입니다. 이밖에도 '尊關聖帝君'이라고 한 약유장 2절의 문구도 다섯 자인데, 바로 앞의 '삼계복마대제신위원진천(三界伏魔大帝神位遠鎭天)'이라는 11 글자와 연결시켜서 생각을 하면 11귀체된 후천의 용담도의 중앙으로 들어가는 5에 대한 성격을 말해주고 있습니다. 즉 선천에는 1에서 9의 중심이 다섯 번 째 수인 5였지만, 후천에는 2에서 10의 중심이 다섯 번째인 6이 된다는 사실을 암시하고 있습니다. 5가 1을 모시고 있으니 '尊關聖帝君'이라고 한 겁니다. 11귀체에도 두 가지가 있으니 하나는 '삼계복마대제신위원진천'이요, 다른 하나는 '삼계해마대제신위원진천(三界解魔大帝神位願趁天)'입니다. '삼계복마대제신위원진천'은 양자리로 음이 들어가서 11귀체를 이루는 것이요, '삼계해마대제신위원진천'은 음자리로 양이 들어가서 11귀체를 이루는 것을 가리킵니다. 더 자세한 사항은 현무경 해설편에서 다룰 예정입니다.

이번에는 현무경에서 10에 대한 것을 찾아보도록 할까요? 먼저 떠오르는 것은 '천문 음양 정사'의 여섯 자로 선법(仙法)의 머리를 열고 난 후, '사략 통감 대학 소학 중용 논어 맹자 시전 서전 주역'이라는 10줄의 문구를 들 수 있겠군요. 두 글자씩으로 되어 있으니 도합 20자로 '一字五結'을 하였는데, 그것은 곧 천지 4방에 후천의 태극이 바로 서게 된다는 걸 암시합니다. 일자오결은 매우 중대한 의미가 있기 때문에 따로 장을 달리하여 해설하도록 하겠습니다. 또한 '소멸음해부'가 가로, 세로로 경위를 바로 세우게 되어 선천을 음해하던 모든 불순한 기운을 소멸하는 것도 10을 바탕으로 하였습니다. 이는 곧 선천의 10천간이 아니라 새로운 천간으로 개벽을 한다는 의미입니다. 구체적으로 말한다면 선천은 무신(戊申)으로 종말 짓고, 기유(己酉)로 새 출발을 하게 된다는 말이지요. 그래서 현무경은 기유년에 나오게 되었습니다. 무신은 선천의 중심인 무와 선천에서 1년의 후반기를 열었던 申7月은 모두 양을 위주로 하는 고로, 음을 위주로 하는 후천에서는 무신 다음의 순번대로 기유로 머리를 들게 된다는 의미입니다. 또 10수에 대한 문구를 찾아보면 앞서 말한 대향진설도의 입곤축문(立坤祝文) 중의 '혼반본국물시애자복축(魂返本國勿施眛眦伏祝)'이 있습니다. 이 문구의 뜻은 '혼이 다시 본국을 찾아 돌아오니 흰 눈으로 흘겨보지 마시기를 엎드려 빕니다'는 것인데, 그 앞에 '축문유세차기유정월이일소고화피초목뇌급만방(祝文維歲次己酉正月二日昭告化皮草木頪及萬方)'이라는 21자의 글자가 있으니, 이는 곧 시천주입니다. 천주님을 모시고 다시 영혼의 본향을 찾아서 성리대전한 이목구비로 돌아왔으니 그간 고향을 멀리했다고 미워하지 말고 받아달라는 축원을 하는 내용입니다. 더 구체적으로 말한다면 기유년 정월 일일 임오(壬午)가 정월 이일 계미(癸未)에게 엎

드려서 축원하는 내용이라고 보면 됩니다. 즉 선천에 임오(壬午) 각
성(角星)에서 시작하던 것이 후천에는 계미(癸未) 진성(軫星)으로부
터 서지조화(瑞之造化)가 벌어진다는 걸 깨닫게 해 달라는 축원입니
다. 서지조화는 곧 '기서재동(其瑞在東)'을 가리킵니다. 그런데 갑자
로부터 49번째가 임오이고, 50번째가 계미라는 사실을 안다면, '옛
사람이 49년의 그름을 50에 알았다'고 한 말의 의미를 알 수 있을
겁니다. 공자도 말년에 '누가 나에게 목숨을 더 준다면 50으로 가히
부끄러움이 없을 텐데'라는 글귀를 남겼다고 하는데, 이것도 역시
같은 의미라고 하겠습니다. 이런 건 28수를 어느 정도 기초가 있어
야 이해할 수 있는데, 이 역시 상세한 언급을 하게 될 것입니다.

그 다음에 10수가 들어가는 문구로는 현무경 하편 병세장 1절에
나옵니다. '신대병지약사물탕팔십(身大病之藥四物湯八十)'이라는 10개
의 글자가 바로 그것입니다. 이것은 앞에 '대병무약소병혹유약연이대
병지약안심안(大病無藥小病或有藥然而大病之藥安心安)'이라는 18자
의 글자 속에서 대병의 약인 사물탕 80첩을 짓게 된다는 말입니다.
18자는 만물의 9변과 9복을 가리키는데, 그 바탕이 결국 10이라는
의미입니다. 물론 이때의 10은 선천 10천간이 아니라, 후천 10천간
을 가리킨다는 건 두말할 필요도 없겠지요.

또 다른 곳에서도 10수를 찾을 수 있는데, 대축장 1절의 '유세차무
신십이월칠일(維歲次戊申十二月七日)'도 10자이고, 대축장 2절의 마
지막인 '대대세세천지귀신수찰(大大細細天地鬼神垂察)'도 10자이며, 총
결과의 '심항선지후각원형이정(審行先知後覺元亨利貞)'도 10자로 되
어 있습니다. 이런 문구들의 의미는 여러분이 각자 한 번 고찰을 해보
세요.

이번에는 12지지의 5와 10에 관해서 알아보기로 하겠습니다. 12지지에서의 5, 10토는 '진술축미'라고 합니다. 진(辰)은 인묘(寅卯)와 사오(巳午) 사이에서 봄과 여름의 중개를 하고 있습니다. 술(戌)은 신유(申酉)와 해자(亥子) 사이에서 가을과 겨울의 중개를 하고 있으며, 축(丑)은 해자(亥子)와 인묘(寅卯) 사이에서 겨울과 봄의 중개를 하고 있고, 미(未)는 사오(巳午)와 신유(申酉) 사이에서 여름과 가을의 중개를 하고 있습니다. 그걸 하루의 시간에서 찾는다면 진시(辰時 아침 7시-9시)는 새벽의 인묘시(寅卯時)에서 오전의 사오시(巳午時) 사이에 있고, 술시(戌時 저녁 7시-9시))는 신유시와 해자시 사이에 있습니다. 축시(丑時 새벽 1시-3시)는 해자시와 인묘시 사이에 있고, 미시(未時 오후 1시-3시)는 사오시와 신유시 사이에 있습니다. 이처럼 진술축미는 각 계절의 중매자인 동시에 시간의 중매자 노릇을 하고 있습니다. 물론 진술축미 뿐 아니라, 다른 지지들도 마찬가지로 중매자라고 할 수 있지만, 다른 것들은 수화목금(水火木金)이라는 개성이 있는 반면, 진술축미는 토(土)라는 중성(中性)이기 때문에 더 그런 면이 강합니다.

진술은 양이기에 5토라 하고, 축미는 음이기에 10이라고 합니다. 양에 해당하는 토성의 짐승은 용(辰)과 개(戌)라고 하며, 음에 해당하는 토성의 짐승은 소(丑)와 양(未)이라고 합니다. 용을 양이라고 한 것은 선천에서는 용을 가장 상서로운 동물로 여겼던 것과 맥을 같이 합니다. 상서롭다는 것은 곧 밝음을 가리킵니다. 밝음을 좋아하고 어둠을 멀리하려는 것은 인지상정(人之常情)입니다.

다음은 용에 관한 사전의 설명입니다.

<용(龍)은 동아시아의 신화 및 전설에 등장하는 상상의 동물이다. 특히 중국에서는 신성한 동물, 즉 영수(靈獸)라고 하여 매우 귀하게 여겼다. 한국에서는 용을 가리켜 '미르'라는 고유어로 불렀었다. 일반 적으로 많이 알려진 용의 모습은 중국 한나라 이후에 만들어진 것으로, 9가지 종류의 동물의 모습을 합성한 모습을 하고 있다. 즉, 뿔은 사슴, 눈은 귀신, 몸통은 뱀, 비늘은 물고기, 발은 매, 귀는 소와 닮았다. 입가에는 긴 수염이 나 있고 동판을 두들기는 듯한 울음소리를 낸다. 머리 한가운데에는 척수라고 불리는 살의 융기가 있는데, 이것을 가진 용은 하늘을 자유롭게 날 수 있다. 용은 날씨를 자유롭게 다룰 수 있는 동물이기도 하다. 마음대로 먹구름을 동반한 번개와 천둥, 폭풍우를 일으키고 물을 파도치게 할 수도 있다. 또 기분이 안 좋을 때는 인간들에게 가뭄을 내려 고통을 안겨 준다고 한다. 그래서 인간들은 가뭄이 오래 지속되면 용의 기분을 풀어 비를 내리게 하기 위해 기우제를 지냈다. 또한 물고기나 뱀 등 비늘을 가진 360종류의 동물들의 조상으로, 그들이 살고 있는 물속을 통치하는 왕으로 여겨졌다.

뱀이 500년을 살면 비늘이 생기고 거기에 다시 500년을 살면 용이 되는데, 그 다음에 뿔이 돋는다고도 한다. 용은 입에서 기를 내뱉어 불꽃을 일으키게 할 수도 있다. 또한 용은 신통력을 써서 하늘 꼭대기나 지하 깊은 곳까지 순식간에 도달하거나, 몸의 크기와 형태를 마음대로 바꾸는 능력도 있다. 이러한 용의 능력은 항상 몸에 지니고 다니는 여의주라는 신비한 구슬을 통해 발휘한다고 여겨졌다. 이 여의주는 주인의 소원은 모두 들어주기 때문에 옛날부터 이것을 손에 넣으려는 자들이 헤아릴 수 없이 많았다고 한다.

이러한 신통력 때문에 용은 천계를 통치하는 옥황상제의 사자로 받아들여졌다. 그런 까닭에 중국의 역대 황제들은 용의 위엄을 자신의 것으로 만들기 위해 자신이 용의 혈통을 이어받았다는 전설을 만들어냈다. 황제를 용에 비유하여 황제의 얼굴을 '용안(龍顔),' 황제의 옷을 '용포(龍袍),' 황제의 보좌를 '용좌(龍座),' 황제의 눈물을 '용루(龍淚),' 황제의 덕을 '용덕(龍德),' 황제가 타는 수레를 '용거(龍車)'라고 부르게 했던 이유도 여기에 있으며, 조선의 역대 군주들을 칭송한 서사시에

'용비어천가(龍飛御天歌)'란 제목을 붙인 이유도 다 여기서 비롯된다.

특히 발톱이 5개인 오조룡(五爪龍)은 황제를, 발톱이 4개인 사조룡 (四爪龍)은 황태자 및 제후를 상징하였다. 조선 역시 왕은 오조룡복 (五爪龍服)을, 왕세자는 사조룡복(四爪龍服)을, 왕세손은 삼조룡복(三 爪龍服)을 입었으나, 말엽에는 모두 오조룡복으로 통일하였다. 다만 경복궁 근정전의 왕좌의 천장에는 예외적으로 발톱이 7개인 칠조룡 (七爪龍)이 그려져 있다.

용은 불교와도 밀접한 관계를 가지고 있다. 불교에서 용은 불법을 수호하는 팔부신(八部神) 중의 하나가 되어 불법을 옹호하는 존재로 받들어지고 있다. 우리 문헌에 나오는 용의 기록은 그 역사가 꽤나 깊다. 용의 순수한 우리 이름은 미르(훈몽자회) 또는 미리(아언각비) 다. 현재 우리나라에 살고 있는 용은 그 출생지가 약간씩 다르다. 인 도에서 온 불교적인 용, 중국의 도교나 유교에서 온 용, 본래 이 땅에 있던 순수 토종 용 등이다. 그 역할을 뭉뚱그려보면 예시예언자 · 수 신(水神) · 호국 · 호법(護法)등 크게 네 가지이다.

≪삼국유사≫를 보면 신라 탈해왕은 용의 자식으로 인간 세상에 내 려온 것으로 설정되어 있다. 또 견훤의 설화에서처럼 나라의 창건과 관련된 설화도 용의 예언, 예시자적 역할을 보여준 것이라 하겠다. ≪ 고려사≫에는 서해 용왕이 고려 태조 왕건의 아버지에게 먼 훗날 아 들이 왕이 될 것을 예언한 것으로 나와 있다. 고대소설 '홍길동'에도 아버지 홍 판서의 꿈에 청룡이 나타나서 홍길동의 탄생을 점지해주고 있다.

수신으로서의 용은 자연현상을 마음대로 조화부리는 존재로 신격화 되었다. 진평왕 때는 용 그림을 그려놓고 비를 기다리는 화룡제(畵龍 祭)를 지냈으며, 고려 헌종은 흙으로 용의 형상을 만들어 토룡제를 지 냈다. 또, 조선시대에는 오해와 오강을 정하여 용신제를 지냈다는 기 록도 보인다. 성호이익의 ≪성호사설≫에는 '용이 싸우면 비가 내리 고, 독룡이 놀라면 벼락치고, 용이 화가 나면 홍수난다'라는 부분이 있다. 토속신앙에서는 용왕에게 제사지내며 풍어를 기원하기도 했다. 민간설화에도 용왕·용궁이 많이 등장한다.

용은 호국의 상징이기도 했다. ≪삼국유사≫에는 황룡사에 구층탑을 세우면 이웃나라의 항복을 받아 국태민안 할 것이라고 예언한 바 그 탑을 세운 후 머지않아 삼국이 통일되었다. 신라 원성왕 때는 당나라 사신이 동해용과 청지용·분황사용을 고기를 만들어 주머니에 넣어가려던 것을 되찾았다는 기록도 있다.

용은 불교를 보호하고 번창시키는 호법의 화신으로 보다 밀접한 관계가 있다. 불교의 유입과 함께 인도문물이 중국으로 전래되면서 아직 신격화되지 않았던 중국의 용은 인도의 사신(蛇神)숭배 사상을 빌어 비로소 신격화되었다. 용은 신격화와 함께 불법을 지키는 수호신으로 승격되어 팔부신 중의 하나가 되었다.

용을 임금에 비유한다. 고려가요인 <쌍화점>을 보면 우물가의 처녀가 용에게 손목을 잡힌 이야기가 나오는데, 즉 우물의 용이 바로 임금이었다는 것이다. 조선시대에는 역성혁명(易姓革命)을 합리화하기 위한 <용비어천가>에 태조 이성계를 포함한 웃대 선조들이 모두 용으로 표현되어 있다. 예컨대 용안(龍顔)·곤룡포(崑龍袍)·용상(龍床)·용좌(龍座)·용가(龍駕)·용거(龍車)·용덕(龍德) 등의 단어들이 그것을 잘 말해주고 있다.

새해 들어 첫 진일(辰日)을 '용의 날'이라 하는데, 이날은 하늘에 있는 용이 지상으로 내려와 우물 속에 알을 낳는다. 이 물을 길어다 밥을 지으면 그해에 풍년이 든다고 믿었다. 맨 먼저 물을 길러간 이는 그 표시로 우물에 지푸라기를 걸쳐놓는다. 집안 우물이든 공동우물이든 용 날 하루 전에는 용이 알을 낳을 수 있도록 우물 주변을 청소하였다.

기우제나 기자의식 때에는 반드시 용의 강림을 받았다. 신라 때는 삿된 것을 내쫓기 위해 대문간에다 용의 아들인 처용 그림을 그려 붙였다. 심지어 저승으로 가는 상여에도 용은 망자의 명복을 빌며 따라간다.

우리 속담에는 용에 관한 것이 유난히 많다. '개천에서 용 났다'는 말은 변변찮은 집안에서 인물이 났다는 이야기이고, '길 닦아놓으니 용천배기 지랄 한다'는 말은 공들여 놓은 일이 보람 없이 일그러졌을 때 하는 이야기다. 또한 '용 못된 이무기'는 심술만 남아, 남의 일에 훼방 놓는 심술꾸러기를 가리키는 이야기다. '용이 물 밖에 나니 개미 새끼까지 까불싹 댄다'는 말은 잘난 사람이 한번 실패해서 기가 죽으니 하찮은 것들이 함부로 한다는 말이다.

놀라운 상상의 동물인 용은 십이지의 다섯 번째 동물로 '진(辰)'이라고 한다. '진(辰)'이라는 글자는 용의 특징을 그대로 닮아 힘차게 기상하는 모양이다. 진은 시간으로는 오전 7시에서 9시 사이, 달로는 음력 3월에 해당한다.>

대략 이와 같은 의미로 세간에서는 용을 알고 있습니다. 그래서 예로부터 '용꿈'을 꾸면 마치 횡재한 것처럼 경사스럽게 여겼습니다. 그럼 여기에서 문제를 하나 내겠습니다. '개천에서 용이 난다'고 한 말의 진의(眞意)가 무엇일까요? 물론 별로 내세울 것도 없는 가문이나 여건에서 큰 인물이 나는 걸 가리키는 말이라고 할 수 있지만, 개천은 물을 가리키는데, 물에는 천간으로는 임수(壬水)와 계수(癸水)의 두 가지가 있고, 지지로는 해수(亥水)와 자수(子水)가 있습니다. 양수(陽水)는 큰 바다를 가리키고, 음수(陰水)는 개천을 가리키는 것이므로 개천은 계해(癸亥)를 말한 것입니다. 따라서 개천에서 용이 난다고 한 것은 진(辰)이 해(亥) 자리로 이동한다는 걸 가리킨 셈이지요. 이건 분명히 의식이 뒤집히는 개벽을 얘기했군요. 이처럼 우리 조상들은 아득한 옛날부터 개벽이 어떻게 진행될 것임을 알고 있었다고 할 수 있습니다. 용이 우물에 알을 낳는다는 말도 매우 음미할만한 가치가 있습니다. 실제로 용이 우물에 알을 낳는다면 우리나라에서 우물이 없어진 지가 오래 되었으니 앞으로 용을 보기 힘들겠군요. 하지만 그건 어디까지나 비유라고 본다면, 우물은 정읍을 가리키고, 그곳에서 나오는 현무경을 용의 알이라고 할 수 있습니다. 또한 용담도의 중심에 1, 6수 우물이 들어간 것도 마찬가지라고 할 수 있겠죠.

천지공사를 단행할 적에 용이 많이 등장합니다. 그중에서 세 가지만 간추리면 다음과 같습니다.

> <용머리 고개에 봉사 한 사람이 항상 길 가에 앉아서 피리를 불어 돈을 벌더니 하루는 천주 지나시다가 일러 가라사대 네 돈으로 술 한 잔을 사 먹으려 하노니 뜻이 어떠하뇨? 대하야 가로대 몇 잔이든지 사 잡수시기를 원하나이다. 천주 웃으시고 돈 한 푼을 집어서 술 한 잔을 사 잡수시면서 가라사대 불쌍하니 편히 먹게 하리라 하시더니 그 뒤에 얼마 아니 되어 전주 부호 과부가 데려다가 같이 있게 되니라 (대순전경 2장 87절)>

용머리고개는 선천의 진(辰)이 있던 3양지간(三陽之間)을 가리킵니다. 그곳은 선천의 태세가 시작한 곳이므로 용머리라고 부릅니다. 그러나 후천에서는 그 자리에 머물러 있으면 봉사를 면치 못하게 됩니다. 봉사가 피리를 분다고 하였는데, 피리는 팔괘 중의 손괘를 가리킵니다. 즉 낙서 문왕도의 4손풍을 의미합니다. 천지개벽을 단행하는 개벽주가 눈 먼 봉사의 돈을 탐내어 그 돈으로 술을 마시려고 하였다면 얼마나 우스운 일인가요? 그러나 개벽의 이치에서 보면 문왕도의 4손풍이 용담도의 7손풍으로 바뀌어야 하는데, 그러기 위해서는 낙서의 기운을 상징하는 봉사의 돈을 거두어야 합니다. 즉 예수가 세례 요한에게서 세례를 받는 것과 같은 이치입니다. 그가 흔쾌히 동의하였기에 무사하게 천지공사를 볼 수 있었습니다. 술은 3수 변

丁과 유(酉)가 합하였으니 이는 곧 하도, 낙서, 용담의 삼천(三天)을
거쳐 옥추통부 유로 새로운 세상의 빛이 탄생함을 의미합니다.

<3월에 일진(日進)회원과 전주 아전(衙前)이 서로 다투어 정창권이
부중(府中) 백성을 모아 사대문을 잠그고 일진 회원의 입성을 막으며
사방으로 통문을 돌려서 민병을 모집하여 일진회를 초멸(剿滅)하려
하거늘 천주 가라사대 어렵게 살아난 것이 또 죽게 되니 구원하여 주
리라 하시고 화정리(花亭里) 이경오(李京五)에게 돈 일흔 냥을 청구하
시니 경오가 돈이 없다고 거절하거늘 다른데서 일곱 냥을 주선(周旋)
하여 오사 가라사대 이 일곱 냥이 능히 일흔 냥을 대신하리라 하시고
형렬을 데리고 전주 용머리 고개 주막에 이르사 행인을 많이 청하여
술을 먹이시고 종이에 글을 써서 그 집 문 돌저귀와 문고리를 연결하
시더니 이날 석양에 이르러 일진회와 아전이 화해하여 사대문을 열고
일진 회원의 입성을 허락하니라 이날에 쓴 돈이 엿 냥이라 천주 형렬
에게 일러 가라사대 옛사람은 바둑 한 점으로 십만 병을 물리쳤다 하
는데 이제 나는 돈 엿 냥으로 일진회와 아전의 싸움을 끌렀으니 내가
옛 사람만 못하다 하시니라. - 대순전경 2장 37절>

여기에도 용머리고개가 나오는군요. 일진회는 동학도들이 일제의 앞
잡이가 된 단체입니다. 그러나 개벽주의 입장에서는 그런 관계를 떠
나 선천에 양을 위주로 하던 낙서의 상징으로 보았습니다. 낙서와
용담이 서로 화해를 하지 않으면 엄청난 피해가 따르게 될 것이 분
명하기 때문에 일진회원과 전주 아전을 화해시킨 것입니다. 전주 아
전은 전 세계의 아전을 가리키는데, 아전은 관청을 지키는 관리이므
로 후천의 세상을 지키는 관리를 상징합니다. 화정리는 '꽃이 머무
는 마을'이요, 꽃은 낙서의 화기팔문(花奇八門)을 가리킵니다. 이경
오는 18도수 용담의 5행을 가리키는데, 7냥 즉 7손풍에서 용머리가

닭머리로 뒤바뀌어야하는 법이기에 거기서 행인들에게 술을 대접한 것입니다.

> <하루는 천주 남으로 향하여 누우시며 덕겸에게 일러 가라사대 내 몸에 파리를 앉지 못하게 잘 날리라 하시고 잠들으사 반시간 쯤 지난 뒤에 덕찬이 덕겸을 불러 점심을 먹으라 하니 덕겸이 천주의 명령이 있음을 말하고 가지 아니 하거늘 덕찬이 다시 가로대 잠들어 계시니 관계 없다 하므로 인하여 모든 파리를 멀리 쫓고 발을 옮기려 할 새 천주 문득 일어나 앉으시며 가라사대 네가 밥 얻어먹으러 다니느냐 공사를 보는 중에 그런 법이 없나니 윤회(輪廻)로 돌려 먹으라 하시고 그 뒤에 덕겸과 겸상하여 잡수신 후 양지에 무수히 태극을 그려 놓으시고 또 그 사각(四角)에 다른 글자를 쓰신 후 덕천에게 동도지(東桃枝)를 꺾어오라 하사 덕겸에게 일러 가라사대 태극을 세는데 열 번째에 가서는 동도지를 물고 세도록 하라 하시므로 그대로 하여 다 세이니 49개러라 천주 가라사대 맞았다 하시며 또 가라사대 만일 잘 못 세었으면 이는 큰 일이 나느니라 하시며 동도지를 들으시고 큰소리를 지르신 뒤에 그 문축(文軸)을 약방으로 가져다 불사르시니라 그 뒤에 양지에 용자(龍字)한 자를 써서 약방 우물에 넣으라 하사 그대로 하니 그 종이가 우물 속으로 들어가니라－대순전경 4장 106절>

남쪽으로 누웠다고 한 것은 후천은 남방정사이기 때문입니다. 선천은 북방의 1에서 9까지 9변을 하였으니 북방정사요, 후천에는 남방의 2에서 10으로 남방정사를 합니다. 남방에는 2곤지가 있으니 소울음소리가 남방에서부터 울려 퍼진다는 걸 의미합니다. 2곤지는 덕(德)을 가리키는 것이므로 덕겸(德謙)에게 파리를 쫓으라고 한 것입니다. 파리는 무얼 가리킬까요? 파리는 구더기가 변한 것입니다. 구더기는 구덕(具德)이나 구덕(九德)을 의미합니다. 선천의 9변을 후천의 9복으로 개벽을 한다는 건, 곧 하늘의 건천(乾天)에서 땅의 곤지

(坤地)로 내려간다는 걸 의미합니다. 성경의 주기도문 첫 머리에 있는 것처럼 '하늘의 뜻이 땅에서도 이루어지도록 한다'는 '이화(理化)세계'를 의미합니다. 그런데 파리는 반대로 땅에서 하늘로 올라가고 있으니 이를 어찌 개벽주의 몸에 달라붙도록 방치할 수 있나요? 덕을 겸비한 후천의 인존세상에서는 절대로 있을 수 없는 일입니다. 그런데 그런 뜻을 모른 채, 점심(點心)을 얻어먹으려고 하니 개벽주의 입장에서는 철딱서니라고 할 수 밖에요. 그래서 '윤회로 돌려 먹으라'고 했던 겁니다. 점심은 태양이 가장 성한 시간이므로 다시 예전의 낙서물질문명으로 먹고 살려는 것과 같습니다.

선천이 가고 후천을 맞이하는 윤회로 돌려서 먹어야 영생하는 법입니다. 사각에 무수한 태극과 글자를 쓰신 것은 원방각 중에서 방(方)에 해당하는 2곤지로 새로운 후천의 도수가 먹히도록 하는 처사이고, 동쪽으로 난 복숭아나무 가지(東桃枝)는 기서재동을 가리킵니다. 복숭아는 예로부터 신선들이 먹는 신기한 과일입니다. 桃를 파자(破字)하면 십팔조(十八兆)가 되는데, 이는 곧 18개의 조짐이니 9변 9복하는 용담도의 18도수를 가리킵니다. 열 번째 태극을 셀 때에는 동도지를 덕겸의 입에 물라고 한 까닭은 11귀체를 이루는 곳이 낙서 문왕도에서는 6건천이요, 용담도에서는 5진뢰이기 때문입니다. 입에 해당하는 팔괘는 진괘(震卦☳)이기 때문이지요. 그런데 태극을 다 세어보니까 49개가 되었네요. 49는 대연수(大衍數)라고 합니다. 대연(大衍)이란 말은 '크게 불어 남'이라는 의미입니다. 즉 2음양이 5행을 통해 밝게 드러난 불이 극에 이른 상태가 49입니다. 여름의 끝이라고 할 수 있지요. 여름의 끝은 낙서의 끝이요, 그 속에 근본 1태극이 들어가면 비로소 50이 됩니다. 예수님도 5순절(五旬節)에 승천하셨다는 기록이 있지요? 49일은 혼이 갈 곳을 찾기 위한 방랑의 시간이요, 50일이 되면 승천한다고 하였는데, 승천하는 존재는 바로 용입니다. 그러기 때문에 '龍字'를 약방 우물에 넣었던 것입니다. 약방은 후천을 살리는 사물탕 80첩이요, 우물은 용담도의 중심에 있는 1, 6수를 가리킵니다.

이런 건 앞으로 대순전경 해설이나 현무경 해설에서 더 세밀하게 언급해야 할 겁니다. 용과 연관되는 현무경의 진부에 대해서는 따로 언급하도록 하겠습니다.

5, 10토를 가리키는 또 다른 지지(地支)는 축(丑)과 미(未)가 있습니다. 진술(辰戌)이 양토(陽土)가 되어 5라고 한다면, 축미(丑未)는 음토(陰土)가 되어 10이라고 합니다. 먼저 축(丑)에 대한 것부터 언급하기로 하겠습니다. 축은 소띠라고도 하는데 선천에서는 북방에 배치를 시켰습니다. 북방은 오행으로 수기(水氣)가 풍부한 곳이므로 소도 역시 수기가 풍부한 상징이라고 하겠습니다. 사실 북방에는 소만 있는 것이 아니라, 돼지(亥), 쥐(子)도 있습니다. 돼지나 쥐, 소는 다 같이 풍부한 수기를 상징하는데, 돼지는 왕성한 식욕(食慾)을 가리키는데 이를 6이라 하고, 쥐는 부지런한 근면(勤勉)을 가리키는데 이를 1이라고 하며, 소는 듬직한 후덕(厚德)을 가리키는데 이를 10이라고 합니다. 동방에는 인(寅), 묘(卯), 진(辰)이 있는데, 같은 동방 목이라고 하여도 호랑이의 목기(木氣), 토끼의 목기, 용의 목기에는 차이가 있습니다. 일반적으로 목기라고 하면 태양이 솟는 것처럼 약동하는 양기, 발랄한 양기를 가리킵니다. 그중에서도 호랑이는 산천을 강력하게 물들이는 봄의 기운을 가리키는데, 이를 3이라 하고,

토끼는 묘목처럼 부드럽게 드러난 봄의 형상을 가리키는데, 이를 8
이라고 하며, 용은 생(生)에서 성(成)으로 만물을 변하게 하는 조화
력을 가리킵니다. 이와는 반대로 가을의 금기(金氣)를 상징하는 신(申),
유(酉), 술(戌)에서는 그 개념이 달라집니다. 원숭이는 단단한 금석의
겉면을 가리키는 9이지만, 닭은 그 내부에 깃들인 부드러움을 의미
하는 4입니다. 그렇다면 개는 만물을 성(成)에서 생(生)으로 변화시
키는 조화력을 가리킵니다. 용은 만물을 생에서 성으로 변화하게 하
지만, 개는 반대로 성에서 생으로 변화시킨다는 사실을 기억하기 바
랍니다.

　이런 이치는 남방의 화기(火氣)에도 그대로 적용되는데, 사(巳), 오
(午), 미(未)의 화기도 그 개념이 달라집니다. 뱀은 숫자 2와 같아서
음과 양, 즉 선과 악을 분간하는 느릿느릿한 불이라면, 말은 그것이
5방의 사물에서 칠성처럼 어두운 밤하늘을 밝히는 밝은 통찰력을 가
리킵니다. 양은 소와 더불어 10수라고 하는데, 소가 물의 기운을 주
관하여 사물 속에 들어 있는 본연의 형상을 드러낼 수 있도록 한다
면, 양(羊)은 불기운을 주관하여 형상에서 본연의 공(空)으로 돌아갈
수 있도록 해줍니다.

　양은 비교적 따스한 남방에 분포되어 있는 반면에, 소는 북방에 분
포되어 있다는 사실도 흥미로운 것이며, 양의 울음소리는 매우 여린
데 비하여 소는 매우 둔탁하다는 사실도 눈 여겨 보아야 할 것입니다.
이처럼 양과 소는 음토에 속하여 10수를 상징하면서도 각기 다른 특
성이 있는데, 그것은 각기 북방의 물과 남방의 물을 주관하기 때문
입니다. 물을 주관하는 것은 곧 물질의 형상을 만들어낸다는 뜻입니
다. 물질을 가리키는 물(物)이라는 글자를 보면 우(牛)를 부수(部首)

로 하고 있는데, 그것은 곧 모든 물질은 소의 덕성에서 나온다는 암시를 하고 있습니다. 소는 물을 주관하며, 물은 만물의 형상을 빚어내는 해인(海人)입니다.

소와 양은 성경에서도 가장 거룩한 제물로 바칩니다. 제물로서의 조건은 '굽이 갈라지고, 되새김질을 해야 한다'는 것인데, 이 두 가지를 완벽하게 갖춘 짐승이 바로 소와 양이기 때문입니다. 그러기 때문에 12띠 중에서 10에 해당하는 것은 소와 양이라고 한 것입니다. 굽이 갈라졌다는 것은 음과 양, 선과 악을 제대로 구분하는 지혜가 있다는 상징이며, 되새김질을 한다는 것은 한 번 깨달은 말씀을 자꾸 반추(反芻: 되새김질)하는 행위입니다. 소는 그 중에서도 물질의 형상을 반추한다면, 양은 물질의 내면에 있는 영혼을 반추합니다. 그러기 때문에 후천을 창도(唱導)하는 개벽주는 양띠로 오게 된 것입니다. 예수님도 이런 이치를 알았는지, 자신을 가리켜 '세상 죄를 지고 가는 어린 양'이라고 했습니다.

불가에서는 예로부터 '십우도(十牛圖)'라는 그림이 있습니다. 말이 나온 김에 그걸 잠깐 보도록 할까요?

* 십우도

1. 심우(尋牛) 2. 견적(見跡) 3. 견우(見牛) 4. 득우(得牛) 5. 목우(牧牛)

6. 기우귀가(騎牛歸家) 7. 망우존인(忘牛存人) 8. 인우구망(人牛俱忘) 9. 반본환원(返本還源) 10. 입전수수(入廛垂手)

　<중국 송(宋)나라 때에 청거선사라는 이가 최초로 소 하나를 그려 놓고 그 그림 한 장에 열 가지 색채를 나타내고 색채에 의하여 수행 정진의 단계를 구별하였다고 한다. 그러나 그것은 이내 없어져서 전하지 못하고 지금까지 전하고 있는 것은 임제종파의 확암스님이라는 이가 열 가지로 도면을 그리고 열 가지에다 짤막한 서문을 쓰고 송(頌)을 지어 부쳤는데 수행인에게 매우 참고가 되게 하였다. 그 내용을 들어 보자면……심우도의 첫 장면은 잃은 소를 찾는 데서부터 시작한다. 그것을 차례로 열거하면 다음과 같다. 1단계 심우(尋牛), 2단계 견적(見跡), 3단계 견우(見牛), 4단계 득우(得牛), 5단계 목우(牧牛), 6단계 기우귀가(騎牛歸家) 7단계 망우재인(忘牛在人), 8단계 인우구망(人牛俱忘), 9단계 반본환원(返本還源), 10단계 입전수수(入廛垂手). 목동은 자신이 소를 잃은 것을 알고 잃은 소를 찾아 길을 떠난다.

　그것은 바로 구도(求道)의 시작이다. 심우도 에서 가장 중요한 것은 자신이 소를 잃었다고 자각(自覺)하는 바로 그 순간이다. 태만한 목동은 소가 도망 간 줄도 모르고 풀밭에 누워 자기도 하고, 피리를 꺾어 불기도 하고, 다른 목동과 어울려 장난을 치기도 하고, 싸움을 벌이기도 하며 시간을 보낸다. 그럴 때의 목동은 놀이에 열중해서 소를 챙

길 지혜를 찾지 못한다. 그러나 어느 한 순간 문득 놀이에서 깨어났을 때, 목동은 자신의 소가 도망갔음을 안다. 그때의 당황함, 이것은 바로 구도자에게 있어서의 발심(發心)이다. 소가 도망친 것을 안 목동은 소를 찾아 길을 나선다. 그리고 오랜 방황 끝에 소의 발자국을 발견한다. 목동은 소가 살아 있음을 알고 소를 찾을 수 있다는 기쁨에 젖는다. 이것이 심우도의 첫 번째, 두 번째 장면이다. 소의 발자국을 발견한 목동은 소를 찾을 수 있다는 확신을 가지고 더욱 열심히 소를 찾는다. 그런 그는 얼마 후 마침내 자기의 잃은 소를 보게 된다. 그때의 희열, 목동은 소를 붙잡는다. 그러나 소는 목동을 따라 오려 하지 않는다. 도망을 치려고도 하고 때로는 난폭하게 덤벼들기도 한다. 목동은 찾은 소를 데려가기 위해 우선 소를 길들이는 일부터 해야 한다고 생각을 하고 소를 길들이기 위해 온갖 정성을 쏟는다. 그러자 소는 마침내 주인의 뜻을 따르게 된다. 소가 길들여졌음을 안 목동은 소의 등에 올라 앉아 집으로 돌아온다. 이때의 소는 흰 소다. 소는 이제 주인으로부터 도망치려 하지 않는다. 어떤 경우에도, 그 순간 목동은 소와 자기가 둘이 아님을 안다. 목동은 눈을 들어 세상을 둘러본다. 산이 있고, 나무가 있고, 숲이 있고, 새가 있고, 물이 있고, 모두가 제 자리에 있되 그것은 따로 따로 있는 것이 아니다. 그러나 다음 순간 소가 없어지고, 사람도 없어진다. 그때서야 비로소 근원으로 돌아간다. 그리고는 마침내 모든 것이 적연부동한 공의 세계를 보게 된다.>

이것이 십우도, 혹은 심우도(尋牛圖)의 내용입니다. 그런데 하필이면 왜 구도(求道)의 대상으로 소를 등장시켰을까요? 그것은 이미 앞에서 말한 것처럼 소는 물질을 상징하기 때문입니다. 꿈에 소를 보면 '조상(祖上)'과 연관된 일이라고 하는 말이 있지요? 그것도 역시 소는 물을 상징하기 때문인데, 모든 물질의 조상이 물이기 때문이지요. 이 십우도를 용담도에 입각해서 한 번 풀이해 볼까요? 1단계 심우(尋牛)는 소를 잃어버린 줄도 모르고 놀기만 하다가 어느 날 문득 소를 찾아서 떠난다는 말인데, 이때의 소는 낙서의 9변을 가리킨 것입니다. 낙서의 출발이 1감수로부터 시작하였거든요. 사실 소를 타게 된 것은 복희도의 8곤지입니다. 그 자리에서 낙서의 문왕도는 1감수가 있으니 그것은 곧 물질세상의 소는 물에서 시작한다는 걸 암시하고 있습니다. 그런데 마지막 용담도에서는 그 자리로 10건천이 들어 갔습니다. 그러니까 십에 이르러서야 비로소 온전한 소가 등장한다는 말이 되겠군요. 십우도란 표현은 이래서 나온 게 아닐까요? 물론 10은 공(空)을 상징한다는 건 두말할 필요도 없겠죠. 그런데 이걸 좀 더 세밀하게 관찰을 해 보세요. 양은 본래 음에서 나오고, 음은 양에서 나오는 게 철칙입니다. 그러기 때문에 동방의 자축인묘진사 3양은 곤(坤)에서 출발한다고 하여 복희도에서는 북방에 8곤지를 배치한 것이며, 서방의 오미신유술해 3음은 건(乾)에서 출발한다고 하여 1건천을 남방에 배치하게 된 것입니다. 따라서 곤괘뿐만 아니라, 건괘도 역시 인간의 본원이라고 해야 합니다. 그러기 때문에 심우도를 심마도(尋馬圖)로 그리기도 합니다.

문왕도의 1감수가 복희도의 8곤지로 들어서고 보니 소는 온데간데 없이 사라졌지요? 자, 이소는 어디로 갔나요? 2곤지가 되어 복희도의 서남방 5손풍 자리로 가버렸지요? 그야말로 바람 따라 가버렸네요. 그런데도 그걸 모르고 계속 1감수 물질세상에서 실컷 놀고 있으니 소가 없어진 것도 모르고 있는 꼴이군요. 그러다 어느 날 문득 소가 없어진 걸 알아차리는데(尋牛), 비로소 허한 마음을 발견하고 중심을 세우려고 하는 모양이니, 이걸 나타내는 게 용담도 중심으로 1이 들어간 형국입니다.

소 발자국을 찾아낸 것은 2단계 견적(見跡)인데, 그건 용담도의 1

중심으로 들어가서 보니 예전 물질문명의 북방 1감수와는 정반대인 9리화 남방에 소의 발자국이 보이더라는 말이지요. 그래서 찾아낸 게 남방 2곤지입니다. 그리고 보니까 예전에는 그냥 물로만 보이던 1감수가 아니라 월출산경천상출(月出山境千像出)하는 3감수가 보이고(見牛), 서방의 4태택으로 넘어가니 하얀 소가 되었네요. 태괘는 열매를 상징하므로 4단계 득우(得牛)라고 합니다. 열매는 강인하게 익어야 하는데 그것을 맡아보는 것이 5진뢰요, 5단계 목우(牧牛)라고 한 것입니다. 5진뢰에서 진래원천신동기(震來遠天新動機)를 마련하면 본격적으로 견성을 하게 되는데, 그것이 용담도의 6중앙이며, 십우도에서는 6단계 기우귀가(騎牛歸家)라고 하였습니다.

견성을 하게 되면 7손풍 청림(靑林) 속의 계등고목창오성(鷄登古木唱午聲)이 우렁차게 울어대니 문왕도의 4손풍 속에 있던 소는 그 자취를 감추어버렸으니 십우도에서는 7단계 망우재인(忘牛在人)이라고 하였군요. 다시 8간산에서 '간위뇌석대고작(艮位雷石大鼓作)'을 하게 되면 사람도 소도 다 뜬 구름이기에 8단계 인우구망(人牛俱忘)이라고 하였고, 9리화로 '일조지호만리명(日照地戶萬里明)'이 되었으니 모든 것이 9단계 반본환원(返本還源)이 되었습니다. 10단계 입전수수(入塵垂手)는 10건천이 8곤지와 합하여 영원한 적멸지궁(寂滅之宮)으로 들어가 입전(入塵)하고 수수(垂手)하였으니 이는 곧 영원한 안식이요, 열반(涅槃)을 의미합니다. 소와 연관된 현무경의 축부(丑符)와 미부(未符)에 관한 것은 현무경 영부해설편에서 다루기로 하겠습니다.

이상, 하도의 1에서 10에 이르는 숫자에 대한 의미를 될 수 있으면 다양하게 소개하려고 하다 보니 글이 좀 난삽(難澁)해진 감이 있군요. 사실 이런 걸 쓰려고 한다면 얼마든지 더 길게 할 수도 있겠지만, 여기서는 어디까지나 수에 대한 의미와 관심을 유발할 수만 있다면 만족하다고 봅니다.

7. 낙서와 오행

* 낙서의 특징

하도는 우주의 기본 설계도라고 한다면, 낙서는 작업도라고 하였습니다. 작업은 글자 그대로 집을 짓는 일을 합니다. 그러므로 가장 번거롭고 복잡다단한 현상들이 발생합니다. 그걸 우리는 물질문명이라고 부릅니다. 작업은 한낮에 하게 마련입니다. 마찬가지로 물질문명은 우주의 여름에 해당하는 기간에 하게 마련입니다. 그것이 12지지 중에서 사오(巳午) 회에 해당하는데, 지금 인류는 그 기간을 넘어서 가을의 입구인 미회(未回)로 들어선지 70여년이 다 되어 갑니다.

한낮에 뜨거운 태양 볕에서 일을 하는 것이 고역인 것처럼, 인류도 지옥 같은 물질문명의 기간을 보내고 이제는 영혼이 알곡을 맺는 가을의 평등세상이 펼쳐지고 있습니다. 지옥 같은 낙서문명이 발생한 근원적인 이유는 우주의 기가 음양의 균형이 깨져, 양이 우위에 있었기 때문입니다. 그도 그럴 수밖에 없는 것이 한낮의 여름은 양기가 강하기 때문입니다.

이걸 상징하는 것이 바로 낙서의 숫자인데, 1에서 시작하여 9까지 벌어졌습니다. 낙서를 숫자로만 나타내면 다음과 같습니다.

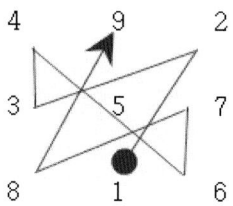

하도와 낙서의 차이점에 대한 걸 알아보도록 하겠습니다. 이것은 수리를 탐구하는 데에 있어 매우 중요합니다.

첫째, 낙서에는 10이 없다는 사실입니다. 천부경의 '일시무시일'은 이를 가리켰다고 이미 말씀드린 적이 있지만, 10이 없다는 것은 1이 2, 3, 4, 5, 6, 7, 8, 9로 아홉 단계의 변화(9변)를 한다는 의미입니다. 반대로 '일종무종일'은 1이 10으로 간다는 의미입니다. 10은 무극이라고 하여 시간과 공간의 튼실한 기반입니다. 10이 없기 때문에 어쩔 수 없이 그 중심은 5가 될 수밖에 없습니다.

둘째, 낙서는 북방의 1水에서부터 출발하고 있다는 사실입니다. 水는 모든 물질을 이루는 기본적인 요소입니다. 공기로 있던 요소들이 형상을 지니기 위해서는 水氣가 있어야 하는데, 그걸 상징하는 숫자가 1입니다. 그것이 5행을 갖추면 6수가 되어 1, 6수가 북방에 있게 된 것입니다.

셋째, 낙서의 사방 정위(正位)에는 1, 3, 5, 7, 9라는 양수가 자리를 차지하고 있습니다. 북방에는 1이, 동방에는 3이, 중앙에는 5가, 서방에는 7이 남방에는 9가 자리하고 있습니다. 이처럼 북방에서 1수로 시작을 하여 남방에서 9화로 끝나는 걸 가리켜 '북방정사(北方政事)'라고 합니다. 선천은 모든 문명이 북방에서 남방으로 전달되었는데, 우주의 운기가 그렇게 흘렀기 때문입니다. 그러나 후천에서는 '남방정사'를 하게 됩니다.

넷째, 하도와는 달리 낙서에는 2·9착종이 이루어집니다. 본래 하도의 남방에는 2, 7화가 있고, 서방에는 4, 9금이 있었지만, 낙서에서는 반대로 서방으로 2, 7화가 들어가고 남방으로 4, 9금이 들어갑니다. 2곤지와 9리화가 서로 착종되었기 때문에 2·9착종이라고 하는 것이지, 만약 4손풍과 7태택이 자리를 바꾸었다면 4·7착종이라고 해야 합니다. 이처럼 9금과 2화가 서로 착종하였다고 하여 '금화교역(金火交易)'이라고도 부릅니다. 그러나 엄밀히 말하면 금화교역이라고 하면 4·7착종도 포함되는 것이므로, 2·9착종이라고 하는 편이 더 정확한 표현입니다.

다섯째, 하도는 상생을 나타내지만, 낙서는 상극을 나타냅니다. 하도가 상생을 나타낸다고 하는 이유는, 동방의 3, 8목−남방의−2, 7화−중앙의 5, 10토−서방의 4, 9금−북방의 1, 6수로 놓여졌기 때문입니다. 이는 곧 목생화, 화생토, 토생금, 금생수, 수생목의 상생관계를 형성합니다. 하도는 밑에서부터 왼편으로 좌선(左旋)을 하였지만, 낙서는 반대로 밑에서부터 오른 편으로 우선(右旋)을 합니다. 이렇게 되는 원인은 하늘의 이치를 나타내는 하도와 땅의 이치를 나타내는 낙서는 서로 반대의 입장에서 사물이 나타나기 때문입니다.

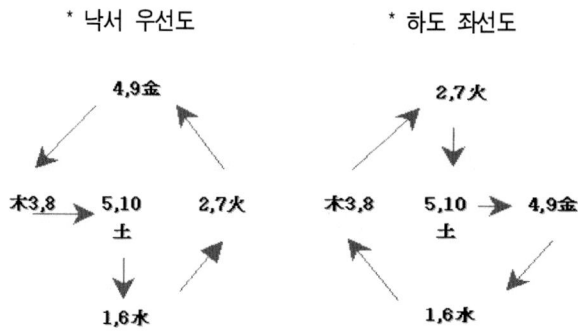

좌선도는 동방의 봄이 가면 남방의 여름이 자연스럽게 다가서면서 5토와 10토를 만들어주고(봄 3양＋여름 2음＝5, 봄 8음＋여름 2음＝10, 봄 3양＋여름 7양＝10, 봄 8음＋여름 7양＝15), 서방의 가을이 가면 북방의 겨울이 그 뒤를 이어 자연스럽게 이어지면서 5토와 10토를 만들어 주는데(1양＋4음＝5, 1양＋9양＝10, 6음＋4음＝10, 6음＋9양＝15) 이를 가리켜 상생이라고 합니다. 이것은 하도의 흐름입니다.

우선도는 북방의 겨울과 대조적인 남방의 여름을 합해서 5토, 10토를 형성하고(겨울 1양＋여름 4음＝5, 겨울 1양＋여름 9양＝10, 겨울 6음＋여름 4음＝10, 겨울 6음＋여름 9양＝15), 동방의 봄과 대조적인 서방의 가을을 합해서 5토, 10토를 형성합니다(봄 3＋가을 2＝5, 봄 3＋가을 7＝10, 봄 8＋가을 2＝10, 봄 8＋가을 7＝15).

이처럼 하도는 상생을 낙서는 상극을 기본으로 삼고 있는데, 그것은 하도는 사물의 음양을 순서대로 나열한 것이며, 낙서는 상극으로 짝을 이루었습니다. 하도는 1, 6수와 2,7 화 3,8 목과 4,9 금이 마주

하고 있으며 낙서는 1과 9가 마주 보고 있으며, 2와 8이 마주 하고 있고, 3과 7이 마주 보고 있으며, 4, 6이 마주 하고 있습니다.

여섯째, 하도를 풀이한 복희도는 천지의 4상을 순서대로 배열한 것이라면, 낙서를 풀이한 문왕도는 물질의 변화, 즉 9변을 가리키고 있습니다.

```
(복희도)        1            (문왕도)        9
                2                            4
        3           5
        4           6            3, 8      5      2, 7
            7
            8                            6
                                         1
```

이제 그 9변이 어떻게 흘러가는지 살피도록 하겠습니다.

복희도는 사물의 순서를 하늘에서 본 상태대로 나열한 것이므로 1 건천 하늘이 맨 위에 있고, 8곤지 땅이 맨 아래 있는 걸로 배치하였습니다. 그러나 문왕도는 사물의 변화를 가리키는 것인데, 물질의 변화는 항상 1水에서 비롯하는 법이므로 북방에 배치를 하였습니다. 1에서 9에 이르기까지에는 하늘에서 시, 중, 종으로 변하는데 그걸 1, 2, 3이라 하고, 다음에 땅속에서 시, 중, 종으로 변하는데, 그걸 4, 5, 6이라 하며, 마지막 인간 속에서 시, 중, 종으로 의식의 변화를 일으키는데, 그걸 7, 8, 9라고 합니다. 이처럼 1-2-3-4-5-6-7-8-9까지 변하기 때문에 9변이라고 합니다.

그런데, 양은 음을 기준으로 변화하고, 음은 양을 기준으로 하여 변화합니다. 구체적인 실례를 들면, 양수 1은 1-2-3으로 하늘에서 한 번 변하면, 4-5-6이라는 땅의 음수를 통하여 인간의 의식 속에서 7-8-9라는 양수로 변화를 합니다. 이것은 양수 3도 마찬가지여서 3-6-9로 하늘에서 한 번 변한 후, 2,-5-8이라는 땅의 음수를 통하여 인간의 의식 속에서 1-4-7의 양수로 변화를 합니다. 그러나 음수 2는 2-3-6으로 하늘에서 한 번 변한 후, 1-5-9라는 땅 속의 양수를 통하여 인간의 의식 속에서 4-7-8이라는 음수로 변화를 합니다.

이것을 도표로 그리면 다음과 같습니다.

* 낙서구궁행로궁

순서	1坎水	2坤地	3震雷	4巽風	5中宮	6乾天	7兌澤	8艮山	9離火
1차궁	1	2	3	4	5	6	7	8	9
2차궁	2	3	6	1	5	9	4	7	8
3차궁	3	6	9	2	5	8	1	4	7
4차궁	4	1	2	7	5	3	8	9	6
5차궁	5	5	5	5	五	5	5	5	5
6차궁	6	9	8	3	5	7	2	1	4
7차궁	7	4	1	8	5	2	9	6	3
8차궁	8	7	4	9	5	1	6	3	2
9차궁	9	8	7	6	5	4	3	2	1

낙서구궁행로궁은 이 세상의 물질이 변화하는 원리를 나타내는 것이므로 이를 잘 깨치면 물리학(物理學)의 지평이 열리게 됩니다.

* 1-2-3-4-5-6-7-8-9: 1은 1, 2, 3으로 1변(1變)하면 끝수인 3과 2변의 머리인 4와 연결되므로 4, 5, 6으로 2변(2變)을 하고, 2변의 끝 6과 3변의 머리 7이 연결되어 1변과는 반대 방향으로 3변

(3變)인 7, 8, 9에 도달합니다.

　* 2-3-6-1-5-9-4-7-8: 2는 2, 3, 6으로 1변(1變)하면 끝수인 6과 2변의 머리인 1이 연결되므로 1, 5, 9로 2변(2變)을 하고, 2변의 끝 9와 3변의 머리 4가 연결되어 1변과는 반대 방향으로 3변(3變)인 4, 7, 8에 도달합니다.

　* 3-6-9-2-5-8-1-4-7: 3은 3, 6, 9로 1변(1變)하면 끝수인 9와 2변의 머리인 2가 연결되므로 2, 5, 8로 2변(2變)을 하고, 2변의 끝 8과, 3변의 머리 4가 연결되어 1변과는 반대 방향으로 3변(3變)인 1, 4, 7에 도달합니다.

　* 4-1-2-7-5-3-8-9-6: 4는 4, 1, 2로 1변(1變)하면 끝수인 2와 2변의 머리인 7이 연결되므로 7, 5, 3으로 2변(2變)을 하고, 2변의 끝 3과, 3변의 머리 8이 연결되어 1변과는 반대 방향으로 3변(3變)인 8, 9, 6에 도달합니다.

　* 6-9-8-3-5-7-2-1-4: 6은 6, 9, 8로 1변(1變)하면 끝수인 8과, 2변의 머리인 3이 연결되므로 3, 5, 7로 2변(2變)을 하고, 2변의 끝 7과, 3변의 머리 2가 연결되어 1변과는 반대 방향으로 3변(3變)인 2, 1, 4에 도달합니다.

　* 5-5-5-5-五-5-5-5-5: 5는 5, 5, 5로 1변(1變)하면 끝수인 5와 2변의 머리인 5가 연결되므로 5, 五, 5로 2변(2變)을 하고, 2변의 끝 5와, 3변의 머리 5가 연결되어 1변과는 반대 방향으로 3변(3變)인 5, 5, 5에 도달합니다.

　* 7-4-1-8-5-2-9-6-3: 7은 7, 4, 1로 1변(1變)하면 끝수인 1과, 2변의 머리인 8이 연결되므로 8, 5, 2로 2변(2變)을 하고, 2변의 끝 2와, 3변의 머리 9가 연결되어 1변과는 반대 방향으로 3변(3變)인 9, 6, 3에 도달합니다.

* 8-7-4-9-5-1-6-3-2: 8은 8, 7, 4로 1변(1變)하면 끝수인 4와 2변의 머리인 9가 연결되므로 9, 5, 1로 2변(2變)을 하고, 2변의 끝 1과, 3변의 머리 6이 연결되어 1변과는 반대 방향으로 3변(3變)인 6, 3, 2에 도달합니다.

* 9-8-7-6-5-4-3-2-1: 9는 9, 8, 7로 1변(1變)하면 끝수인 7과, 2변의 머리인 6이 연결되므로 6, 5, 4로 2변(2變)을 하고, 2변의 끝 4와, 3변의 머리 3이 연결되어 1변과는 반대 방향으로 3변(3變)인 3, 2, 1에 도달합니다.

* 금화교역(金火交易)과 2·9착종(錯綜)

양(陽)의 끝은 9이며, 음(陰)의 시작은 2라고 하였습니다. 9는 하늘의 끝수요, 2는 땅의 처음 수입니다. 이처럼 천지의 머리와 꼬리(頭尾)가 서로 맞물린 상태를 가리켜 2·9착종이라고 합니다.

2·9착종은 아주 중요한 의미가 있습니다. 물론 앞서 말한 천지의 착종을 가리키기도 하지만, 그것을 인체로 말한다면 마음과 몸의 착종을 가리킵니다. 마음과 몸은 서로 떨어질 수 없는 관계인데도 불구하고, 사람들은 마음을 다스리기가 매우 어렵다고 합니다. 몸의 끝수를 뭐라고 해야 할까요? 몸은 형상으로 눈에 보이는 존재이므로 양수로 봅니다. 그러므로 양수의 시작 1은 몸의 시작을 가리키고, 9는 몸의 끝을 가리킵니다. 그러면 마음의 시작은 당연히 2라고 해야겠지요. 마음의 끝수는 당연히 10이라고 해야겠지요.

이것을 잘 나타내는 상서가 바로 낙서(洛書)입니다. 낙서는 1에서 시작하여 9로 끝나고 있으니 양수의 전개인 9변을 가리킨다고 할 수 있지요. 몸의 시작은 1로 시작하는데, 그 형상을 나타내는 괘는 감수(坎水)라고 합니다. 감수는 물을 가리킵니다. 인체는 물속의 수정란(受精卵)에서 탄생하기 때문에 낙서의 1감수를 물질의 시작인 북방에 배치하였습니다. 그리하여 마지막에는 9로 끝나는데, 그것을 나타내는 괘는 리화(離火)라고 합니다. 리화는 불을 가리킵니다. 즉 몸은 물에서 시작하여 불로 끝난다는 말이 되는군요. 실제로 사람의 몸은 어릴 때에는 수분기가 많아서 부드럽지만, 노인이 되면 고목처럼 거칠고 딱딱한 상태로 변질됩니다. 9라는 숫자는 오행으로 금(金)이라고 합니다. 금은 단단한 상태를 가리킵니다. 단단하다는 것은 곧 수분기가 그만큼 없다는 얘기입니다. 수분기가 아주 없다는 말이 아니라 단단하게 응고된 상태이겠죠. 만약 수분기가 전혀 없다면 금이라는 물체도 존재할 수가 없습니다. 전혀 물기가 없을 것 같은 금이지만 금생수(金生水)라는 상생의 법칙이 있는 걸 보면, 금을 쥐어짜면 수분이 나온다는 사실을 말해준다고 할 수 있겠죠. 실제로 바위가 많은 골짜기에 물도 풍부한 법입니다.

그러니까 금에도 수분기가 있다는 말이며, 그것은 불기운으로 인해 가능하다는 뜻이 들어 있습니다. 이런 사정을 웅변으로 말해 주는 것이 바로 리괘를 가리켜 9라고 한 사실입니다. 본래 불을 나타내는 숫자는 2, 7입니다. 물을 나타내는 숫자가 1, 6이라고 하였으니, 그에 상대적인 숫자인 2와 7을 불이라고 하는 건 당연하겠죠. 그런데도 낙서에서는 9리화라고 하였는데, 9는 오행으로 금이니까 불기운으로 금이 단단해진다는 암시를 하고 있는 셈이죠. 실제로 쇠는 용광로에 녹이는 제련(製鍊)을 통해서 단단해 집니다.

이와 같은 원리에 의해 한 방울의 물로 시작한 인체의 1양은 내면으로부터 솟구치는 온기인 3양으로 발전하는 법인데, 그것을 낙서에서는 3리화(☲)라고 하였습니다. 1과 3은 이처럼 양의 상승을 가리키는 숫자이기에 낙서의 동방, 즉 왼편에 배치를 한 것입니다. 동방은 양이 상승하는 곳이요, 서방은 양이 하강하는 곳입니다. 양은 본래 밑에서부터 위로 상승하기 때문에 1을 아래 북방, 3을 위 동방에 배치한 것이지요. 반대로 맨 꼭대기 남방에 9리화가 있고, 서방에 7태택이 있는데, 그것은 양의 하강을 위주로 보았기 때문입니다. 즉 북방에서 1과 3으로 양이 상승하게 되면 반드시 그 반대편에서는 하강을 하게 마련이기 때문이죠. 북방에서 1로 양이 올라갈 적에 이미 남방에서는 양이 9에서 하강을 시작합니다. 3으로 양이 커지면 반대편의 서방에서는 양이 7로 작아집니다. 물론 양수의 중심에는 5가 있지요.

이처럼 낙서의 4정(四正: 정동, 정서, 정남, 정북)에는 1, 3, 7, 9라는 양수가 들어가므로 낙서를 가리켜 양의 시절이라고 하며, 억음존양(抑陰尊陽)이라고 하였습니다. 그런 기운이 그대로 반영 된 결과가 바로 남존여비(男尊女卑)로 나타난 것입니다.

아무튼 선천 물질세상을 주름잡던 양의 9변은 그 막을 내리고, 음의 9복이 그 자리를 이어 받아야 하는데, 그 출발수를 가리켜 2라고 하였습니다. 음은 양과는 달리 변화를 싫어하고 안정을 추구합니다. 이런 영향을 받은 게 바로 여성들이기 때문에 집안에서 '살림'을 한 것이며, 반대로 남성은 밖으로 나다녔던 것입니다. 하지만 이제는 2, 4, 6, 8, 10이라는 음의 세상이 되었으므로 여성도 밖으로 자유롭게 나다니게 되었는데, 가면 갈수록 질량적인 면으로 강도가 높아질 것입니다.

2.·9 착종이야말로 천지개벽을 알리는 신호탄입니다. 그것은 인간의 몸과 마음이 하나로 합쳐져 본래의 중심인 자성 자리를 회복한다는 의미입니다. 인간의 인위적인 노력이나 정성으로 그렇게 되는 것이 아니라, 천지의 음양이 서로 맞물려 2·9 착종을 이루기 때문에 그렇게 됩니다. 그럼 구체적으로 2·9 착종에 대한 걸 더 알아보기로 할까요?

기왕 상서(祥瑞) 중의 하나인 낙서의 마지막 수 9를 얘기했으니, 용담도로 2를 얘기하도록 하겠습니다. 상서는 천지가 자신의 의중을 인간들에게 계시하기 위한 수단으로 나타나는 현상을 가리킵니다. 거기에는 문자도 있고, 음성도 있으며, 물질도 있고, 환상도 있습니다. 인간의 의식이 성숙하다면 그런 상서를 굳이 천지가 보여줄 필요가 없지만, 인간의 의식이 낮은 상황에서는 불가피하게 보여줄 수밖에 없습니다. 비유하자면 아이들이 아직 어려서 말귀를 못 알아들을 경우에 불가피하게 만화나 S.F 같은 것으로 인도하는 수가 있는 것과 같다고 보면 될 겁니다. 하늘을 위주로 하던 시대에는 하도라는 상서가 있었으며, 땅의 물질을 위주로 하던 시대에는 낙서라는 상서가 있었고, 인간의 자성을 위주로 하는 시대에는 용담도가 있습니다.

용담도의 첫 수는 2로 시작합니다. 팔괘로는 곤괘에 해당하기에 2곤지라고 합니다. 그러니까 낙서의 마지막과 용담의 첫머리가 착종하는 것을 가리켜 또 하나의 2·9 착종이라고 합니다. 그럼 용담도의 2곤지는 무얼 의미할까요? 곤괘는 땅을 가리키는데, 하늘을 가리키는 건괘가 세 개의 효가 모두 양효(陽爻)로 이루어진 것에 반해,

세 개의 효가 모두 음효(陰爻)로 이루어졌습니다. 하도를 풀이한 복희도의 남방에 있던 1건천으로 용담도에는 2곤지가 들어갔으니, 이는 곧 천지의 합일을 의미합니다. 물론 앞에서 말한 것처럼 숫자로는 1-2-3-4-5-6-7-8-9로 낙서의 1이 시작하고, 용담은 2-3-4-5-6-7-8-9-10으로 2가 시작을 하였다는 걸 말해 줍니다. 이것을 천간으로 말한다면 갑(甲)은 1이요, 을(乙)은 2가 됩니다. 즉 물질문명의 시작은 갑으로 시작하고, 자성문명의 시작은 을로 시작한다는 의미입니다. 이것을 지지로 말한다면 낙서는 1수(水)로 시작을 하였으니 자(子)가 되고, 용담은 2화(火)로 시작을 하였으니 사(巳)가 됩니다.

이걸 정리하면 낙서물질문명에서는 갑자(甲子)로 시작하고, 후천 용담문명에서는 을사(乙巳)로 시작을 한다는 의미가 되는군요. 갑자는 낙서시절의 자전과 공전 도수가 일치하는 상징입니다. 갑자, 을축, 병인……등등의 천간과 지지는 천지가 운행하는 상태를 정확하게 알려주는 상징적인 문자입니다. 사실 알고 보면 그 속에 천지의 기운과 천지신명의 모습이 명확하게 드러나 있건만, 그 진실을 알지 못하고 마치 무슨 미신처럼 취급하고 있는 게 오늘의 현실입니다.

이글에서 숫자의 신비를 통해 천간과 지지, 팔괘의 진면목을 가능한 한, 소상하게 소개하려고 합니다. 숫자를 제대로 이해하기 위해서는 불가피한 일이지요. 이런 분야는 현무경 해설편을 참고하면 자세하게 알 수 있는데, 간단하게 말하자면 천지의 운행이 1, 3, 5, 7, 9라는 양 위주로 9변을 할 적에는 방위로는 갑방이요, 시간으로는 자시에서 시작하게 된다는 말이고, 그것이 2, 4 ,6 8, 10이라는 음 위주로 9복을 할 적에는 방위로는 을방에서, 시간으로는 사시에서 시작하게 된다는 말입니다. 갑방이니, 을방이니, 자시니, 사시니 하는 것과 우리네 인생살이하고 무슨 관계가 있는 거냐고 핀잔할지 모르겠으나, 알고 보면 그런 것들은 천지의 근원, 즉 인간의 자성이 움직이는 변화상태를 나타내는 부호입니다. 그러므로 막연하게 '마음수련'을 한다고 해서 참다운 깨달음에 도달하는 것이 아니라, 구체적으로 자신의 자성에서 우주의 변화를 손바닥 들여다보듯 하지 않으면 안 됩니다. 그것이 바로 영원한 생명을 누리고, 대해탈과 안식에 들어가는 것입니다.

금화교역에 대해서 조금만 더 살펴보도록 하겠습니다. 인체에서 금에 해당하는 것은 폐(肺)이고, 화에 해당하는 것은 심장입니다. 심장의 기운은 화기(火氣)가 강하기 때문에 오장 중에서 맨 위에 있어야 합니다. 반대로 수기(水氣)가 강한 신장은 밑에 있어야 하겠죠. 그럼 목기가 많은 간과 금기가 많은 폐는 좌우에 있어야 합니다. 그러니까 남북 혹은 상하에는 수화가 서로 교류하고, 동서 혹은 좌우에는 금목이 교류한다는 얘기가 되겠군요. 그래서 예로부터 좌간우폐(左肝右肺)라고 하였던 겁니다.

해부학적으로 보면 간은 오른편에 있고, 폐는 심장을 싼 채 위에 있는데도 불구하고 굳이 좌간우폐라고 한 것은 간의 기운이 동방에 떠오르는 태양과 같고, 폐의 기운은 서방에서 떠오르는 달과 같다고 보았기 때문이지요. 여하튼 인체를 보면 폐가 심장을 싼 채 맨 위에 걸쳐 있는데, 그것이 금화교역을 그대로 보여준다고 할 수 있겠군요. 심장의 불기운으로 폐를 극하지 않으면 폐가 단단해질 수 없기 때문이죠. 물의 기운은 모든 걸 맑게 하고 깨끗하게 하지만, 차갑게 하여 움츠리게 하는 속성도 있습니다. 반면 불기운은 모든 걸 따스하게 하여 이완시키는 능력이 있는데, 그것이 지나치면 아예 형체를 태워버리게 마련입니다. 폐에 화기가 지나치면 허열(虛熱)이 발생하게 마련인데, 이런 현상을 가리켜 폐결핵이라고 합니다.

인체를 만들 적에 물 한 방울에서 비롯되는데, 이를 1수(水)라 하고, 생육을 주도하는 것은 3목(木)이라 하며, 최대로 성장한 상태를 7화(火)라 하며, 낙엽(落葉) 지는 나무처럼 건조하여 단단해진 상태를 9금(金)이라 합니다. 이것이 바로 선천의 양을 위주로 하던 물질의 흐름이었습니다. 이걸 가리켜 9변이라고 하였습니다.

다시 잘 생각해보면 양을 위주로 하던 물질세상에서는 1이라는 신장의 중간에 있는 명문(命門)에서 정자가 발출되었습니다. 양은 위로 올라가는 성질이 있기 때문에, 마지막 9수를 폐에서 맞이하게 된 겁니다. 폐는 오장육부 중에서 가장 높은 곳에 있으므로 양이 더 이상 올라갈 여지가 없습니다. 따라서 폐에 이르면 이제는 밑으로 내려갈 일만 남은 셈이죠. 이처럼 폐는 오장육부 중에서 마지막 양기를 조절해야 하는 곳이므로, 까딱 잘못하다가는 다른 장기보다도 금세 양기로 인한 질병에 시달리게 마련입니다.

밑으로 내려가는 걸 음기라 하고 그 출발은 2수라고 하였는데, 그걸 맡아 보는 기관이 바로 심장입니다. 심장에서는 항상 따스한 온기가 발생하는데, 폐에 있는 9금의 차갑고도 건조한 기운을 덥혀주는 작용을 합니다. 이렇게 해서 마침내 10무극으로 돌아가는데, 음기는 밑으로 내려가는 습성이 있으므로 인체에서도 역시 맨 아래에 위치합니다. 그곳이 바로 생식기와 항문의 구멍입니다. 이에 대한 것은 앞으로 많은 생각을 해야 합니다. 10무극은 모든 물질(색)의 찌꺼기를 다 비우는 곳이므로 대소변을 내보내는 곳이라고 하는 거죠.

달리 숫자를 통해 살핀다면, 4금+7화=11귀체, 혹은 2화+9금=11귀체가 되어야 이상적인데, 4금+2화나, 7화+9금이 되어 균형이 무너진 상태가 되면 질병이 발생합니다. 4음+7양이나, 2음+9양은 음양이 합하는 조화를 부리고 있는데 반해, 4음+2음과, 7양+9양은 음과 양이 각기 한군데로 몰려 있어서 음양의 조화가 깨진 상태이므로 병이 날 수밖에 없지요. 이처럼 심장과 폐가 한데 붙어서 금화교역을 하게 된 것은, 천지의 운행이 그렇기 때문에 어쩔 수 없는 일이지요. 천지를 그대로 닮은 것이 인체이니까요. 이런 이치를 잘 보여주는 것이 바로 낙서의 9리화 자리로 용담도의 2곤지가 들어가는 것인데, 이를 화지진(火地晉)이라고도 합니다.

* 금화교역의 원인

금화교역은 앞에서 알아본 것처럼 2·9 착종으로서 매우 중요한 우주변화의 원리입니다. 그렇다면 이렇게 되는 원인은 어디에 있을까요? '우주변화의 원리(한동석 저, 대원출판사)'라는 책을 보면 태양이 정오에 떴을 때보다 오후 2, 3시 경이 더 덥게 느끼는 데에서 그 이치를 찾고 있습니다. 그것을 인신상화(寅申相火)라고 하는데, 정오의 태양은 자오선(子午線)을 축으로 한 상태이므로, 거기에서 조금 더 나아간 寅은 2, 3시 방향이라고 말하더군요. 지구가 자오선으로 직립하지 않고, 인신의 방향으로 23도 5분 정도 기울어진 이유도 그런 데

에서 찾고 있더군요. 그래서 지축이 바로 잡히는 것이 진정한 개벽
인 것처럼 그럴 듯하게 말하는 걸 들어본 적이 있을 겁니다.

하지만 하도의 이치를 제대로 안다면 그런 우스꽝스런 이론은 감히
명함도 내밀지 못합니다. 하도를 다시 한 번 보세요. 위의 남방에는
2, 7화가 있고, 밑의 북방에는 1, 6수가 있으며, 왼편의 동방에는 3,
8목이 있고, 오른편의 서방에는 4, 9금이 있으며, 중앙에는 5, 10토
가 있다는 건 눈을 감고도 환하게 알 수 있어야 합니다.

이렇게 배치를 한 것은 1과 2, 3과 4, 6과 7, 8과 9가 모두 천지,
음양이라는 상대적이라는 걸 일러주기 위함입니다. 그러니까 사물의
형상을 놓인 그대로 보여주는 것이므로 우주의 체(體)를 가리킨다고
하였지요. 그러나 사물이 변화 한다는 관점에서는 수의 배열이 달라
지지 않으면 안 됩니다. 사물이 변화하기 위해서는 불가피하게 5가
중심에 들어가지 않으면 안 됩니다. 그러니까 1과 2가 서로 마주보
는 위치에 자리를 잡은 것은 수와 화라는 상대적인 음양을 가리키는
것이요, 1과 4가 서로 이웃한 것은 합해서 양수(1)와 음수(4)의 합이
5라는 사실을 일러주기 위함입니다.

3과 4도 마찬가지여서 서로 마주보는 동서에 자리를 잡은 것은
금과 목이라는 상대적인 음양을 가리키는 것이며, 2와 3이 동남으로
서로 이웃에 자리를 잡은 것은 음수(2)와 양수(3)가 합하여 5가 된다
는 사실을 알려주기 위함입니다. 음양이 합해야만 비로소 만물의 변
화가 일어나는 법인데, 이를 가리켜 생성의 변화라고 합니다. 즉 생
수가 성수로 변화하는 매체로써 5가 등장한다는 말이지요. 이런 것
은 이미 앞에서도 언급하였지만, 자꾸 반복적으로 들어야 하기 때문

에 일부러 다시 언급하게 되는군요.

하도는 만물의 음양과 형상을 위주로 하였지만, 낙서는 만물의 변화를 위주로 합니다. 형상을 위주할 적에는 1, 6수의 상대는 분명 2, 7화이기에 각기 북방과 남방에 배치를 하게 되었습니다. 그러나 변화를 위주로 하게 되면 1의 끝은 9입니다. 즉 북방에서 시작한 1의 끝은 남방에 9가 들어가야 한다는 말이지요. 북방의 끝은 남방이니 당연히 1수의 끝도 9수가 되어야 합니다. 그런데 여기서 한 가지 상기할 것은 복희 8괘도에는 북방에 곤괘(☷)가 있었고, 남방에는 건괘(☰)가 있었다는 점입니다. 그런데 문왕 8괘도에는 북방으로 1감수(坎水)가 들어가고, 남방에는 9리화(離火)가 들어갔습니다.

그것은 땅의 중심으로 1양이 들어간 것이 1감수요, 하늘의 중심으로 1음이 들어간 상태가 9리화라는 의미입니다. 이것은 음이 충만하면 양이 나오고, 양이 충만하면 음이 나온다는 걸 반증해주고 있습니다. 그러기 때문에 언젠가는 양의 끝수인 9리화 자리로 음의 첫수인 2가 들어가고, 음의 끝수인 10이 양의 첫 수인 1감수 자리로 들어간다는 걸 알 수 있습니다. 물론 나중에 용담도의 북방에는 10건천이 들어가고, 남방에는 2곤지가 된다는 건 두말할 필요도 없겠지요.

후천 인존문명에서는 음이 주도를 하게 마련이며, 그것은 남방과 서방에서 2, 4가 주도권을 잡고 중앙에 6이 들어가며 동방에 8, 북방에 10으로 흘러가게 된다는 걸 암시하고 있습니다. 이런 걸 도식화한 것을 가리켜 '황극구궁행로수'라고 하는데, 이에 대한 것은 앞으로 다시 언급할 기회가 있을 겁니다.

　　금화교역이 발생하는 원인은 이처럼 우주만물이 변화하기 위해서는
어쩔 수 없이 水火가 남북에서 상하로 대대작용(待對作用)을 해야 하
고, 木金은 동서에서 좌우로 대대작용을 하지 않으면 안 되는 자연의
철칙 때문입니다. 물질문명에서는 양이 기준이기 때문에 북, 동방의
1, 3양은 자리를 지킨 것이며, 서남방의 2, 4음은 그 자리를 바꾸어
야 했고, 후천 정신문명에서는 반대로 남, 서방에서 2, 4음이 자리를
지키는 반면, 1, 3양이 각기 10, 8로 변하게 되었습니다. 이미 언급
하였듯이, 금화교역이 아니라 더 정확한 표현으로는 '2·9 착종'이라
고 해야 한다고 한 것도 유념하기 바랍니다.

　　이런 이치를 모르기 때문에 한동석의 '우주변화의 원리'를 인용하
는 사람들은 다시 후천 인존시대의 정역(正易)에서 '10건, 5곤, 6진,
1손, 8간, 3태, 4감, 9리'라고 숫자를 멋대로 붙여 놓았습니다. 즉 낙
서 시대의 2·9착종되었던 숫자가 다시 원래 상태대로 되돌아가서
정남방에 2곤이 들어가서 남방화가 되고, 서방에 9리가 들어가서 서
방금으로 복귀해야 하는데, 그들은 남방에 있는 곤괘를 5곤지라 하
고, 서방에 있는 리괘를 9리화라고 하였으니 이는 자연의 질서와 이
치에 전혀 맞지 않는 처사입니다.

* 정역도

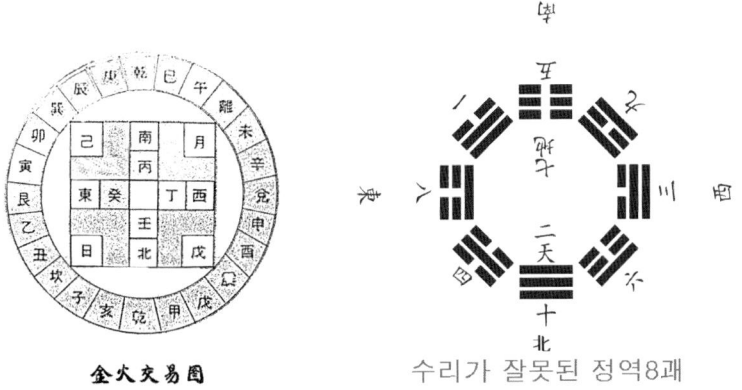

金火交易圖　　　　　수리가 잘못된 정역8괘

* 용담도

8. 대정수(大定數)와 11귀체

1에서 10을 합하면 55가 되는데, 이를 대정수(大定數)라고 부른다는 건 이미 밝힌 바 있습니다. 대정수란 문자 그대로 '크게 정한 수'인데, 과연 누가 쓰기 위해서 그렇게 정한 걸까요? 그건 물어보나마나 천지가 쓰려고 한 겁니다. 즉 천지가 가장 이상적으로 여기는 것은 11귀체라는 얘기가 됩니다.

가장 크게 정한 수가 55이니, 그 이상을 넘을 수는 없다는 얘기가 되는데, 그것은 바로 용담도의 도수를 가리킵니다. 하늘을 가리키는 복희도는 36도요, 땅을 가리키는 문왕도는 45도이며, 인간을 가리키는 용담도는 54수인데, 천원수 1을 합하여 55수가 됩니다. 따라서 용담도수는 천지가 가장 크게 활용하기 위한 상태이며, 그것은 곧 이상적인 인간상과 사회상을 나타낸다는 걸 알 수 있습니다.

본래 55수는 하도에 있는 1에서 10에 이르는 수의 합이었던 것이므로 현무경에는 원천지의 약속(元天地之約)이라고 하였던 것입니다. 그것이 복희도와 문왕도를 거치면서 제3 변인 용담도에 이르러 그 모습이 완성되었으므로 용담도를 가리켜 '완성도'라고 합니다.

역학을 좀 안다고 하는 분들은 말하기를 '무극은 10이요, 태극은 1이며, 황극은 5'라고 합니다. 황극은 인간의 이치를 가리키는 것이므로 천지를 합한 상태이며, 그것은 곧 11을 의미합니다. 따라서 11귀체된 상태를 황극이라고 하여야 하는데, 5황극이라고 하는 까닭은 55

대정수에 11귀체가 5개 들어 있기 때문이지요.

1	3	5	7	9
10	8	6	4	2
11	11	11	11	11

- - - 5 **황극**

이처럼 11귀체는 아주 중요한 의미를 간직하고 있는데, 그 이유는 그것이 이상적인 음양조화의 상징이기 때문입니다. 음양의 조화는 여러 가지 수로 나타낼 수 있습니다. 예를 들면 1과 2는 물과 불의 조화요, 3과 4는 목과 금의 조화를 나타냅니다. 또는 1은 陽水요, 6은 陰水이며, 2는 陰火요, 7은 陽火이며, 3은 陽木이요, 8은 陰木이고, 4는 陰金이요, 9는 陽金의 조화라고 합니다. 또는 1은 하늘의 시작이요, 9는 하늘의 끝이며, 2는 땅의 시작이요, 8은 땅의 끝이고, 3은 인간의 시작이요, 7은 인간의 끝이며, 4는 물질의 시작이요, 6은 물질의 끝이라는 시종의 조화로 보는 수도 있겠지요.

그러나 11은 9변과 9복의 조화를 가리킵니다. 물질의 변화는 1에서 9로 마치는데, 그걸 이어 받아서 인간의 자성이 빛을 발해야 합니다. 만약 물질의 변화로 막을 내린다면 인간은 짐승과 다를 것이 하나도 없습니다. 인간이 인간다워지는 것은 인중천지일(人中天地一)의 상태를 이룰 때입니다.

앞에서 우주만물을 한 통의 수박으로 비유하면서 칼로 세 번 가른 적이 있는데, 가르기 전의 수박을 숫자로 말한다면 개체적으로는 1이요, 전체적으로는 10이라고 합니다. 가르기 전에는 분명 한 개의 수박이니 당연히 숫자도 1입니다. 그러나 그것을 한 번 가르면 두 조각이라는 2가 있고, 두 번 가르면 네 조각이라는 4가 있으며, 세 번 가르니까 여덟 조각이라는 8이 있었습니다. 그리고 그 속에는 비록 무형이지만 칼로 그은 세 개의 선(線)이 있으니 3도 있고, 네 조각의 중심인 5도 있었으며, 상하, 전후, 좌우라는 여섯 개의 꼭지점 즉 6도 있었고, 천지인이 하나 되는 중심점 7도 있었고, 8조각의 중심인 9도 있었습니다. 이처럼 갈라 놓고 보니 그 속에는 1에서 9까지의 숫자가 다 들어 있음을 알 수 있으니, 이는 곧 1과 10이 둘이 아니라 하나라는 사실을 말해줍니다. 이를 가리켜 11귀체라고 합니다.

이걸 인체로 말한다면 개체로는 한 개이지만, 10개의 구멍이 한데 모여 있는 상태라고 할 수 있습니다. 인체를 지혜의 칼로 가르는 걸 가리켜 깨달음이라고 합니다. 인체를 한 번 가르면 인체 속에 들어 있는 하늘의 음양에 눈이 뜨이고, 두 번 가르면 땅에 있는 사방의 형상 즉, 사상에 눈이 열리며, 세 번 가르면 인간의 자성 속에 들어 있는 8괘를 알게 됩니다. 이처럼 세 번씩 가르는 지혜의 칼을 가리켜 삼신이라 하고, 사상 속에 들어 있는 5를 가리켜 5행이라고 합니다. 머리의 5관을 통하여 하늘의 5행을 알게 되고, 배에 있는 5장을 통하여 땅의 5행을 소화하며, 사지에 있는 5지를 통하여 5행을 사용하는 것이 인간입니다. 수박에 6개의 꼭지점이 있는 것처럼, 사람에게도 머리에는 6식이 있으며, 배에는 6부가 있고, 팔, 다리는 각기 6마디로 이루어져 있습니다. 수박의 한 중심에 7中이 있는 것처럼, 머리에는 7규가 있고, 배에는 7백이 있으며, 사지로는 7정사(政事)를 연출합니다. 수박을 세 번 가르면 9변하는 셈인데, 인체에서도 역시 머리에 9궁이 있고, 배에도 구곡(九曲)간장이 있으며, 사지에서는 주

먹구구를 합니다. 그리하여 인체에 있는 10개의 구멍이 본래 하나로 귀일하는 걸 가리켜 11귀체라고 합니다. 이처럼 11귀체는 전체와 개체가 온전히 하나 되는 이상적인 평등인간, 평등 사회를 표방(標榜)합니다.

9. 용담과 오행

이번에는 용담도와 숫자에 대한 걸 살피도록 하겠습니다. 용담이란 용어는 사실 동학에서 맨 처음 나왔습니다. 동학의 경전은 크게 '동경대전'과 '용담유사'로 구분하는데, 동경대전은 순한문체로 씌어졌고, 용담유사는 순한글체로 씌어졌습니다. 용담유사는 동학의 창시자이신 수운선생께서 득도하신 정자 이름인 용담정(龍潭亭)에서 유래(由來)하였습니다.

수운(水雲)이란 호는 물이 증발하여 하늘로 올라가 구름이 된 상태를 가리키는데, 그것은 선천 낙서의 북방에 있던 1감수로 후천에는 불이 들어간다는 걸 의미합니다. 즉 선천의 자시(子時)가 후천에는 사시(巳時)로 바뀐다는 걸 가리키는데, 자세한 건 현무경 해설편을 참고하기 바랍니다.

용담이란 말은 '용이 살고 있는 못'을 가리키는데, 선천에는 용이 물을 얻지 못하여 용담이못 되었지만, 후천에는 용담으로 화합니다. 즉 선천 낙서의 중앙에는 5戊 陽土가 들어가 물이 없었지만, 후천의 용담 중앙에는 1, 6水가 들어가 사해에 수기(水氣) 충만하게 되므로 용담이 되고도 남습니다. 12지지를 보아도 알 수 있는데, 낙서의 용을 가리키는 진(辰)은 동남방의 진사지간 3양 자리에서 극심한 갈증에 시달렸습니다. 그러기 때문에 선천의 용은 겉모습만 화려할 뿐, 실속은 없었습니다. 후천의 용담도에서는 진이 서북방 술해지간(戌亥之間)으로 이동을 하므로, 당연히 용이 물을 얻은 형국입니다. 용이 물을 얻으면 승천(昇天)하게 마련인 것처럼, 팔괘를 보면 낙서 6건천에서 용을 가리키는 용담 5진뢰가 6중앙, 7손풍, 8간산, 9리화, 10건천으로 새로운 하늘로 승천을 하고 있는 걸 알 수 있습니다. 이것이 '시천주 21수'의 근거가 되는데, 자세한 것은 '21 시천주'에서 상론(詳論)하도록 하겠습니다.

용담도의 숫자는 2에서 10까지 벌어집니다. 그 이유는 낙서의 마지막이었던 9리화가 음을 만나지 않으면 안 되는데, 음의 시작은 2에서 시작하기 때문입니다.

```
1→2→ 3→ 4→ 5→ 6→ 7→ 8→ 9: 낙서 9변
10←9← 8← 7← 6← 5← 4← 3← 2: 용담 9복
11  11  11   11   11   11  11   11   11
```

따라서 낙서의 숫자와 합하여 11을 만드는 숫자가 용담도의 숫자가 됩니다. 낙서와 달라지는 점이 몇 가지가 있는데 그것은 다음과 같습니다.

첫째, 낙서는 북방에서 1로 시작을 하는데 반해, 용담은 남방에서

2로 시작을 합니다. 그것은 낙서의 끝자리에서 용담의 첫수가 시작을 하기 때문인데, 이를 가리켜 '2·9착종'이라고 합니다. 낙서의 2·9 착종과는 정반대가 되어, 서방으로 4, 9금이 들어가고, 남방으로는 본래의 2, 7화가 들어간다는 점이 다릅니다. 그러므로 낙서의 '금화교역'과는 반대로 '화금교역'이라고 부를 수도 있겠군요.

둘째, 낙서는 밑에서 우상(右上)쪽 시계 바늘 반대 방향으로 선회하는데 반해, 용담은 위에서 좌하(左下)쪽 시계 바늘 방향으로 선회합니다. 이것은 양은 상승(上昇)하고, 음은 하강(下降)하는 자연의 법칙에 따른 것입니다.

셋째, 낙서에는 1, 3, 5, 7, 9 다섯 양이 정위에 배치하였지만, 용담에는 2, 4, 6, 8, 10 다섯 음이 정위에 배치하였습니다. 이는 곧 용담은 음이 주도 한다는 의미입니다. 선천은 양이 주도를 하였는데, 그것은 곧 눈에 보이는 물질적인 형상이 인간의 의식을 주도 했다는 얘기입니다.

넷째, 낙서는 중심에 5가 들어가지만, 용담은 6이 들어갑니다. 5가 들어간다는 것은 음양의 형상(1+4, 2+3)을 위주로 한다는 말이고, 6이 들어간다는 것은 3신1체(1+2+3)를 위주로 한다는 의미입니다. 따라서 말로만 듣던 3신이 인간의 중심인 자성에서 스스로 밝아져 大三合六生七八九로 벌어진다는 의미입니다.

다섯째, 낙서는 1과 9로 남북의 기준을 삼았지만, 용담은 2와 10으로 기준을 삼았습니다. 즉 낙서는 1감수라는 水와 9리화라는 火, 즉

水火가 만물의 기준이었지만, 용담은 2곤지와 10건천 즉, 천지가 기준이 된다는 말입니다. 水火는 물질의 변화를 주도하기에 불안하지만, 천지가 제자리를 지키지 않으면 안 됩니다. 낙서는 3과 7로 동서의 균형을 도모하였지만, 용담은 4와 8로 동서의 균형을 이룹니다. 낙서의 3은 진뢰요, 7은 태택이므로 물질의 변화의 첫 기점인 1양이 시작하는 진괘와 1음이 시작하는 태괘가 각기 하늘과 땅에서 벌어지는 상태를 가리킨데 반하여, 용담의 8간산과 4태택은 3양으로 맨 마지막에 등장하는 8간 소남(少男)과, 맨 마지막으로 태어난 4태 소녀(少女)가 합궁하는 상태를 가리킵니다.

10. 원(圓), 방(方), 각(角)

도형을 구성하는 요소에는 원(○), 방(□), 각(△)이 있습니다. ○은 하늘을 가리키고, □은 땅을 가리키며, △은 인간을 가리킨다고 합니다. 이것을 숫자로 대입하면 어떻게 될까요? ○은 1이요, □은 2이며, △은 3이라고 합니다. 한 점(1)을 계속 이어가면 ○이 되고, △은 세 선(3)을 이어서 형성한 것이므로 쉽게 납득할 수 있는데, □은 네 개의 선으로 되었으니 당연히 4라고 해야 할 텐데 2라고 한 것은 무슨 이유일까요?

□의 도형에서 굳이 2라는 수를 찾는다면 상하로 벌어진 ＝와 좌우로 벌어진 ∥가 있겠군요. ＝와 ∥를 떨어진 것으로 보면 4가 되지

만, 둘을 한데 붙은 걸로 본다면 2가 됩니다. 둘을 한데 붙은 걸로 보는 이유는 무얼까요? 그것은 모든 사물을 형성하는 것은 음양의 양면이 있기 때문입니다. 예를 들어 수(水)에는 음양이 있어 음적인 면을 가리켜 6이라 하고, 양적인 면을 가리켜 1이라고 하지요. 또한 화(火)에도 음양이 있어 음적인 면을 가리켜 2라 하고, 양적인 면을 가리켜 7이라고 합니다. □은 음양이 좌우로 한 쌍, 상하로 한 쌍, 도합 둘로 벌어진 상태이므로 2라고 한 것입니다. 따라서 1은 태극을, 2는 음양을, 3은 삼재를 나타내는 상징이라고 합니다.

　1이 이어지면 원을 이루기 때문에 태극은 원의 기본적인 입자라고 할 수 있습니다. 원은 전체적인 통일체를 가리키는 것이므로 태극은 통일의 기초입니다. 통일은 전체적으로도 하나요, 개체적으로도 온전한 하나의 상태를 가리킵니다. 이를 가리켜 개전쌍전(個全双全)이라고도 합니다. 모든 사물이 지향하는 것은 사실 이런 상태라고 하겠습니다. 개인도 온전해지고, 전체도 온전해지는 사회가 이상적인 사회라고 하는 것이며 그 상징을 원이라고 합니다. 모든 숫자가 1에서 나가고 다시 1로 귀일한다고 보면 가장 크면서도 동시에 가장 작은 수라고 하겠습니다. 1태극은 바로 이런 상태를 상징합니다.

　2는 음양이라고 하였지요? 음양은 반드시 양면(兩面)이라는 상대적인 짝이 있게 마련입니다. 짝은 다른 면을 지니게 마련인데, 그것을 가리켜 방(方)이라고 합니다. 동방이 있으면 서방이 있고, 남방이 있으면 북방이 있습니다. 1태극이 통일을 가리킨다면, 2음양은 분리를 가리킵니다. 만물이 통일 하려는 까닭은 흩어진 기를 모으려는 것이요, 분리하려고 하는 까닭은 속에 있는 중심을 드러내려고 하기 때문입니다. 따라서 홀수는 기를 주관하고, 짝수는 형상을 주관한다고 합니다. 기는 쉬지 않고 변하는 것이기에 신속한 성질이 있으므로 생육, 발전을 위주로 합니다. 그러나 잘 깨지는 속성이 있기 때문에 인간세상에서 전쟁이라는 형태로 드러났습니다. 형상도 물론 변하지만 기에 비해서는 훨씬 안정감이 있는데, 그것은 짝이 있기 때문이지요. 그러기 때문에 1로 시작한 9변에 비해, 2로 시작하는 9복의 시대에는 안정적인 사회상을 견지할 수 있습니다. 하지만 진정한 안정은 2+9, 3,+8, 4+7, 5+6, 6+5, 7+4, 8+3, 9+2, 10+1의 11귀체 즉, 음양의 온전한 합일에 있습니다. 이런 이치에 의해 1은 선천물질문명을, 2는 후천정신문명의 머리가 된다고 한 것입니다. 아무튼 북방의 1과 남방의 2는 서로 한 쌍이 되어 상하에서 ＝가 되고, 동방의 3과 서방의 4도 역시 한 쌍이 되어 좌우에서 ‖가 되어 □의 형태를 이루게 되었습니다.

마지막으로 3은 세 개의 선이 모여서 이루어졌는데, 이는 곧 천－, 지－, 인－을 가리킨 것입니다. 1+2=3이 되는 것은 천지의 합이라고 하는 것도 매우 중요한 사항이라고 할 수 있으니, 인간이라고 하는 존재는 천지의 합작품이라는 뜻이 들어 있습니다.

이처럼 3을 천지의 합작품인 인간이라고 본다면, 6과 9도 인간을 상징한다고 할 수 있지요. 왜냐하면 3의 배수가 6이며, 9이기 때문입니다. 첫 번째 탄생한 3은 사람 속에서 이루어진 하늘의 원 3×1=3을 말하고, 두 번째 탄생한 6은 사람 속에서 이루어진 땅의 방 3×2=6을 가리키며, 세 번째 탄생하는 9는 사람 속에서 이루어진 사람의 각 3×3=9를 가리키기 때문입니다. 즉 3, 6, 9는 사람 속에 들어 있는 원방각을 숫자로 나타낸 것입니다.

사람 속에도 원방각이 있다는 얘기는 처음 들어볼 겁니다. 그러나 모든 사물은 삼신의 작용으로 형성되는 것이 철칙이므로 당연히 원방각의 형태나 작용이 있을 수밖에 없지 않을까요? 사람 속에 들어 있는 원(圓)은, 기본적으로 사람은 천지의 중심이라는 의미입니다. 원은 본래 1이라고 하였으니 천1, 지1을 하나로 합하는 것은 인간이므로 당연히 인간이 천지의 중심이라고 하는 겁니다. 마치 그것은 부모의 합작으로 태어난 자녀가 부모의 중심이 되는 것과 같은 이치겠죠. 3은 3신이라고 하여 신(神)을 가리키는 것이므로 사람 속에 들어 있는 원은 한 마디로 인간 속에서 신이 온전하게 형성된 상태라는 뜻이라고 보면 될 겁니다. 즉 천지인의 태극이 한데 합한 상태가 3이며, 사람 속에 있는 원이라는 뜻입니다.

사람 속에 들어 있는 방(方)이라는 것은 무슨 의미일까요? 방은 형상을 나타내는 2를 기본으로 한다고 하였으므로, 천2, 지2가 합해서 나온 인2까지 도합 6이 된 겁니다. 즉 천지인의 음양이 하나로 합한 상태를 가리킵니다. 1태극은 신을 가리키지만, 2음양은 형상을 나타냅니다. 따라서 6은 천지인이 구체적인 형상을 드러내는 만반의 준비를 갖춘 상태라고 할 수 있겠군요. 그러기 때문에 성경에도 기록하기를 하느님이 6일 만에 만물을 창조하였다고 하였던 겁니다. 즉 만물이 형상을 갖추는 상징적인 숫자가 6이라는 말이지요. 어디에서 그렇게 된다는 말인가요? 천지가 아닌 인간의 자성에서 그렇게 된다는 말입니다. 그러기 때문에 6각형에서 모든 물질이 형상을 드러낸다고 합니다. 이걸 가리켜 우리 조상들은 '6기'라는 표현을 했던 겁니다. 즉 6에 이르러야 비로소 기다운 기가 발생한다는 말이지요. 천지의 신이 인간 속에서 통일 된 상태를 3신이라고 한다면, 천지의 형상이 인간 속에서 통일 된 상태는 이처럼 '6기'라고 합니다.

사람 속에 들어 있는 각(角)을 나타내는 9는 무슨 의미일까요? 각은 본래 깨달음(覺)을 가리킵니다. 원이 하늘의 조화(造化)를 가리키고, 방이 땅의 교화(敎化)를 가리킨다면, 이 둘을 합하여 인간은 치화(治化)를 합니다. 그러기 때문에 세상을 다스리는 일은 반드시 '깨달음'을 수반해야 합니다. 오늘날 세상이 이처럼 어지러운 까닭은 이런 깨달음이 없는 무도인(無道人)들이 위정자가 되었기 때문이지요. 9는 3을 세 번 합한 수인데, 그것은 곧 천각(天角), 지각(地角)을 인간 속에 내포한 인각(人角)을 가리킵니다. 따라서 천지인의 모든 각을 다 함유하고 있는 상태가 9입니다. 9에 도달하는 일은 매우 어렵습니다. 하물며 그걸 넘어서 10에 이르는 길이야 더 말할 게 없겠지요. 천지의 깨달음이 인간의 내면에서 이루어지면 천지는 물론 인간까지 완성이 되는 법이므로 편안히 안식할 터전이 마련된 셈인데, 그걸 가리켜 궁(宮)이라고 합니다. 따라서 9궁이란 말이 나온 겁니다.

이처럼 3, 6, 9는 사람 속의 원방각 즉 천지인을 가리킨다는 사실을 알 수 있습니다. 요즘 사람들이 한창 '3, 6, 9게임'을 하는 것이 유행하고 있는데, 그것은 천지의 기운이 인간 속에 응기(凝氣)하여 율동을 한 결과입니다. 3, 6, 9를 합하면 18이 되는데, 이것이 바로 사방에서 자성을 밝히는 용담도의 도수입니다. 용담도는 동4 - 중6 - 서8로 18이요, 남2 - 중6 - 북10으로 18이며, 동남7 - 중6 - 서북5로 18이고, 서남9 - 중6 - 동북 3으로 18입니다. 이처럼 사방, 팔방으로 통하는 것이 18이요, 그것은 인존세상이 오면 모두가 다 '18놈'과 '18년'이 되어야 한다는 계시라고 할 수 있습니다. 우리 조상들은 욕설에도 이처럼 깊은 의미를 담아두었군요.

사람 속의 원방각을 3, 6, 9가 아닌 7, 8, 9로도 볼 수 있습니다. 7은 1, 2, 3의 하늘과 4, 5, 6의 땅이 끝난 후에 인간의 시작을 알리는 숫자입니다. 시작은 항상 하늘에서부터 비롯하는 법이므로 7을 인간의 원이라고 하는 겁니다. 그러므로 하늘의 7성은 사람의 자성에서 시작하는 하늘의 광명을 상징합니다. 그러기 때문에 우리민족은 유독 7성을 섬겼던 겁니다. 7성을 잘 연구하면 마음이 어떻게 몸과 연결되어 운행하는지 알 수 있습니다. 다음으로 형상은 땅에서 드러나는 법이므로 8을 인간의 방이라고 하겠죠. 즉 인간의 내면에서 땅이 어떻게 구체적으로 펼쳐졌는가 하는 것을 가리키는 것이 8괘입니다. 7성은 인간의 내면에 벌어지는 하늘의 광명인데 이것이 천성(天性)이요, 8은 땅의 물상인데 이것이 지리(地理)입니다. 그렇다면 9는 뭐라고 할까요? 그것은 인간의 내면에서 벌어지는 성리(性理)라고 합니다. 성리는 천성과 지리를 합한 말입니다.

이걸 일목요연하게 정리를 해보도록 하겠습니다.

1	2	3		1	2	<u>3</u>
4	5	6		4	5	<u>6</u>
<u>7</u>	8	9		7	8	<u>9</u>

위에서 보는 것처럼 3, 6, 9는 종(從)으로 7, 8, 9는 횡(橫)으로 배열되었습니다. 이것은 우주가 경위(經緯)로 이루어졌기 때문입니다. 경(經)은 만물이 수화(水火)의 기운을 따라 도는 것으로 천지의 형상을 가리키고, 위(緯)는 금목(金木)의 기운을 따라 도는 것으로 일월의 운행을 가리킵니다. 3, 6, 9나 7, 8, 9는 다 같이 사람 속의 원방각

즉, 천지인을 가리키지만 3, 6, 9의 합이 18이고, 7, 8, 9의 합이 24 라는 점에 주목해야 합니다. 18은 이미 앞에서 말한 것처럼 자성(自性)으로 상징되는 6수가 천지인 3계에 걸쳐 나타나는 상황을 가리키는데 비해, 24는 자성이 4방으로(6×4) 그 형상을 드러내는 상징인데, 그것이 바로 24절국입니다. 이처럼 6이 3배, 4배로 나타나서 종횡으로 벌어지는 것인즉, 인간의 자성이 '대삼합육운삼사(大三合六運三四)' 한다고 하는 천부경의 가르침과 동일하다고 하겠습니다.

다시 이것을 다음과 같이 배열하여 살펴보도록 하겠습니다.

(1)항	1천원	2천방	3천각	(2)항	1천원	4천방	7천각
	4지원	5지방	6지각		2지원	5지방	8지각
	7인원	8인방	9인각		3인원	6인방	9인각

(1)항의 3은 하늘의 각이요, (2)항의 3은 사람의 원입니다. 즉 3에는 원과 각의 양면이 있지만, 방의 성질은 없다는 뜻이지요. 하늘과 사람 속에는 3이 들어가지만, 땅에서는 3이 없다는 뜻입니다. 따라서 3신을 땅에서 찾는 일은 헛된 일이지요. 3신은 하늘이나 인간 속에서만 존재합니다. 하늘에서는 3이 치화의 신이요, 그것이 사람의 내면에서는 조화의 신으로 자리를 잡게 됩니다.

(1)항의 6은 땅의 각이요, (2)항의 6은 사람의 방입니다. 이처럼 6은 하늘에서는 찾아 볼 수 없는 게 특징인데, 6기는 하늘에 있는 것이 아니라, 땅의 물질과 사람 속에 있다는 뜻입니다. 물질에는 6기가 들어있고, 사람 속에는 6부(六腑)와 6식(六識)이 들어 있습니다.

(1)항의 9와 (2)항의 9는 공통적으로 사람의 각입니다. 맨 마지막

을 장식하는 것은 인간의 깨달음이지요. 인간의 내면이 쇠처럼 단단해진 상태를 가리켜 9라고 합니다. 그러기 때문에 9에서는 각만 있을 따름이요, 원방이나 천지는 찾을 수가 없습니다.

이번에는 하늘의 시작과 중심, 그리고 마지막을 상징하는 1, 4, 7에 대해서 알아볼까요? 1은 본래 기본적인 하늘의 원이라고 하였는데, 흔히 태극이라고 표현을 합니다. 종으로 보아도 하늘의 원이요, 횡으로 보아도 하늘의 원입니다. 이는 곧 어느 면으로도 불변하는 기본이 태극이라는 말이지요.

이에 비해서 4에는 두 가지의 면이 있는데, (1)항의 4는 땅의 시작을 가리키는 원이며, (2)항의 4는 하늘의 방을 가리킵니다. 즉 4에는 원과 방의 양면이 있지만, 각에 해당하는 사항은 없군요. 앞에서 3이 방의 속성이 없다고 한 것과는 대조적이지요? (1)항의 4는 땅의 시작을 가리키는 원이라고 하였는데, 그것은 천지의 중심을 형성하는 시초가 4라는 의미입니다. 천지인의 중심수는 '4, 5, 6'인데 그 시작이 4가 되기 때문이지요. (2)항의 4는 하늘의 방을 가리킨다고 한 것은, 하늘이 두 번째로 변화하는 시초라는 말이므로 (1)항과 같습니다.

7도 마찬가지여서 (1)항의 7은 사람 속의 원을 가리키고, (2)항의 7은 하늘의 각을 가리킵니다. 7에는 원각은 있지만, 방의 속성을 찾을 수 없다는 점에서는 3과 같다고 할 수 있습니다.

이런 식으로, 땅의 시중종을 상징하는 2, 5, 8을 살피면 다음과 같습니다. 간단하게 언급한다면 (1)항의 2는 하늘의 방이요, (2)항의 2는 땅의 원입니다. 각이 빠진 것은 2속에는 아직 인간이 들어갈 여지가 없다는 뜻입니다. 왜냐하면 천지라는 두 개만이 있을 뿐, 인간이 들어갈 틈은 없기 때문입니다. 5는 천지인의 중심에 해당하므로 방중의 방이라고 합니다. 따라서 양이 주도하면서 9변할 적에는 모든 수의 중심이 5가 됩니다. 하늘에서는 5성이 있고, 땅에서는 5대양이 있으며, 인간에게는 5관, 5장, 5지로 모든 형상을 가늠하게 마련입니다.

다른 면으로 1, 4, 7을 고찰해 보면, 1은 하늘의 시작을 알리는 원이요, 4는 하늘의 중심을 알리는 방이며, 7은 하늘의 마지막을 알리는 각이므로, 원방각의 순서라는 걸 알 수 있습니다. 또한 2, 5, 8도 마찬가지인데, 2는 땅의 시작을 알리는 원이요, 5는 땅의 중심을 알리는 방임, 8은 땅의 마지막을 알리는 각이므로 역시 원방각의 순서대로 되었습니다. 3, 6, 9의 3은 사람의 시작을 알리는 원이요, 6은 사람의 중심을 가리키는 방이며, 9는 사람의 마지막을 가리키는 9이므로 역시 원방각의 순서임을 알게 됩니다. 이처럼 1에서 9에 이르는 숫자는 원방각, 천지인의 순서요 변화라는 사실을 알 수 있습니다.

이걸 다음과 같이 용어를 만들어 보면 어떨까요?

(1)항: 경(經)			(2)항: 위(緯)		
天圓 1	地方 2	人角 3	天圓 1	天方 4	天角 7
天圓 4	地方 5	人角 6	地圓 2	地方 5	地角 8
天圓 7	地方 8	人角 9	人圓 3	人方 6	人角 9

이상은 1에서 9까지의 숫자를 관찰한 결과인데, 만약 숫자가 10을

넘는다면 어찌 될까요?

11	12	13		11	14	17
14	15	16		12	15	18
17	18	19		13	16	19

위의 숫자는 11에서 19까지의 숫자인데, 앞의 1에서 9까지의 숫자에 10만 더 할뿐, 다른 것은 모두 같습니다. 1에서 9까지는 10의 품에 들어 있는 숫자이기 때문에 하늘의 범주에 속한다고 보며, 11에서 19까지는 20의 품에 들어 있는 숫자이기 때문에 땅의 범주에 속한다고 봅니다. 21에서 29까지의 숫자는 30의 품에 들어 있으므로 사람의 범주에 속한다고 합니다. 31에서 39는 다시 하늘의 범주에 속하고, 41에서 49는 땅의 범주에 속하며, 51에서 59는 인간의 범주에 속합니다. 이런 식으로 101부터는 땅에서 시작을 하고, 201부터는 인간에서 시작을 하며, 301부터는 하늘에서 시작을 하는 순서로 계속해서 숫자는 이어집니다.

수		1변(天變)			2변(地變)			3변(人變)			귀일(歸一)
		천	지	인	천	지	인	천	지	인	
1순(旬)	경	1천원	2지방	3인각	4천원	5지방	6인각	7천원	8지방	9인각	10 → 1 천원
	위	1천원	2지원	3인원	4천방	5지방	6인방	7천각	8지각	9인각	" 1천원
2순(旬)	경	11지방	12인각	13천원	14지방	15인각	16천원	17지방	18인각	19천원	20 → 2 지방
	위	11지원	12인원	13천방	14지방	15인방	16천각	17지각	18인각	19천원	" 2지원
3순(旬)	경	21인각	22천원	23지방	24인각	25천원	26지방	27인각	28천원	29지방	30 → 3 인각
	위	21인원	22천방	23지방	24인방	25천각	26지각	27인각	28천원	29지원	" 3인원

수	1변(天變)			2변(地變)			3변(人變)			귀일(歸一)
	천	지	인	천	지	인	천	지	인	
4순(旬) 경	31천원	32지방	33인각	34천원	35지방	36인각	37천원	38지방	39인각	40→4 천원
위	31천방	32지방	33인방	34천각	35지각	36인각	37천원	38지원	39인원	〃 4천방
5순(旬) 경	41지방	42인각	43천원	44지방	45인각	46천원	47지방	48인각	49천원	50→5 지방
위	41지방	42인방	43천각	44지각	45인각	46천원	47지원	48인원	49천방	〃 5지방
6순(旬) 경	51인각	52천원	53지방	54인각	55천원	56지방	57인각	58천원	59지방	60→6 인각
위	51인방	52천각	53지각	54인각	55천원	56지원	57인원	58천방	59지방	〃 6인방
7순(旬) 경	61천원	62지방	63인각	64천원	65지방	66인각	67천원	68지방	69인각	70→7 천원
위	61천각	62지각	63인각	64천원	65지원	66인원	67천방	68지방	69인방	〃 7천각
8순(旬) 경	71지방	72인각	73천원	74지방	75인각	76천원	77지방	78인각	79천원	80→8 지방
위	71지각	72인각	73천원	74지원	75인원	76천방	77지방	78인방	79천각	〃 8지각
9순(旬) 경	81인각	82천원	83지방	84인각	85천원	86지방	87인각	88천원	89지방	90→9 인각
위	81인각	82천원	83지원	84인원	85천방	86지방	87인방	88천각	89지각	〃 9인각
10순(旬) 경	91천원	92지방	93인각	94천원	95지방	96인각	97천원	98지방	99인각	100→1 천원
위	91천원	92지원	93인원	94천방	95지방	96인방	97천각	98지각	99인각	〃 1천원

―――――――――――――――――――― 이하 생략 ――――――――――――――――――――

위에서 보는 것처럼, 즉 1-5-9의 순서대로 천원, 지방, 인각이 경위로 함께 맞물리는 것을 보게 됩니다. 다시 구체적으로 말한다면,

1(원)-5(방)-9(각)-10(합 1)-14(합 5)-18(합 9)-19(합 1)-23(합 5)-27(합 9)-28(합 1)-32(합 5)-36(합 9)-37(합 1)-41(합 5)-45(합 9)……91(합 1)-95(합 5)-99(합 9)……생략

일단 원방각에 대한 수리는 여기서 마치기로 하겠습니다. 원방각은 천지인의 형상과 변화를 상징하는 우리 민족의 위대한 사상입니다.

그것은 천지인이 끝없는 고리를 이루면서 돌고 도는 순환과 운행을 의미합니다. 계속해서 다른 각도에서 숫자에 대한 의미를 살펴보기로 하겠습니다. 숫자의 의미는 말 그대로 무궁무진합니다.

11. 21 시천주

이번에는 21수에 대하여 알아보도록 하겠습니다. 우리민족의 어머니이신 웅녀(熊女)께서 사람으로 환생하기 위해 굴에서 3·7일간 일광(日光)을 기(忌)하면서 마늘과 쑥을 먹는 인내를 하셨다는 건 이미 널리 알려진 사실입니다. 실제로 곰이 사람으로 환생을 한 것인지, 아닌 지는 잘 모르겠지만, 아마 그걸 문자 그대로 믿는다면 정말 곰 새끼라고 해야 할 겁니다. 모든 진리를 비유와 상징을 통하는 것이 보다 효율적이라는 걸 누구보다도 잘 알고 있었던 민족이 바로 한민족이었습니다.

태양 볕을 멀리하였다는 것은, 아직 사람다운 사람으로 되지도 못하였는데 감히 세상에서 빛을 볼 엄두를 내려고 하지 않았다는 말입니다. 가수나 탤런트들이 무명 시절을 가리켜 '빛을 못 보았다'고 하는 것을 보아도 알 수 있을 겁니다. 여하튼 웅녀는 쑥과 마늘을 먹었다고 하여 많은 사람들이 지금도 마늘요법이나 쑥뜸을 통하여 건강을 유지하려는 생각을 하고 있더군요. 그러나 그런 것이 아무리 좋다고 하여도 어찌 사람의 영혼을 살리고, 자성을 밝혀 영생으로 인도할 수 있을까요? 아마 쑥은 천간을 가리키고, 마늘은 지지를 가리키는

게 아니었을까요?

아무튼 3 · 7일간 태양 볕을 멀리하였다고 하였으니 21에 대한 의미를 알아보기로 하겠습니다. 햇빛을 멀리하는 기간이라면 당연히 인고의 세월을 의미한다고 할 수 있겠군요. 뒤집어 말하면 21이 되어야 비로소 빛을 볼 수 있다는 말입니다. 그건 계란이 부화하는 기간이 21이라는 점을 보아도 알 수 있으며, 사람도 수정이 된 후에 21일이 되어야 비로소 임맥(任脈)이 뛰게 된다는 것을 보아도 알 수 있습니다. 지금 우리가 살고 있는 시기도 21세기라고 하는 걸 보면, 아마 지구라는 알 껍질을 깨고 참다운 인간들이 나올 시기가 되었다고 보아도 좋을 겁니다. 이미 그런 운기가 지구에는 넘치고 있습니다.

1, 2, 3, 4, 5, 6을 합하면 21입니다. 1, 2, 3은 하늘이 시, 중, 종으로 변하는 수이고, 4, 5, 6은 땅이 변하는 수입니다. 그러므로 천지가 변하는 숫자가 1에서 6이라고 할 수 있으며, 천지의 합이 곧 21이라는 얘기가 됩니다. 천지가 합하여 탄생하는 것이 인간이라고 한다면 웅녀가 굳이 21일을 토굴에서 태양을 멀리한 이치가 이해 될 겁니다. 또한 하늘이 한 번 9궁을 돌면 10이요, 땅이 또 한 번 돌면 10이니, 이 둘을 합하면 20이 되는데, 21부터는 인간이 9궁을 돌 차례가 되는군요.

21이라고 하면 언뜻 떠오르는 것이 '3×7=21'입니다. 7이라는 숫자는 6의 중심을 가리키는데, 6은 마음의 그릇이요, 7은 마음의 내용물입니다. 6을 가리켜 마음의 그릇이라고 하는 까닭은, 천지인으로 세 번 우주를 가르면 6개의 十字가 생기게 되는데 그것이 밖으로 드러났기 때문에 하는 소리입니다. 그것을 그림으로 그리면 다음과 같습니다.

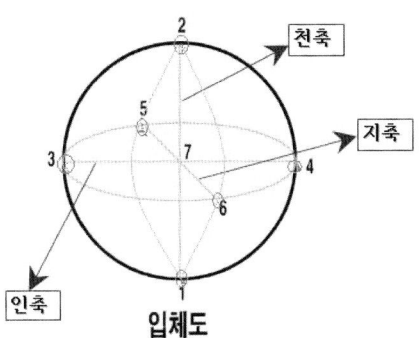

(우주를 세 번 가른 모습)

입체도

十字는 음양이 하나 된 상태이므로 중심을 가리킵니다. 예를 들면 수박을 한 번 갈랐을 적에는 아무런 十字도 없었지만, 두 번 가르면 상하로 十字가 생깁니다. 그것은 하늘이 홀로 있을 적에는 아무런 중심도 없지만, 하늘에 상대되는 땅이 생기면 비로소 하늘도, 땅도 중심이 생긴다는 말입니다. 그러나 아직 수박의 중심에 十字가 생긴 것은 아닙니다. 수박의 중심에 십자가 생기는 것은, 세 번 갈랐을 때입니다. 즉 천지와 그 속에 인간이 섰을 적에 비로소 천지인의 한 중앙에 십자가 생긴다는 말이지요. 이는 곧 인간이 생기지 않으면 천지의 겉으로만 중심이 서게 되는 법이지, 결코 중심에는 십자가 형성되지 않는다는 말입니다.

이처럼 세 번 갈라야 비로소 한 중앙에 십자가 생기는데, 이를 가리켜 자성(自性)이라고 합니다. 세 번 가르면 위의 그림에서 보는 것처럼, 상하, 좌우, 전후에 걸쳐 6개의 十字가 생깁니다. 이처럼 6은 표면에 드러난 중심이며, 그 속에 있는 7은 내면에 있는 중심입니다. 즉 6은 자성을 담는 그릇이요, 7은 자성입니다. 용담도의 중앙

에 있는 1, 6수는 바로 이런 상태를 가리키는 것으로서 겉으로는 6
水이지만, 속으로는 7火입니다. 물속에 불이 함께 있으면 '水生於火'
가 되어 '天下에 無相克之理'가 되는데, 이것이 바로 자성의 실상입
니다. 선천에는 물과 불은 서로 상극이 되어 水克火로 일관하던 것
이 비로소 인간의 자성에 중도가 서게 되면 水極生火로 바뀐다는
말이지요.

이런 것은 인간이 하고자 해서 되는 것이 아니라, 천지의 운기가
개벽되어야 가능합니다. 본래 인간이란 존재는 천지의 합작품이기에
천지가 병들면 인간도 병이 든 상태로 나오게 마련입니다. 천지가
개벽하여 음양이 온전해지면 인간도 온전한 음양의 합일체가 되어
비로소 자성이 밝아진 '本性光明'을 이루게 마련입니다. 지금 벌어
지고 있는 각종 기후변화나 이상현상은 모두 천지가 스스로 새로운
천지로 개벽하는 몸부림입니다. 그것은 과거에 2 · 9착종으로 금화교
역한 우주가 가을을 맞이하여 수렴의 기운이 강한 상태로 변질되기
위한 과정입니다. 이런 것은 현무경 해설을 참고하면 자상한 소식을
들을 수 있습니다.

낙서에서 북방의 1감수 – 서방의 2곤지 – 동방의 3진뢰 – 남방의 4
손풍 – 5중앙을 거쳐 생수의 과정을 거치면, 다시 북방의 6건천 – 서
방의 7태택 – 동방의 8간산 – 남방의 9리화로 9변을 하는데, 이를 가
리켜 북방정사라고 합니다. 이 과정에서 주목해야 할 것은, 1, 2, 3,
4, 5, 6의 합이 21을 이루는 6건천입니다. 이 자리는 본래 서북방의
戌亥之間으로서 3음과 3양의 변화가 모두 마치는 곳입니다.

1	2	3	4	5
10	9	8	7	6
11	11	11	11	11

선천의 생수인 5가 끝나고 후천이 시작하는 6건천에서 성수가 시작하기 때문에 숫자가 5에서 1로 다시 역순(逆順)하게 마련입니다. 이렇게 해야만 비로소 11귀체가 성립하게 됩니다. 이런 이치에 의해 문왕도의 6건천으로 용담도에는 5진뢰가 들어가고, 5중앙에는 6중궁이 들어가며, 4손풍에는 7손풍이 들어가고, 3진뢰에는 8간산이 들어가며, 2곤지에는 9리화가 들어가고, 1감수에는 10건천이 들어가게 되어, 마침내 선천의 9천이 아닌 후천의 10천이 열립니다. 이를 가리켜 '五老峯前 21'이라고 합니다.

이처럼 새 하늘을 자성 자리에 모신 상태를 가리켜 '侍天主'라고 하며, 그 숫자를 21이라고 합니다. 동학의 '시천주조화정영세불망만사지 지기금지원위대강'이라고 하는 21자 주문은 이런 이치를 띠고 나온 겁니다.

다른 각도에서 21에 관한 것을 찾는다면, 지구가 하지에는 寅方에서 묘, 진, 사, 오, 미, 신, 유, 술방으로 9도를 태양이 돌고, 춘, 추분에는 묘방에서 진, 사, 오, 미, 신, 유방으로 7도를 돌며, 동지에는 진방에서 사, 오, 미, 신방으로 5도를 돌게 되는데, 이를 합하면 21도입니다. 지구를 한 바퀴 돌면 360일이어야 하는데, 5와 1/4일로 운행을 하다 보니 하루에 21분의 차이가 있게 되었습니다. (5와 1/4일을 분수로 계산하면, 5일×1440분＋1/4×1440분＝7,560분이 되는데, 이를 1년으로 나누면 7,560분÷360＝21분) 이처럼 하루 21분씩

틈이 벌어지는 것은 인간의 중심인 자성에서 나타나는 것이기 때문에 이를 상징하는 숫자를 21이라고 한 것입니다. 갑자로부터 21번째에 해당하는 것이 甲申인데, 수운대신사의 탄강이 갑신년에 이루어진 것도 깊이 생각해야 할 문제입니다.

12. 적멸수(寂滅數)

하도를 풀이한 복희도는 1건천, 2태택, 3리화, 4진뢰, 5손풍, 6감수, 7간산, 8곤지라는 8괘를 그어 우주만물의 형상을 나타냈습니다. 그러니까 10과 9를 뺀 셈인데, 이 둘을 합한 19를 가리켜 적멸수라고 합니다. 9를 가리켜 하늘의 끝(天終之數)라 하고, 10을 가리켜 땅의 끝(地終之數)라고 하므로, 이 둘을 합하여 천지이종지수(天地二終之數)라고도 합니다. 현무경에는 '耳目口鼻는 性理大全 八十卷 震默大師 聰明道通'이라고 19자를 기록하였는데, 한 중심에 기록한 것을 보면 적멸궁은 우주만물의 한 중심에 있다는 의미라고 하겠습니다. 적멸이란 의미는 본래 온전히 고요해졌다는 뜻이므로, 영원한 안식처, 대해탈처를 의미한다고 볼 수 있습니다. 우리가 태어난 곳이 천지인데, 그 마지막 끝나는 곳이라고 하였으니, 당연히 완성을 이룬 곳이라고 할 수 있을 겁니다. 복희도에서 19적멸수가 빠진 것은, 그것은 본래 만물의 형상을 그대로 보여주는 것이므로 그 중심을 보기는 어렵습니다. 그 중심은 낙서와 용담도를 통하여 그 모습을 드러냅니다.

정남방: 복희도의 1＋문왕도의 9＋용담도의 2＝12

동남방: 복희도의 2＋문왕도의 4＋용담도의 7＝13

정동방: 복희도의 3＋문왕도의 3＋용담도의 8＝14

동북방: 복희도의 4＋문왕도의 8＋용담도의 3＝15

서남방: 복희도의 5＋문왕도의 2＋용담도의 9＝16

정서방: 복희도의 6＋문왕도의 7＋용담도의 4＝17

서북방: 복희도의 7＋문왕도의 6＋용담도의 5＝18

정북방: 복희도의 8＋문왕도의 1＋용담도의 10＝19

이처럼 용담도의 정북방 10건천에서 적멸수 19가 완성되는 걸 알 수 있는데, 그것은 곧 인존문명의 머리인 정북방의 하늘이 적멸처가 된다는 걸 암시하고 있습니다. 따라서 인류가 본향을 찾아간다는 것은 곧 19적멸수를 찾아간다는 것과 동일한 의미입니다.

여하튼 19개의 적멸수를 찾아서 지금부터 출발하기로 하겠습니다. '낙서와 오행'에서 이미 소개한 적이 있지만, 다시 한 번 그걸 소개하겠습니다.

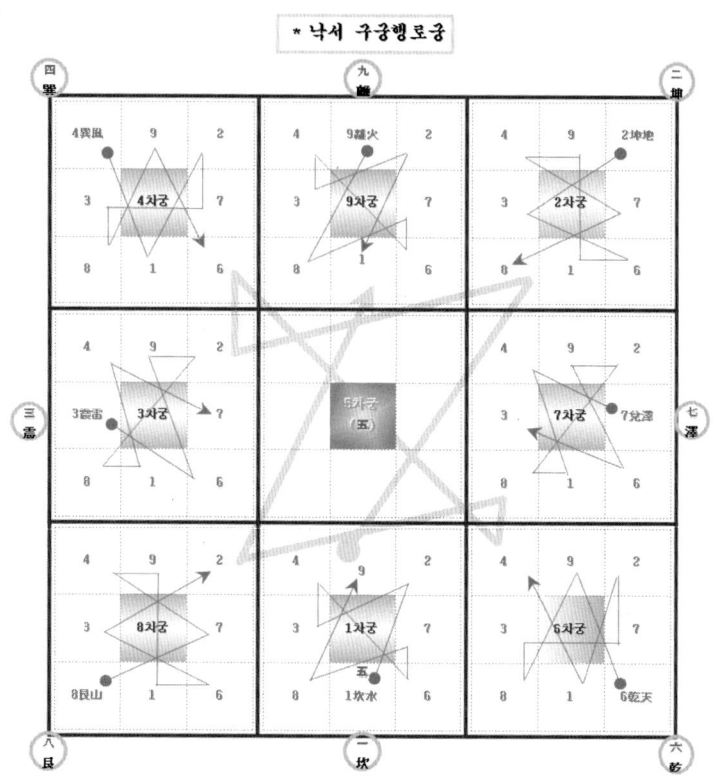

* 낙서 구궁행로궁

낙서구궁행로궁

순서	1坎水	2坤地	3震雷	4巽風	5中宮	6乾天	7兌澤	8艮山	9離火
1차궁	1	2	3	4	5	6	7	8	9
2차궁	2	3	6	1	5	9	4	7	8
3차궁	3	6	9	2	5	8	1	4	7
4차궁	4	1	2	7	5	3	8	9	6
5차궁	5	5	5	5	五	5	5	5	5
6차궁	6	9	8	3	5	7	2	1	4
7차궁	7	4	1	8	5	2	9	6	3
8차궁	8	7	4	5	5	1	6	3	2
9차궁	9	8	7	6	5	4	3	2	1

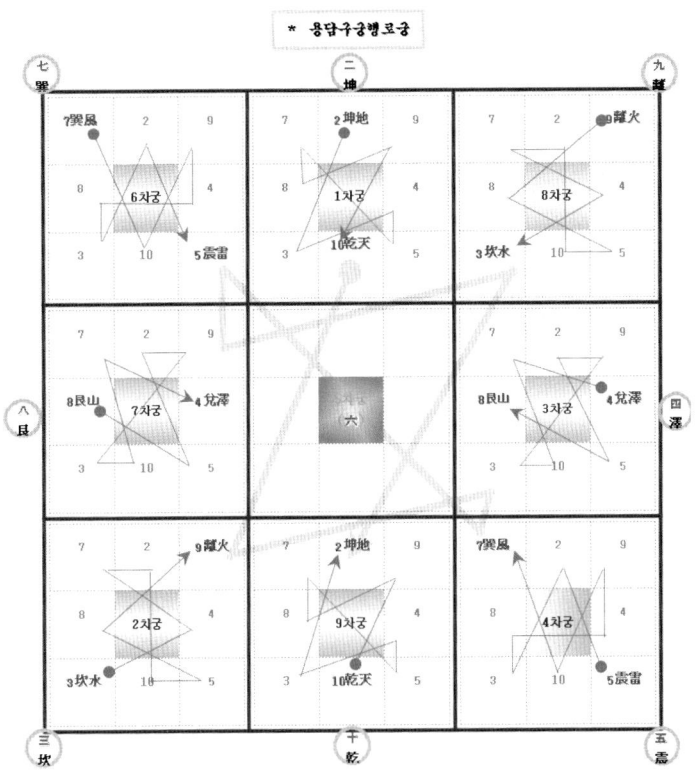

* 용담구궁행로궁

낙서구궁행로궁에서 보는 것처럼 모든 수는 9변을 거쳐 변화를 합니다. 이걸 만약 2에서 10으로 귀일하는 용담구궁행로궁으로 나타내면 다음과 같습니다.

용담구궁행로궁

순서	2坤地	3坎水	4兌澤	5震雷	6中宮	7巽風	8艮山	9離火	10乾天
1차궁	2	3	4	5	6	7	8	9	10
2차궁	3	4	7	2	6	10	5	8	9
3차궁	4	7	10	3	6	9	2	5	8
4차궁	5	2	3	8	6	4	9	10	7
5차궁	6	6	6	6	六	6	6	6	6
6차궁	7	10	9	4	6	8	3	2	5
7차궁	8	5	2	9	6	3	10	7	4
8차궁	9	8	5	10	6	2	7	4	3
9차궁	10	9	8	7	6	5	4	3	2

　위 두 개의 도표에 나와 있는 숫자의 흐름과 팔괘의 변화를 제대로 알 수 있다면, 아마 천지조화를 마음대로 부릴 수 있는 신인의 경지에 도달하는 건 그리 어렵지 않을 것입니다. 그런 건 차차 연구해 가기로 하고, 우선 여기서는 적멸수에 관한 것을 언급하기로 하겠습니다. 낙서나 용담이나 다 같이 아홉 단계를 거쳐 아홉 개의 숫자가 변화하고 있다는 걸 알 수 있는데, 이를 가리켜 '성리대전 팔십권' '四物湯 八十帖'이라고 현무경에는 표현을 하였습니다. 여하튼 9개의 숫자가 9단계의 변화를 하므로 도합 81궁으로 변화하는 건 분명한 사실입니다. 온전한 숫자를 100으로 본다면 81개에서 19개의 숫자가 없는 셈인데, 이는 곧 적멸수를 가리킵니다.

이런 이치를 잘 보여주는 것이 바로 구구단입니다. 구구단은 81자의 숫자로 이루어졌는데, 100에서 보면 19적멸수가 빠졌다고 할 수 있으니, 그것은 각단의 바탕을 이루고 있으면서 드러나지 않은 10무극입니다. 그것을 간추리면 다음과 같습니다.

1단의 10무극: 1단은 $1 \times 1 = 1$에서 $1 \times 9 = 9$까지 9개의 수가 있지만, 그 바탕에는 $1 \times 10 = 10$이 있습니다.

1단	구구셈
	$1 \times 1 = 1$
	$1 \times 2 = 2$
	$1 \times 3 = 3$
	$1 \times 4 = 4$
	$1 \times 5 = 5$
	$1 \times 6 = 6$
	$1 \times 7 = 7$
	$1 \times 8 = 8$
	$1 \times 9 = 9$
적멸수	$1 \times 10 = 10$

2단의 10무극: 2단은 $2 \times 1 = 2$에서 $2 \times 9 = 18$까지 9개의 수가 있지만, 그 바탕에는 $2 \times 10 = 20$이 있습니다.

2단	구구셈
	$2 \times 1 = 2$
	$2 \times 2 = 4$
	$2 \times 3 = 6$
	$2 \times 4 = 8$

2단	구구셈
	$2 \times 5 = 10$
	$2 \times 6 = 12$
	$2 \times 7 = 14$
	$2 \times 8 = 16$
	$2 \times 9 = 18$
적멸수	$2 \times 10 = 20$

3단의 10무극: 3단은 $3 \times 1 = 3$에서 $3 \times 9 = 27$까지의 9개의 수가 있지만, 그 바탕에는 $3 \times 10 = 30$이 있습니다.

3단	구구셈
	$3 \times 1 = 3$
	$3 \times 2 = 6$
	$3 \times 3 = 9$
	$3 \times 4 = 12$
	$3 \times 5 = 15$
	$3 \times 6 = 18$
	$3 \times 7 = 21$
	$3 \times 8 = 24$
	$3 \times 9 = 27$
적멸수	$3 \times 10 = 30$

4단의 10무극: 4단은 $4 \times 1 = 4$에서 $4 \times 9 = 36$까지의 9개의 수가 있지만, 그 바탕에는 $4 \times 10 = 40$이 있습니다.

4단	구구셈
	$4 \times 1 = 4$
	$4 \times 2 = 8$
	$4 \times 3 = 12$
	$4 \times 4 = 16$
	$4 \times 5 = 20$
	$4 \times 6 = 24$
	$4 \times 7 = 28$
	$4 \times 8 = 32$
	$4 \times 9 = 36$
적멸수	$4 \times 10 = 40$

5단의 무극: 5단은 $5 \times 1 = 5$에서 $5 \times 9 = 45$까지의 9개의 수가 있지만, 그 바탕에는 $5 \times 10 = 50$이 있습니다.

5단	구구셈
	$5 \times 1 = 5$
	$5 \times 2 = 10$
	$5 \times 3 = 15$
	$5 \times 4 = 20$
	$5 \times 5 = 25$
	$5 \times 6 = 30$
	$5 \times 7 = 35$
	$5 \times 8 = 40$
	$5 \times 9 = 45$
적멸수	$5 \times 10 = 50$

6단의 무극: 6단은 $6 \times 1 = 6$에서 $6 \times 9 = 54$까지의 9개의 수가 있지만, 그 바탕에는 $6 \times 10 = 60$이 있습니다.

6단	구구셈
	$6 \times 1 = 6$
	$6 \times 2 = 12$
	$6 \times 3 = 18$
	$6 \times 4 = 24$
	$6 \times 5 = 30$
	$6 \times 6 = 36$
	$6 \times 7 = 42$
	$6 \times 8 = 48$
	$6 \times 9 = 54$
적멸수	$6 \times 10 = 60$

7단의 무극: 7단은 $7 \times 1 = 7$에서 $7 \times 9 = 63$까지의 9개의 수가 있지만, 그 바탕에는 $7 \times 10 = 70$이 있습니다.

7단	구구셈
	$7 \times 1 = 7$
	$7 \times 2 = 14$
	$7 \times 3 = 21$
	$7 \times 4 = 28$
	$7 \times 5 = 35$
	$7 \times 6 = 42$
	$7 \times 7 = 49$
	$7 \times 8 = 56$
	$7 \times 9 = 63$
적멸수	$7 \times 10 = 70$

8단의 무극: 8단은 $8 \times 1 = 8$에서 $8 \times 9 = 72$까지의 9개의 수가 있지만, 그 바탕에는 $8 \times 10 = 80$이 있습니다.

8단	구구셈
	$8 \times 1 = 8$
	$8 \times 2 = 16$
	$8 \times 3 = 24$
	$8 \times 4 = 32$
	$8 \times 5 = 40$
	$8 \times 6 = 48$
	$8 \times 7 = 56$
	$8 \times 8 = 64$
	$8 \times 9 = 72$
적멸수	$8 \times 10 = 80$

9단의 무극: 9단은 $9 \times 1 = 9$에서 $9 \times 9 = 81$까지의 9개의 수가 있지만, 그 바탕에는 $9 \times 10 = 90$이 있습니다.

9단	구구셈
	$9 \times 1 = 9$
	$9 \times 2 = 18$
	$9 \times 3 = 27$
	$9 \times 4 = 36$
	$9 \times 5 = 45$
	$9 \times 6 = 54$
	$9 \times 7 = 63$
	$9 \times 8 = 72$
	$9 \times 9 = 81$
적멸수	$9 \times 10 = 90$

이처럼 각 단에는 그 바탕이 되는 10무극이 있는데, 모두 9개이고, 합은 450입니다. 이것은 곧 모든 수의 중심에는 10무극이 있다는 증

거인데, 사실 10무극은 19의 중심수입니다. 10무극의 내용은 아홉 개의 숫자이고, 그것은 9변과 9복의 음양운동을 하기 때문에 도합 18개가 되며, 그 중심에는 19가 있게 마련입니다. 이를 가리켜 적멸수라고 합니다. 이처럼 19개의 수는 모두 10무극이므로 적멸수는 결국 무극을 의미합니다. 그걸 도표로 그리면 다음과 같습니다.

적멸수 9개(9변)									중심19(적멸수)	적멸수 9개(9복)								
10	20	30	40	50	60	70	80	90	100	90	80	70	60	50	40	30	20	10
계 450									도합 1000	계 450								

좌우의 적멸수의 합은 900이고, 중심에 있는 100을 합하면 도합 1000이 되는데, 이것이 바로 적멸수입니다.(중앙에도 음양이 있으므로 실은 1100이라고 해야 한다)

여기서 0을 떼어버리면 다음과 같습니다.

9변									중심(적멸수)	9복								
1	2	3	4	5	6	7	8	9	10	9	8	7	6	5	4	3	2	1
계 45									도합 100	계 45								

이처럼 적멸수의 중심은 항상 10무극이므로, 십중의 십(十之十)이라고도 합니다. 황극구궁행로수의 한 중심에 六이 들어간 것은 바로 이런 적멸수와 무관하지 않습니다. 또한 19×19=361이 되어 원을 형성하는 걸로 보면, 적멸수는 결국 우주의 핵심이라고 할 수 있습니다. 현무경의 한가운데에 적멸장이 있고, 글자의 수가 19자로 되어 있는 것

은 이런 이치를 전해줍니다. 인생을 비롯한 모든 만물은 공수래공수거(空手來空手去)하는 법인데, 이때의 공은 바로 십지십(十之十)으로 돌아가는 적멸수를 가리킵니다. 이곳은 천지인신이 한데 모여 사통팔달하는 곳인데, 바로 우리의 자성 자리를 가리킵니다. 따라서 적멸수나 적멸처는 인간의 자성 자리를 가리킨다고 보면 틀림이 없습니다.

적멸처를 인체에서 찾는다면 9개의 남성의 구멍과 9개의 여성의 구멍이 한데 합치는 곳이 아닐까요? 그곳은 9변도 아니요, 9복도 아닙니다. 남성도 아니며 여성도 아닌, 모든 색이 다 끊어진 곳입니다. 9를 넘어선 십이 숨 쉬는 곳입니다. 그곳은 모든 색을 만들어내면서, 색이 끊어진 곳입니다. 모든 색이 끊어졌다는 것은 곧 색이 온전히 하나로 통일하였다는 말이므로 색기(色氣)들이 그로부터 나옵니다. 이처럼 적멸수나 적멸처는 모든 색을 만들고 거두어들이는 곳입니다.

다른 각도에서 19를 살피도록 하겠습니다.

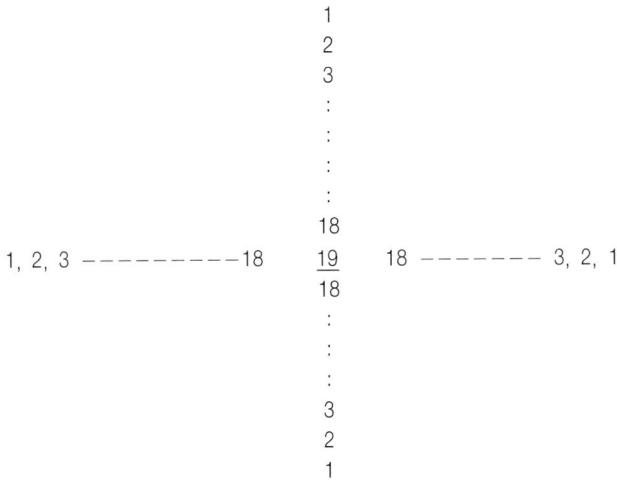

사방에 펼쳐진 18의 중심이 19이므로, 음양72둔의 중심이 적멸수라고 할 수 있겠군요. 음양 72둔은 8괘와 9궁이 서로 조화를 부려서 나타나는 변화상인데, 8과 9는 10무극을 바탕으로 움직인다는 증거라고도 할 수 있습니다.

13. 일원수 360

우주는 둥근 형상을 지니고 있는데, 이를 가리켜 일원(一圓)이라고 하며, 그것을 나타내는 상징적인 숫자를 일원수라고 합니다. 쉽게 말하자면 한 바퀴 돌아서 다시 제자리에 오는 걸 모두 일원수라고 합니다. 그 모양이 대개 원형이지만, 반드시 그런 건 아닙니다. 예를 들면 사각형은 원형은 아니지만, 그 각도가 360도이므로 일원수라고 볼 수도 있습니다. 따라서 일원수는 360도를 이루는 걸 가리킨다고 해도 무방할 것입니다.

하루의 시간을 분수로 나타내면 1440분인데, 이는 4×360입니다. 다시 말하자면 하루는 네 개의 원으로 이루어진 시간이라는 말입니다. 네 개의 시간을 가리켜 사시(四時)라고 하는데, 흔히 사시는 춘하추동 4계절을 가리킨다고 합니다. 이 말은 하루는 춘하추동 4계절로 이뤄진다는 뜻입니다. 하루가 한 바퀴 도는 것도 역시 일원수 360도이므로 4로 나누면 하루는 네 개의 90도로 이루어진다는 말이 되겠군요. 이 네 개의 90도를 가리켜 사방(四方)이라고 부릅니다. 그러니까 方

은 90도를 가리킵니다.

90에는 10무극이 9변을 했다는 의미가 있습니다. 그러니까 계절이 한 번 바뀐다는 것은 10무극이 자신의 모습을 9궁을 통해서 한 번 변화한다는 얘기가 됩니다. 계절(季節)이라는 용어는 본래 季가 막내, 혹은 끝을 가리키는 것이므로 '마지막 마디'라는 의미가 있습니다. 한 마디(절기)가 15일이므로 계절은 결국 6절을 말합니다. 즉 계절은 6절을 한 마디로 해서 운행한다는 말이 되겠군요. 이것은 모든 시간도 6초를 기본 마디로 해서 움직인다는 걸 알려줍니다. 이런 까닭에 용담도의 한 중심에 6이 들어가서 일원수 360과 합하여 1년 366일을 이루게 된 것입니다. 1년의 일원수는 이처럼 4방 혹은 4계절이라는 4수를 통하여 성립하는 것처럼, 중심의 6에도 역시 4방이 있는 법이므로, 각기 1.5로 나누어집니다.

이것을 그대로 자연의 이치로 나타낸 것이 바로 24절기, 혹은 24절국입니다. 1년은 6기로 나누어지는데, 대한을 기점으로 하여 4절 60일 간을 궐음지기(厥陰之氣)가 주관하여 1기를 이루고, 다음의 60일 간을 소음지기(少陰之氣)가 주관하여 2기를 이루며, 다음의 60일 간을 태음지기(太陰之氣)가 주관하여 3기를 이루고, 다음의 60일 간을 소양지기(少陽之氣)가 주관하여 4기를 이루며, 다음의 60일 간을 양명지기(陽明之氣)가 주관하여 5기를 이루고, 마지막 60일 간을 태양지기(太陽之氣)가 주관하여 6기를 이루는 것이 자연의 철칙입니다. 이처럼 6기가 1년을 움직이는 것은 6이 모든 시간의 근본이기 때문입니다. 모든 공간의 기본은 물론 5라는 건 두말할 필요도 없습니다. 6기는 반드시 4계절이나 4방으로 퍼지게 되어 있는데, 그 기간이 바로 15일씩 소요됩니다. 이것이 바로 용담도 중앙 6수가 1.5로 나누어지고 존공되는 이치입니다.

사물의 변화는 6을 기본으로 한다고 하면, '아니, 그럼 모든 변화는 3변을 기본으로 한다고 한 건 무슨 말이야? 도대체 6이 맞는 거야? 3이 맞는 거야?'라는 의문이 드는 건 당연한 일이겠군요. 그런데, 그건 변화라는 말의 의미를 아직도 제대로 간파하지 못했다는 반증입니다. 왜냐하면 변화라는 것은 본시 '시ー중ー종'의 3단계를 거치게 되어 있는 것이며, 시에도 시중종 3이 있고, 중에도 시중종 3이 있으며, 종에도 역시 시중종 3이 있기 때문이지요. 그러니까 3을 기본이라고 하는 것은 변화가 시작하는 단계에서 하는 말이요, 그것이 중심에 들어서면 6이 기본이고, 끝나는 시점에서는 9가 기본이라는 말입니다.

사실 알고 보면 1에서 10에 이르는 모든 숫자가 다 기본 중의 기본입니다. 1, 4, 7은 하늘의 천원(天圓), 지원(地圓), 인원(人圓)이요, 2, 5, 8은 천방(天方), 지방(地方), 인방(人方)이며, 3, 6, 9는 천각(天角), 지각(地角), 인각(人角)이라고 하는데, 이 모든 것은 원방각의 기본이며, 천지인의 기본입니다. 사물의 변화의 한 중심에는 이처럼 6이 있는데, 6은 천1＋지2＋인3의 합입니다. 구체적으로 말한다면 하늘의 음양(2), 땅의 음양(2), 사람의 음양(2)을 모두 합한 수입니다. 음양은 상대적인 것이며, 반드시 밖으로 형상을 드러내는 법이므로 수박을 잘라보면 6은 항상 상하, 전후, 좌우라는 걸 표면의 十자를 형성합니다.

　1과 6을 오행에서는 같은 水라고 하지만, 수박을 잘라보면서 생각을 하면 그 의미가 사뭇 달라집니다. 수박을 자를 적에 1은 한 번 칼로 자르는 상태입니다. 그러면 형상은 두 조각 즉 2음양으로 벌어지고, 다시 한 번(2) 자르면 형상은 네 조각 즉 4상으로 벌어집니다. 거기서 다시 한 번(3) 자르면 형상은 여덟 조각 즉, 8괘로 벌어집니다. 이때에 주목해야 할 것은, 1, 2, 3이란 숫자는 모두 '가르는 역할'을 한다는 사실입니다.

　가르는 것은 동(動)이며, 양(陽)적인 현상입니다. 그러기 때문에 한자에서도 만물이 벌어지는 현상을 一, 二, 三으로 막아 버리고, 다음 四부터는 더 이상 벌어지지 않게 했습니다. 그러기 때문에 신은 3신이라고 하는 것이지, 4신, 5신……이란 건 있을 수 없습니다. 그러니까 2에는 이처럼 동적인 의미도 있으니, 2는 반드시 음양을 가리킨다는 식으로 음적인 숫자로만 알고 있다면 곤란하다는 얘기입니다.

　암튼 1은 만물의 형상 중심을 지나면서 두 조각으로 갈라놓습니다. 이에 비해서 6은 세 번 갈라지면서 겉으로 나타나는 여섯 개의 十字입니다. 즉 1은 형상의 속으로 들어가는 반면, 6은 형상의 겉으로 드러난다는 사실에 유의해야 합니다. 이것은 '양은 음 속으로 들어가고, 음은 양의 겉으로 드러난다'는 명제(命題)를 성립 시킵니다. 아마 '양은 겉으로 드러나고, 음은 속에서 그 모습을 감춘다'는 정도로만 알고 있던 분들에게는 다소 생소(生疎)한 말이 될 겁니다. 하지만 겉에 있는 양은 속에 있는 음을 찾기 위해서 안으로 들어가려 하고, 속에 있는 음은 반대로 겉에 있는 양을 찾아서 밖으로 나가려고 하는 것이 자연의 이치라는 점을 상기하면 그리 생소할 것도 없습니다.

이처럼 겉에 있던 1양이 속에 있는 음을 한 번 찾아서 안으로 들어가는 것을 칼로 수박을 한 번 자른다고 한 것입니다. 양이 음을 찾은 결과 나타난 것이 바로 두 조각의 형상인 2음양입니다. 양이 두 번째 음을 찾으니까 4상이 나타나고, 양이 세 번째 음을 찾으니까 8괘가 나타났습니다. 그러니까 2, 4, 8은 양이 찾아낸 형상적인 음이라는 말이 되겠군요. 음수는 본래 2, 4, 6, 8, 10 다섯 개인데, 수박을 잘라서 형상으로 나타난 음수는 2, 4, 8 세 개 밖에 없습니다. 그러나 본래의 수박을 가리키는 1도 형상에 속하기에 1, 2, 4, 8을 합하면 하도의 중앙에 있는 15가 나옵니다. 이것이 선천의 24절기를 통해 360일을 이루었습니다. 그런데, 다섯 개의 음수 중에서 6과 10은 거기에 속하지 못할까요? 천부경 81자 중에서 숫자로만 된 문자는 31개가 되는데, 이것은 천원수1과 다섯 개의 음수를 합한 숫자입니다.

이에 대한 것은 천부경 해설편에서 다시 다루기로 하겠습니다. 여하튼 왜 다섯 개의 음수 중에서 6과 10은 형상으로 드러나면 안 되는 걸까요? 사실 알고 보면 6만 그런 것이 아니라, 1도 역시 그 모습을 형상으로 드러내지 못합니다. 하긴 형상을 겉으로 드러내지 못하는 것은 1, 3, 5, 7, 9라는 다섯 개의 양수가 전부 해당하는군요. 양은 본래 밖으로 드러나는 것으로만 알고 있던 분들에게는 좀 의외라고 해야겠지요. 그 이유는 방금 전에 말씀 드렸죠?

다섯 개의 양수가 모두 수박의 겉이 아닌 중심에 들어갔고, 반대로 음수는 밖으로 그 형상을 나타내는데, 유독 6과 10만 그 모습을 안 보이는 걸로 보아서는 6과 10이 음이 아니라 양수라는 말인가요? 그건 말도 안 되는 소리겠죠. 6과 10은 분명히 음수인데, 어찌 양수라고 할 수 있나요? 다시 한 번 수박을 갈라봅시다. 한 번 가르고, 두 번 가르면, 천지가 갈라진 상태인데, 十字는 상, 하로 두 개밖에 나타나지 않습니다. 정작 중심에는 십자가 그려지지 않습니다. 그것은 곧 천지가 둘로 갈라지면 겉으로만 중심이 잡힌 것처럼 보이지, 실제로는 속이 텅 비었다는 사실을 말해줍니다. 즉 천지가 주도 하던 시대에는 우주의 속이 텅 비어서 씨(열매)가 맺히지 못한다는 증거입니다.

이때에 또 유의해야 할 것은, 두 번 수박을 갈라보면 형상도 물론 네 조각인 사상으로 나오지만, 線도 네 개가 만들어진다는 사실입니다. 그것을 가리켜 '십자'라고 하였습니다. 十자를 보면 네 개의 선이 있고, 중심에 한 점이 있는 걸 알 수 있습니다. 이 중심의 한 점을 가리켜 태극이라고 하며, 숫자로는 5라고 부릅니다. 즉 이것은 천지, 음양으로 갈라지기 전에는 절대로 천지의 중도인 5행과 태극이 드러나지 않는다는 사실을 입증합니다. 이처럼 5행이란 것은 천지의 경위(經緯)를 형성하는 절대적인 것입니다. 그리고 두 번 수박을 가른 상태에서는 상하로 두 개의 오행이 벌어진다는 것도 간과해서는 안 됩니다. 여기까지가 生數입니다.

세 번째 칼을 들어 수박을 가르면 비로소 한 중심에 십자가 형성되면서, 겉 표면에는 상하, 전후, 좌우 여섯 방면에서 십자가 형성됩니다. 이때에 비로소 천지인의 중심이 모두 일관하게 됩니다. 상하, 전후, 좌우의 6면에 걸쳐 십자가 이루어지면서 중심에도 십자가 이루어지는데 이를 가리켜 7성이라고 합니다. 그러니까 내외가 모두 중심이 온전하게 잡히게 되어 모든 것이 온전하게 이루어지므로 成數가 시작한다고 봅니다.

이처럼 6은 겉으로 드러난 중심이요, 7은 내면에 맺혀진 중심이라는 사실을 특히 주목해야 합니다. 그러니까 중심은 반드시 내면에만 있는 것이 아니요, 겉에도 존재한다는 걸 유념해야겠지요. 이 말을 뒤집어보면 겉에 있는 6중심 十字는 한 중앙에 있는 1(7성)개의 중심 十字가 밖으로 튀어나온 상태라는 의미가 되겠군요. 즉 하도에서 말한 것처럼, 1은 6의 내면에 있고, 6은 1의 외면에 있다는 얘기와 동일합니다.

1은 안에 있는 6이요, 6은 겉에 있는 1이라고 보아도 무방하겠군요. 수박을 두 번 갈라서 생기는 형상은 4상이요, 그 중심에는 5가 있었고, 그것이 생수의 마지막이라고 하였으니, 6부터는 성수의 시작이라고 해야 하겠지요. 그러나 7수에 이르러서야 비로소 성수가 빛을 발하기 시작하는 법이요, 6은 7이 빛을 발하게 하는 그릇이라는 사실에 주목해야 합니다.

이것은 생각을 많이 해야 합니다. 다음 그림을 살펴볼까요?

```
          1                    1                    1
          2                    2                    2
          3                    ·                    ·
          4                    ·                    ·
  1, 2……5……2, 1      1, 2……6……2, 1      1, 2……7……2, 1
          4                    ·                    ·
          3                    ·                    ·
          2                    2                    2
          1                    1                    1
     (9의 중심 5)          (11의 중심 6)          (13의 중심 7)
   (사방 17의 중심 9)      (사방 21의 중심 11)      (사방 25의 중심 13)
   (팔방 33의 중심 17)     (팔방 41의 중심 20)      (팔방 49의 중심 25)
```

5는 수박을 두 번 가른 중심이요, 7은 수박을 세 번 가른 중심입니다. 쉽게 말하자면 5는 평면의 중심이요, 7은 입체의 중심이라는 말입니다. 그렇다면 6은 평면의 중심일까요? 입체의 중심일까요? 분명 6은 수박을 세 번 갈라서 생긴 것이라고 한다면 입체에 속한다고 해야 할 텐데, 입체의 중심은 6이 아니라 7이라면 도대체 6은 뭐라고 해야 할까요?

6은 평면과 입체의 중심을 이어주는 매체라고 할 수밖에 없습니다. 평면은 생수요, 입체는 성수라고 한다면 6은 생도 아니요, 성도 아닙니다. 그 어디에도 속하지 않으면서 생성을 동시에 포함하는 존재, 그것이 바로 6입니다. 생을 양(陽)이요, 성을 음(陰)이라고 한다면 6은 음양의 총합체라고 할 수 있겠군요. 즉 6은 음도 아니요, 양도 아니라는 뜻입니다. 물론 6수로만 음수요, 짝수임에 틀림없지만 5가 1을 머금었기 때문에 생긴 6이므로 그 본질은 홀수입니다. 물론 다른 성수도 다 그렇지만, 특히 6이 더 그런 경향이 강한 까닭은 그것이 생성의 중도요, 평면과 입체의 중도이기 때문입니다.

더 면밀히 살펴보면 수박을 두 번 가를 적에도 6수가 생긴다는 걸 알 수 있습니다. 수박을 자를 적에 생기는 선(線)은 한 개 이지만, 이미 그 속에는 시, 중, 종이라는 3수가 들어있으니, 천지로 두 번 가르면 6수가 생깁니다. 즉 천지로 두 번을 가르면 눈에 보이는 형상은 네 조각인 사상이요, 그 속에는 5가 중심을 차지하고 있지만 천부경에 있는 것처럼 '대삼합육(大三合六)'으로 움직였다는 걸 알 수 있습니다. 다시 말하자면 움직임의 수로는 평면에 속하지만, 형상으로는 입체에 속할 수밖에 없는 속성이 6에는 들어 있군요. 이런 이치에 의해 6은 모든 일원수의 중심에 들어가게 된 것이며, 10과 더

불어 음수이면서도 그 모습을 드러내지 않게 되었습니다.

이런 까닭에 6수를 가리켜 '자성(自性)'을 상징하는 수라고도 합니다. 자성은 생도 아니요, 성도 아니며, 평면도 아니요, 입체도 아닙니다. 그러면서 5라는 형상의 중심에 있는 6변을 주도하기도 하고, 그자신은 스스로 6十字가 되어 상하, 전후, 좌우로 그 모습을 드러내기도 합니다. 이는 마치 없는 듯, 있는 듯, 보일 듯, 안 보일 듯 하는 자성과 같다고 할 수 있지요.

그러기 때문에 낙서의 6건천에서 용담의 5진뢰가 출발하여 신천, 신지를 형성하는 개벽을 단행한다고 한 것입니다. 본래 낙서의 6건천이 있는 서북방은 입동과 소설, 대설이 시작하는 술해지간(戌亥之間)입니다. 술해지간은 午未에서 시작한 1음이 申酉 2음을 거쳐 3음이 이루어지는 곳입니다. 3음을 괘의 형상으로 그리면 곤괘 ☷가 됩니다. 곤괘에서 1양을 상징하는 진괘 ☳가 나오는 법이므로 용담도에서는 5진뢰가 그 곳으로 들어가야 했던 겁니다. 6건천과 5진뢰가 합하여 11귀체를 이루므로 비로소 나머지 9궁도 11귀체를 형성하게 됩니다.

일원수의 중심에는 반드시 6이 있고, 6은 어 어디에도 속해 있지 않기 때문에 스스로 움직이게 마련인데, 그것이 바로 6×6=36입니다. 생성의 시종인 5와 7은 서로 두미화합(頭尾和合)하여 5×7=35가 되어 선지조화(仙之造化)라는 仙法을 만들어 냈습니다. 36이 10무극과 조화하면 360으로 일원수가 됩니다. 일원수가 경위로 착종되어야 하는 법이므로 360×360=129,600년으로 상수(常數)의 1년이 성립합니다.

360을 이루는 숫자를 통해 우주의 소식을 살펴보는 것도 흥미로울 겁니다.

* $2 \times 180 = 360$

  이것은 음양이 10무극을 바탕으로 9변과 9복을 한 상태를 말합니다.

* $3 \times 120 = 360$

  3신이 12달씩 10무극을 바탕으로 움직인 상태.

* $4 \times 90 = 360$

  4방에서 9궁이 10무극을 바탕으로 움직인 상태.

* $5 \times 72 = 360$

  5행이 8괘와 9궁으로 음양 둔갑을 한 상태.

* $6 \times 60 = 360$

  자성이 스스로 10무극을 바탕으로 움직인 상태.

* $8 \times 45 = 360$

  만물의 형상이 8방에서 겉으로 그 중심을 드러낸 상태.

* $10 \times 36 = 360$

  10무극을 바탕으로 6자성이 스스로 한 바퀴 움직인 상태.

* $12 \times 30 = 360$

  3신이 무극을 바탕으로 하여 12회전 한 상태.

* $15 \times 24 = 360$

천지인의 중심이 24절기와 24방을 일주한 상태.

일원수 360에 대한 것은 이외에도 더 많은 고찰을 필요로 합니다. 왜냐하면 그것이 우주와 인생의 기본설계이기 때문입니다. 이걸 잘 이해한다면 복희도, 문왕도, 용담도의 3대 상서도 그리 어렵지 않게 알 수 있습니다.

14. 일통수(一統數) 4,560

일통수는 태양과 달이 온전히 한 번 만나는 주기인 76년이 60환갑이 되는 기간을 가리킵니다. 태양과 달이 운행한다는 것은 음양이 조화한다는 의미인데, 그것이 처음에 동시에 출발하는 곳으로 동귀일체(同歸一體)하는 시간을 계산하면 76년 됩니다.

그걸 좀 더 세부적으로 살피면, 태양과 달은 각기 한 바퀴 도는 일수가 다른데, 태양은 365 1/4일이고, 달은 354 348/940입니다. 그러므로 동시에 같은 지점에서 출발을 한다고 하여도 태양과 달이 다시 만나는 기간을 산출하는 것은 그리 쉽지 않습니다. 19년이 경과하면 태양은 365 1/4일×19년=6,939 705/940일이 되고, 달은 19년간 7개월의 윤달이 있으므로, 354 348/940×19년+29 499/940×7개월=6,939 705/940일이 되어 같은 일수가 나온다. 이처럼 태양과 태음이 합치하는 19년을 가리켜 1장(一章)이라고 하는데, 해와 달이

처음으로 합하는 기간입니다.

그러나 6,939 705 / 940일 중에서 705 / 940일은 아직 하루가 되지 못하였으므로 일진(日辰)이 온전한 상태는 아닙니다. 따라서 일진까지 온전해지기 위한 기간을 계산하면 4장 76년이 되어야 합니다. 그것을 계산하면 6,939 705 / 940×4년＝27,759일이 됩니다. 이렇게 되어야 일월이 온전하게 합일하였다고 봅니다. 이를 가리켜 '천행(天行)이 1도 퇴차(退差)하였다'고 합니다.

이와 같은 계산에 의하여 태양과 달이 합궁하기를 환갑을 맞이하게 되는데, 이를 가리켜 1통수라고 하며, 그 기간은 60×76년＝4,560년입니다. 4,560은 4, 5, 6이 10무극을 바탕으로 한다는 의미인데, 4는 천중(天中)이요, 5는 지중(地中)이며, 6은 인중(人中)이라고 합니다. 천지의 본성인 6이 10무극을 바탕으로 일주한 후에 비로소 천지의 11귀체가 드러나는 법인데, 그것이 형상으로 드러난 것이 바로 현무경입니다. 현무경은 황제(黃帝)가 정리하여 '현묘지도(玄妙之道)'라고 하여 모든 학문과 사상을 정리하여 선천의 문물을 이루던 것을, 후천으로 접어들매 친히 개벽주께서 사람의 몸으로 오셔서 붓을 들어 서기 1,909 기유 년에 성편되어 오늘에 이르고 있습니다.

60×76＝4,560인데, 76은 19×4입니다. 19 적멸수가 4방으로 펼쳐진 상태가 바로 76입니다. 천행이 1도 퇴차 한다는 것은 이처럼 우주의 중심핵인 19가 자신의 모습을 사방에 드러내는 행위를 가리킵니다. 그것은 천지인의 중심을 세상에 드러내는 것이므로, 4560년으로 나타나게 마련입니다. 4560의 4＋5＋6＋0＝15＝6이라는 사실도 일통수

의 본질이 6수라는 점을 말해줍니다. 또한 80×57도 4,560인데 천지인 3신이 자신의 핵인 19를 우주의 중심에 간직한 채, 9변과 9복을 한 상태라고 할 수 있습니다. 혹은 30×152도 역시 4,560이 되는데, 이는 152는 율려 중에서 여수(呂數)에 해당하는 것이므로 5운 6기가 작동하여 152개월이 흘러간 상태입니다. 여수는 8×19인데 이는 곧 8방에 적멸수가 충만한 상태입니다.

15. 성경 속의 숫자

성경을 보면 많은 숫자가 나와 있습니다. 성경이 정녕 성령의 감동으로 기록한 것이라면, 성경 속의 숫자에도 분명 깨달음의 의미가 들어 있어야 할 것입니다. 그것을 전부 살펴보기는 어렵고, 중요한 것만 간추려 보기로 하겠습니다.

* 3

성경에는 '아버지와 아들과 성령의 이름으로 세례를 주라'는 말이 있습니다. 이것을 가리켜 보통 '삼위일체'라고 합니다. 동양에서는 이를 '삼신'이라고 부릅니다. 그런데 이 둘은 비슷한 듯하지만, 또렷한 차이점이 있습니다. 삼위일체는 어디까지나 성부, 성자, 성신이 애초부터 따로 있으면서, 하나가 되어 일을 한다는 것인 반면, 삼신설은 천지인 삼신이 그 모습은 다르지만, 본래 하나에서 파생한 것이라고 봅니다. 그러므로 삼위일체설은 삼원(三元)을 기본으로 하고, 삼신설은 일원(一元)을 기본으로 합니다.

이런 차이점은 아무 것도 아닌 것처럼 보이지만, 인간의 의식구조를 전혀 다른 것으로 만들게 되어 결국, 이념의 갈등과 대립을 조장하게 마련입니다. 역사상의 모든 분쟁과 대립, 전쟁은 이와 같은 한 의식, 생각의 차이에서 비롯된다는 걸 상기(想起)한다면 이런 점을 명백히 하는 일이 얼마나 중요한 가를 알게 됩니다.

삼신설은 천지인이라는 3신이 서로 모양은 다르지만, 본래 그것은 하느님의 세 가지 면을 가리킨다고 봅니다. 하느님의 형상은 무형과 유형이 있는데, 그것이 각기 천지라는 형상으로 드러난 것이며, 이 둘이 합한 상태가 인간이기에 인간은 곧 하느님의 형상 그 자체라고 봅니다. 이것은 마치 바다에는 엄청난 물을 이루고 있는 포말(泡沫)들이 무수하지만, 그것은 본래 하나라는 것과 같습니다. 이에 비해 삼위일체설은 아무리 성자와 성신이 위대하다고 해도 성부와는 감히 비교할 수도 없다고 봅니다. 이런 대표적인 견해를 표방하는 단체가 '여호와의 증인'입니다. 예수가 위대하다고 하여도 여호와 아버지 앞에서는 작은 존재이기 때문에 결코 하나 될 수 없다고 하여 삼위일체는 잘 못된 논리라고 주장합니다. 이런 견해를 견지(堅持)하는 한, 피조물과 창조주는 영원한 평행선을 달릴 수밖에 없습니다. 삼신설은 삼신의 정기가 하나로 합하여 우주만물이 나왔기에, 애초부터 자연만물은 하느님의 자녀이며, 그러기 때문에 우주는 한 가족이라고 생각합니다. 팔과 다리, 얼굴과 배가 서로 그 모습과 기능이 다르다고 하여 애초부터 출발 자체가 다르다고 한다면 얼마나 우스운 말이 되겠습니까?

이것을 잘 보여주는 것이 바로 '1＋2＝3'입니다. 이것을 천부경에서는 '일석삼극(一析三極)'이라고 하였습니다. 본래 하나에서 나온 것이기에 창조주가 따로 있고, 피조물이 따로 있다고 하는 것은 어불성설입니다. 그것은 마치 몸과 마음이 따로 있어야 한다고 주장하는 것과 같습니다. 1은 하늘이요, 2는 땅이며, 3은 인간이라고 한다면, 천지는 부모요, 인간은 자식입니다. 한 집안에서 아버지를 창조주라 하고, 자녀를 피조물이라고 한다면 얼마나 우스운 노릇입니까? 물론 자녀가 어릴 적에는 모든 걸 부모에게 의탁한다는 면에서 피조물이라고 한다면 얼마든지 수긍할 수 있지만, 자녀가 크면 당연히 부모와 같은 창조주가 된다는 걸 또한 인정해야 할 것입니다.

이런 이치에 의해 성경에서도 하느님을 단수(單數)가 아닌 복수(複數)로 표현을 하였으니 '우리가 우리의 형상대로 사람을 만들자'고 한 창세기 1장의 기록이 그것을 증거합니다. 하느님은 '아브라함과 이삭과 야곱의 하느님'이며, 예수도 항상 '베드로와 야고보와 요한' 세 제자와 동행하면서 일을 봤습니다. 이것은 숫자가 一, 二, 三까지만 벌어지고 四부터는 더 이상, 벌어지지 않는다는 사실을 통해서도 옛 어른들의 생각을 알 수 있습니다.

* 7수

성경에서 아마 7수만큼 광범위하게 언급한 것도 없을 것입니다. 성경은 6일 만에 모든 창조를 마치고 제7일에 하느님의 안식을 취한 것으로부터 7수의 시작을 알립니다. 그걸 본떠서 오늘날에도 일요일을 안식일로 기념하여 주일(主日)이라는 표현을 하고 있습니다. 하지만 하느님이 무슨 이유로 굳이 창조를 6일까지 해야 했으며, 7일째에 안식을 누려야 한다는 것인지 궁금하지 않습니까? 전지전능한 하느님이라면 굳이 6일까지 갈 필요도 없이 한꺼번에 모든 걸 뚝딱 만들 수는 없을까요?

가인을 죽이는 자는 벌을 7배나 받을 것이며, 예수님도 형제의 죄를 7번만 아니라 70번씩 7번이라도 용서하라고 하였습니다. 노아의 방주 속에 들어간 정결한 짐승도 7쌍씩이었으며, 방주에서 비둘기를 7일 간 내보내서 물이 마른 여부를 알았습니다. 야곱이 라헬을 위하여 7년을 봉사하였으며, 제사 지낼 적에도 새를 잡아 피를 7번 제단에 뿌리도록 하였고, 제7일에 안식을 지키고, 제7년에 안식년을 지키며, 49년 후 50년 만에 희년을 지키라고 하였습니다. 그 외에 계시록에 등장하는 7교회, 7금등대, 7별, 7신, 7뿔, 7천사, 7나팔, 7우뢰, 7면류관, 7재앙, 7머리, 7왕 등등, 이루 헤아릴 수 없을 정도로 성경에는 7수가 많습니다.

7일 만에 하느님이 안식을 하였다고 하여 7을 가리켜 '완성수'라고 하는 분들도 많습니다. 하지만 완성수는 11귀체입니다. 사실 알고 보면 1에서 10까지 어느 것 하나 완성수가 아닌 것이 없지만, 특히 11귀체야말로 모든 걸 다 포괄하는 수입니다. 그런데도 굳이 7을 완성수라고 해야 한다면, 무엇을 완성했는지 하는 걸 분명히 가려야 합니다.

7은 2에 5를 더한 수입니다. 5는 잘 알다시피 4방의 중심입니다. 4방의 중심은 형상의 중심이라는 뜻이므로, 7은 2火의 형상을 완성한 수입니다. 이런 식으로 말한다면 1의 형상을 완성한 수는 6이요, 3

의 형상이 완성되면 8이고, 4의 형상이 완성되면 9, 5의 형상이 완성되면 10이라고 할 수 있겠군요. 이처럼 생수가 5를 맞이하면 형상으로 나타나게 되는데, 이를 성수라고 합니다. 2와 7에 대해선 이미 앞에서 언급을 하였으니 그걸 참고하면 되겠지만, 7은 하루로 치면 정오의 태양이며, 1년으로 치면 하지에 속하는 불이라고 할 수 있습니다. 즉 가장 극렬하게 분열한 상징입니다. 2가 사물의 음양 양면을 가리킨다면, 7은 그걸 형상으로 온전하게 드러내는 숫자입니다. 그러기에 성경에서는 7을 가리켜 '일곱 별, 일곱 천사(영), 일곱 우레, 일곱 나팔, 일곱 금 등대' 등등에서 알 수 있는 것처럼, 밝은 광명과 밀접한 연관이 있다고 하였습니다.

일원수의 중심인 6은 자성을 가리킨다고 하였습니다. 자성에서 모든 것이 나오는 것처럼, 천부경에도 이르기를 '大三合六生七八九'라고 하여, 6수에 이르러야 비로소 천지인의 완성체인 7, 8, 9가 나온다고 하였습니다. 이 말은 하늘의 3변, 땅의 3변이 합한 6수가 끝나면 인간 중심인 7, 8, 9로 가게 되며, 인간 중심이 되려면 하느님은 가급적 인간에게 모든 걸 맡겨야 하기 때문이라고도 볼 수 있습니다. 따라서 7이라는 숫자는 하느님의 안식을 가리키는 반면, 인간에게는 그 바통을 이어 받아 일을 하기 시작하는 숫자라고 할 수 있겠지요.

하늘에는 칠성이 있는데, 우주를 다스리는 자미원(紫微垣)은 북두칠성이 주관하는 곳입니다. 북두칠성을 인체에 비유하면 머리에 해당하는 곳이므로, 자미원은 우주의 머리에 해당하는 부서입니다. 이 일곱 개의 별은 제1양명(陽明) 탐랑성(貪狼星) 대성군(大星君), 제2

음정(陰精) 거문(巨門) 원성군(元星君), 제3진인(眞人) 녹존(彔存) 정성군(貞星君), 제4현명(玄冥) 문곡(文曲) 유성군(紐星君), 제5단원(丹元) 염정(廉貞) 강성군(罡星君), 제6북극(北極) 무곡(武曲) 기성군(紀星君), 제7 천관(天關) 파군(破君) 개성군(開星君)이라고 하는데, 각자 임무와 역할이 따로 있습니다. 서양의 천문학은 물병자리, 곰자리, 전갈자리, 사수자리, 처녀자리 등으로 별의 형상을 따서 이름을 붙이지만, 동양에서는 이와 같이 북극 천추대제성을 중심으로 모여 있는 7성을 7대군(大君)으로 보았던 것입니다.

이처럼 동양에서 북두칠성을 만물의 머리로 본 것은, 인체의 머리에 일곱 개의 구멍이 있기 때문이었습니다. 즉 인체는 우주만물의 축약(縮約)으로 본 것이지요. 얼굴의 7규를 통해서 사람들은 만물의 형상을 밝게 보고, 하늘의 7성을 통해서 하느님도 역시 만물을 밝게 보며 정사를 펼칩니다.

성경에는 7천사 외에도 4천사가 자주 등장하는데, 7천사는 주로 여러 곳에 무언가를 전달하여 세상을 밝게 하는데 비해, 4천사는 주로 천지 사방의 안전을 도모합니다. 계시록이나 에스겔서를 보면 4천사가 사방의 바람을 붙잡아 불지 못하게 한다는 구절이 있는데, 이는 곧 변화를 지양(止揚)한다는 의미입니다. 제4일째에 일월성신을 만들었다고 하였는데, 일월성신은 4방과 4계절을 구분하는 기본입니다. 차량에도 네 바퀴가 달려야 안전하게 굴러가는 것처럼, 우주만물도 역시 4라는 숫자가 성립해야 하는데, 이를 가리켜 4천사라고 하였습니다.

* 40

성경에서 빼 놓을 수 없는 숫자가 있으니 그것은 바로 40수입니다. 노아의 홍수 시에도 40일 간 비가 내렸으며, 야곱의 시체에 40일 간 약을 바르고, 이스라엘 백성이 광야에서 40년 간 유리(遊離)하였고, 모세가 시내산에서 십계명을 받기 위해 40일 간 고행을 하였으며, 모세가 보낸 정탐군이 40일 만에 돌아왔으며, 니느웨 성이 40일 후에 무너진다고 요나가 외쳤고, 예수께서 광야에서 40일 간 시험을 받았으며, 부활한 후에 40일 후에 승천하셨다고 하는 등, 성경에는 40과 연관된 숫자가 매우 많습니다.

40은 2×20, 4×10, 5×8로 크게 나눕니다. 2×20은 음양이 4방에 있는 5행과 곱해진 상태요, 4×10은 4방에 있는 10무극이 충만한 상태이며, 5×8은 8방에 있는 형상과 5행이 곱해진 상태를 가리키는데, 결국은 다 같은 소리입니다. 수박을 두 번 가르면 두 개의 5가 생긴다고 한 걸 기억하고 계실 겁니다. 조각은 네 개가 생기고, 十字는 두 개가 생긴다고 하였는데, 그것은 곧 천지가 형성되면 4방이 나오고, 그 중심에는 두 개의 5가 생긴다는 얘기입니다. 그러니까 4×5=20이 두 개가 합하게 되어 40이라는 숫자가 나옵니다. 4는 天中이요, 5는 地中이라고 하였으니, 천지의 중심이 음양으로 벌어진 상태가 곧 40이라는 뜻입니다. 따라서 아직 그 속에는 인간의 중심이 자리 잡은 건 아닙니다.

인간의 중심이 자리 잡는 터전을 닦은 것이 바로 40수입니다. 노아의 홍수가 40일 간 주야로 내린 것은 새로운 인간의 중심을 잡기 위한 터전을 깨끗하게 하기 위한 상징적인 숫자입니다. 홍수 심판을 할 적에 하느님은 땅 위에 사람을 지은 걸 후회한다고 하였습니다 (창세기 6장 5절, 6절). 이때에 주목해야 할 것은 '땅 위에 사람 지은 걸 후회 했다'는 사실입니다. 왜냐하면 하느님은 둘째 사람을 하늘에서 지었다고 했기 때문입니다(고린도전서 15장 45절, 46절) 둘째 사람은 예수를 가리킵니다. 예수가 마지막 광야에서 시험을 받는 기간이 40일이었던 것도 새 인간의 중심을 잡기 위한 터전을 마련하는 기간이 40이기 때문이었습니다. 수운 선생께서도 40이 되어서야 하늘로부터 영부와 주문을 받아 후천 5만 년의 동학을 개창할 수 있었습니다.

* 12

12라는 숫자도 성경에는 매우 중요한 의미가 있습니다. 이스라엘의 조상이 야곱의 12지파로부터 비롯하였고, 모세가 제단을 쌓고 12기둥을 세웠으며, 희생제물을 드릴 적에 수송아지 12, 수양 12마리 등을 바쳤고, 모세가 가나안을 정탐하기 위하여 12명의 정탐군을 파견하였으며, 예수의 제자도 12명이었고, 광야에서 5병2어로 5000명을 먹이고 남은 것이 12광주리였으며, 12사도가 12보좌에 앉아 12지파를 심판한다고 하였고, 계시록에는 12별, 12천사, 12성터, 12보석, 12문, 12 실과 등등, 12에 관련된 것도 이루 헤아릴 수 없을 정도로 많습니다.

12에 대해서는 이미 많은 언급을 하였으므로 설명을 생략하도록 하겠습니다.

* 153

"예수께서 가라사대 지금 잡은 생선을 좀 가져오라 하신대 시몬 베
드로가 올라가서 그물을 육지에 끌어올리니 가득히 찬 큰 고기가 153
마리라 이같이 많으나 그물이 찢어지지 아니 하였더라 (요한복음 21
장 10절)"

위의 기록은 예수가 부활하여 디베랴 바닷가에서 베드로를 만나는
광경입니다. 모나미 볼펜을 보면 153이라는 숫자기 적혀 있는데, 그
것을 만든 분이 꿈에 계시를 받아서 그렇게 만들었다고 하는 기사를
본 기억이 나는군요. 그물은 베드로의 마음 상태를 상징하는 것으로
서 전에는 믿음이 탄탄하지 못하여 고기를 적게 잡아도 그물이 찢어
졌지만, 부활 후에는 믿음이 돈독하여져서 많은 고기를 잡아도 동요
하지 않는다는 걸 비유했습니다. 생선은 마음이 살아 있는 사람들을
가리킨다고 할 수 있겠군요. 그런데 그 숫자가 153이라고 굳이 기록
을 한 까닭은 무엇일까요? 그 숫자를 일일이 세어 보았는지 잘 모르
겠지만, 굳이 숫자를 기록한 데에는 무언가 상징하기 위한 것이라고
보입니다.

153은 3×51, 9×17의 두 가지로 나타낼 수 있는데, 그 의미는 같습
니다. 17은 8괘와 9궁을 합한 수인데, 8은 짝수가 3변(2×2×2)한 것
이며, 9는 홀수가 3변(1×3×3)한 것입니다. 8괘와 9궁이 서로 곱하면
음양둔갑수 72가 되지만, 합하면 17입니다. 요셉을 따라 애굽으로
들어간 야곱의 족속들이 72인이었다는 것은 그들이 어느 정도 세상
의 변화에 대처하는 능력이 있었다는 반증입니다. 153은 170에서 십
일조 17을 떼어 낸 숫자인데, 170은 8괘와 9궁을 합하여 10무극과
조화한 상태를 가리킵니다. 하느님은 사실 8괘와 9궁을 가지고 천하

를 다스립니다. 현무경의 첫 머리에도 17자를 기록한 것을 보아도
이는 분명합니다.

  * 144,000

　성경에서 빼 놓을 수 없는 것이 바로 '휴거(携居: 공중으로 들림)한
144,000명'에 관한 것입니다. 어느 종단에서는 1914년 세계 1차 대전
을 기점으로 하여 공중에 재림한 예수와 더불어 144,000명도 함께 휴
거하기 시작했다고 하는 교리를 펼치고 있더군요. 144,000은 이스라엘
12지파에서 12,000명씩 선별된 무리라고 성경에는 기록을 하였습니다.
이처럼 12라는 숫자를 바탕으로 하는데, 144라는 곤책수(坤策數)와
상관이 있습니다. 건책수와 곤책수는 우주의 율동을 관장하는 상징
적인 숫자입니다. 일원상수 360도는 $12 \times 12 = 144$ 곤책수와 $12 \times 18 = 216$
건책수로 이루어집니다. 이것은 다음과 같은 원리에서 비롯합니다.

$$9 \times 1 = 9$$
$$9 \times 2 = 18$$
$$9 \times 3 = 27 \qquad\qquad 9 \times 7 = 63$$
$$9 \times 4 = 36 \qquad\qquad 9 \times 8 = 72$$
$$\underline{9 \times 6 = 54} \qquad\qquad \underline{9 \times 9 = 81}$$

곤책수　144　　　　　　　건책수　216

　$9 \times 5 = 45$와 $9 \times 10 = 90$은 바탕을 가리키는 5, 10토이므로 형상을 위
주로 하는 일원수 360에는 포함되지 않습니다. 360은 항상 원의 둘
레를 가리키는 것이지, 중심까지 포함 한 건 아닙니다. 중심수는 물

론 6입니다. 여기서 알 수 있는 것은 곤책수는 원의 중심 6이 24방에 펼쳐져 24절기, 혹은 24절국을 만들어내는 것이고, 건책수는 6이 스스로 자신의 근본을 드러내어 6×6=36 회전을 하고 있다는 사실입니다. 즉 곤책수는 일원 상수의 핵심인 자성 6이 4방의 형상에 펼쳐진 반면(6×4×6), 건책수는 자성이 스스로 삼계에 드러낸 상태(6×6×6)를 가리킵니다.

선천에서는 천지의 중도인 인간이 스스로의 자성이 온전해지지 못하여 삼계에 그 모습을 드러내지 못하였으나, 후천에서는 당당히 그 모습을 밝게 드러냅니다. 이것을 가리켜 선천에서는 곤책수를 사용하였으나, 후천에서는 건책수를 활용한다고 합니다. 그래야만 비로소 선천의 곤책수도 그 모습이 제대로 보이게 마련입니다. 후천에 건책수를 활용한다고 하니까, 곤책수는 쓸 데 없는 것으로 치부하면 곤란합니다. 그것은 마치 예수가 율법을 완성하였다고 하니까, 율법이 필요 없는 쓰레기처럼 인식하는 것과 같습니다. 진리가 온전해진 상태에서의 율법이라야 그 가치가 비로소 빛을 발하는 법입니다. 만약 진리를 깨치지 못한 상태에서 율법을 지키는 것은, 문자나 의문(儀文)에 빠진 율법사나 바리새인들과 같은 수준에 머무르고 맙니다. 선천에는 양을 위주로 하고, 후천에는 음을 위주로 한다고 해서 후천에는 양이 핍박을 받고 여성 상위가 된다고 믿는다면 그야말로 큰 착각이라고 아니 할 수 없습니다. 후천에 음을 위주로 하면 양도 완성 되고, 음도 완성 됩니다. 다만 현실적으로 음이 드러난다는 말이지요. 양은 본래 자리인 하늘로 돌아가서 근원으로 들어가고, 음은 본래 자리인 땅으로 내려와서 하늘과 인간을 동시에 온전히 드러낸다는 뜻이 바로 144,000명이 공중으로 휴거한다는 의미입니다. 공중에 144,000명과 예수가 함께 드러난다는 것은 그만큼 누구나 다 볼 수 있게 곤책수가 드러난다는 의미라고 할 수 있습니다.

성경의 숫자에 대해서는 이외에도 많이 있지만, 전문적인 것은 다음 기회에 다루기로 하고 여기서는 이만 생략하도록 하겠습니다. 성경이건, 불경이건, 어느 경전이건 천문 40자를 바탕으로 한 우주변화의 원리와 인생의 함수관계에 대한 깨우침을 전달해 주고 있다는 것은 틀림이 없습니다. 따라서 천문 40자의 습득이야말로 모든 것의 기초임을 다시 한 번 강조해 두는 바입니다.

3 장 간지와 수리

    천간은 공간의 법칙을 나타내는 잣대입니다. 우주는 시공으로 이루어졌는데, 시간은 12지지로 나타내며, 공간은 10천간으로 나타냅니다. 그냥 막연하게 시공이라고 하면 별 의미가 없는 물리적인 시공만 연상하게 마련입니다. 그러나 시공에는 천지인신이 함께 합니다. 그러기 때문에 사물의 이치를 바로 알아서 적시에 활용하려면 반드시 천지인신의 법칙을 필수적으로 알아야 합니다. 그렇지 않고서도 그냥 돈만 많이 벌면 사는 데 지장이 없다고 하는 분들이 대부분이지만, 돈이라는 것도 일정한 틀과 법칙 속에서 움직인다는 사실을 직시(直視)한다면 시공의 법칙을 알려고 하지 않을 수 없습니다.

    숫자가 천지인신 중에서 신(神)의 소리를 듣게 하는 도구라면, 하늘이라는 공간, 즉 허공의 법칙은 천간을 통해서 알 수 있습니다. 따라서 천간도 필수적으로 알아야 합니다.

1. 천간의 숫자

우주만물은 거대한 공입니다. 그중에서도 우리가 살고 있는 곳은 특히 지구(地球)라고 부릅니다. 다른 별들에는 목성(木星), 금성(金星), 화성(火星) 처럼 성(星)이라는 이름을 붙였는데, 유독 우리가 사는 별만큼은 구(球)라고 부릅니다. 球라는 글자를 잘 살펴보면 '王을 구한다'는 의미가 있습니다. 王은 천지인 三을 하나로 뚫어(ㅣ) 깨달은 사람이라고 할 수 있으니, 지구가 존재하는 이유는 이와 같은 왕(皇極人)을 배출시키려고 한다는 걸 알 수 있습니다. 앞으로 지구에는 무수한 황극인이 등장하게 되는데, 그래야만 비로소 온전한 지구가 형성되며, 지구인이 등장하게 됩니다.

천간은 천성(天性)을 나타내는 잣대입니다. 천지는 말이 없다고 하지만, 본성이 있고, 이치도 있습니다. 하늘의 본성은 천성이라 하고, 이치는 지리(地理)라고 합니다. 천성은 천간으로 나타나고, 지리는 지지로 나타납니다. 이처럼 천지의 성리를 알기 위해서는 천간과 지지는 필수적으로 깨쳐야 합니다. 이런 이치도 모른 채, 막연하게 하늘과 통했다고 하여 마치 대단한 깨달음이라도 얻은 양, 처신하는 사람들을 많이 보게 되는데, 그것은 그야말로 착각이라고 하지 않을 수 없습니다. 진리라는 것은 자신만의 내면에서 벌어지는 것이 아니라, 누구나 다 공감하고 수긍하는 것이라야 하건만, 그렇지 못한 일이 비일비재한 것이 오늘의 실상입니다.

천간이 열 개로 이루어진 이유에 대해서는 이미 숫자가 열 개로 이루어진 까닭을 말할 적에 언급 했습니다. 여기서는 천간의 작용에 대해서 주로 언급을 하려고 합니다. 천간은 천성을 나타낸다고 하였는데, 천성은 불변하는 것이요, 지리는 항상 변하는 것입니다. 따라서 천간은 선천과 후천을 통해서 그 자리가 불변하지만, 지지는 선후천의 변동에 따라 그 위치가 변합니다.

천간을 숫자로 나타내는 데에는 몇 가지가가 있습니다. 하나는 하도의 법칙대로 우주만물이 짜여진 형상을 나타내는 것이요, 다른 하나는 그 속에 들어 있는 만물의 요소인 오행을 나타내는 것입니다. 하늘이 선후천에 따라 변하게 되므로 선천의 숫자와 후천의 숫자도 각기 다르게 변합니다.

우선 만물의 형상을 나타내는 천간의 숫자는 다음과 같습니다.

천간	갑(甲)	을(乙)	병(丙)	정(丁)	무(戊)	기(己)	경(庚)	신(辛)	임(壬)	계(癸)
숫자	1	2	3	4	5	6	7	8	9	10

만물의 시작을 甲에서 보는 경우가 있고, 壬에서 보는 경우가 있습니다. 만물의 형상을 위주로 하는 경우에는 갑1, 을2, 병3……의 순서로 가게 마련이고, 만물의 변화를 위주로 하는 경우에는 壬을 1로 보고, 癸를 6으로 보는데 이는 오행을 기준으로 한 것입니다.

천간	갑(甲)	을(乙)	병(丙)	정(丁)	무(戊)	기(己)	경(庚)	신(辛)	임(壬)	계(癸)
오행	3	8	7	2	5	10	9	4	1	6

선후천의 변화를 숫자로 나타낸다면 다음과 같습니다.

천간	갑(甲)	을(乙)	병(丙)	정(丁)	무(戊)	기(己)	경(庚)	신(辛)	임(壬)	계(癸)
숫자	6	7	8	9	10	1	2	3	4	5

하늘 자체는 불변이지만, 그 속에 들어 있는 기운은 계절을 따라 변화하게 마련입니다. 그러기 때문에 선천의 시작은 갑에서 비롯하여 무에서 끝나지만, 후천은 반대로 기에서 시작하여 계로 끝납니다.

팔괘와 천간의 숫자를 연결시키면 다음과 같습니다.

천간	갑(甲)	을(乙)	병(丙)	정(丁)	무(戊)	기(己)	경(庚)	신(辛)		
하도	건 ☰	곤 ☷	간 ☶	태 ☱	감 ☵	리 ☲	진 ☳	손 ☴		
숫자	1	2	3	4	5	6	7	8		

하도를 나타내는 복희 8괘는 만물이 놓여진 형상을 그대로 소개하는 것이므로 만물의 근원인 물을 가리키는 壬癸는 괘상으로 나타낼 수 없습니다.

방위와 팔괘를 연결하는 방법에는 두 가지가 있는데,

첫째, 갑과 을을 상대로, 병과 정을 상대로, 무와 기를 상대로, 경과 신을 상대로, 임과 계를 상대로 하는 경우가 있습니다.

이럴 경우에는 갑을 건괘(1건금 갑자), 을을 곤괘(8곤토 을미), 병을 간괘(7간토 병진), 정을 태괘(2태금 정사), 무를 감괘(6감수 무인), 기를 이괘(3이화 기묘), 경을 진괘(4진목 경자), 신을 손괘(5손목 신축)로 보고,

둘째, 오행의 숫자와 천간, 팔괘를 하나로 결부시켜서 보는 경우가 있는데, 갑3 을8, 병7 정2, 무5 기10, 경9 신4, 임1 계6이라고 합니다.

숫자의 양은 1, 3, 7, 9요, 천간의 양은 壬, 甲, 丙, 庚이며, 팔괘에서의 양은 간, 손, 리, 건이 됩니다. 1은 陽之生也이므로 북방에서 시생하여야 하므로 1간괘요, 3은 陽之長也인데 그 형상은 땅을 가리키는 한 개의 음효 위로 무성한 양기가 잎사귀와 줄기가 뻗은 나무이므로 3갑손목이라고 합니다. 3양은 동방으로 뜨게 마련이므로 3갑손목입니다. 7은 陽之盛也이므로 불이 겉으로 번성한 상태인 리괘와 같다고 하여 7병리화라고 합니다. 불은 남방에 있어야 하므로 7병리화입니다. 9는 陽之衰也이므로 속으로 양을 보호하기 위하여 단단해진 금과 같다고 하여 9경건금이라고 합니다. 금은 서방에 있어야 하므로 9경건금입니다.

숫자의 음은 2, 4, 6, 8이요, 천간의 음은 丁, 辛, 癸, 乙이며, 팔괘에서는 음은 진, 태, 곤, 감입니다. 2는 陰之生也가 되어 남방의 하지에서 생하는 법이므로 2정진목이라고 합니다. 진괘의 형상은 두터운 음효(땅) 밑에서 생하는 나무의 뿌리에 해당하므로 진목이라고 합니다. 손괘는 땅 위로 솟은 나무요, 진목은 뿌리라고 보면 됩니다. 4는 陰之長也이므로 4음이 있는 서방의 辛태금이라고 합니다. 6은 陰之長也이므로 동지에 해당하는 북방과 같다고 하여 6계곤토가 되며, 8은 陰之衰也인데 음이 다 크면 속에 양을 간직하고 있으므로 8을감수라고 합니다. 8은 동방인데 음속에 갇혀 있던 1양을 형상으로 드러내는 것이므로 감괘라고 하였습니다.

하도를 오행과 팔괘를 연결시켜서 본다면 다음과 같습니다.

천간	갑(甲)	을(乙)	병(丙)	정(丁)	무(戊)	기(己)	경(庚)	신(辛)	임(壬)	계(癸)
하도	손 ☴	감 ☵	리 ☲	진 ☳	중앙	중앙	건 ☰	태 ☱	간 ☶	곤 ☷
숫자	3	8	7	2	5	10	9	4	1	6

만물의 형상을 나열하면 임계에 팔괘가 붙지 않지만, 거기에 오행을 붙여서 방위를 나타내면 중앙의 무기는 팔괘가 붙지 않습니다. 형상의 근원에서 보면 임(9), 계(10)가 19적멸처가 되고, 오행의 근원에서 보면 무(5), 기(10)가 5, 10토 중심이 됩니다.

다음에는 낙서를 나타내는 문왕 8괘와 그 숫자를 나열하면 다음과 같습니다.

천간	갑(甲)	을(乙)	병(丙)	정(丁)	무(戊)	기(己)	경(庚)	신(辛)	임(壬)	계(癸)
낙서	진 ☳	간 ☶	리 ☲	손 ☴	중앙	중앙	태 ☱	곤 ☷	감 ☵	건 ☰
숫자	3	8	9	4	5	10	7	2	1	6

마지막으로 용담도의 팔괘를 숫자로 나타내면 다음과 같습니다.

천간		갑(甲)	을(乙)	병(丙)	정(丁)	무(戊)	기(己)	경(庚)	신(辛)	임(壬)	계(癸)
용담	동지 기준	중앙	손 ☴	간 ☶	리 ☲	건 ☰	중앙	곤 ☷	감 ☵	태 ☱	진 ☳
		6	7	8	9	10	1	2	3	4	5
	하지 기준	중앙	진 ☳	태 ☱	감 ☵	곤 ☷	중앙	건 ☰	리 ☲	간 ☶	손 ☴
		6	5	4	3	2	1	10	9	8	7

용담도의 팔괘에 관한 숫자는 현무경 해설을 어느 정도 이해해야 합니다. 여하튼 중요한 것은 천간은 동방목, 남방화, 서방금, 북방수, 중앙토의 5방과 5행을 나타낸다는 사실입니다. 이것이 각기 음양을 지니기 때문에 10개의 천간이라고 합니다.

2. 지지의 숫자

천간이 천성을 가리킨다면 지지는 지리를 가리킵니다. 천간은 만물의 음양이 각기 오방에 나타나는 상태를 가리키고, 지지는 만물이 벌어지면서 발생하는 변화를 가리킵니다. 지지는 땅에 있는 물질이 변화하는 것인데, 변화는 반드시 시, 중, 종의 3단계로 4방에서 벌어지기 때문에 기본적으로 12변을 하게 마련입니다.

이걸 잘 보여주는 것이 바로 1년 12개월, 하루 12시입니다. 하늘의 10방은 항상 그대로이지만, 12개월은 철따라 변하게 마련이며, 12시간도 역시 태양과 달의 변화에 의해 그 양상을 달리합니다.

천간이 형상을 위주로 하면 동방의 갑이 1이요, 을이 2이며, 남방의 병이 3이요, 정은 4라는 식으로 순차적으로 순서를 붙이지만, 오행으로 따지면 물질의 시초는 양수(陽水)이므로 북방의 임이 1이며, 그에 상대적인 남방의 정이 2이며, 동방의 갑이 3이라면, 서방의 신이 4라는 식으로 숫자를 붙입니다. 이와 마찬가지로 지지도 역시 순차적으로 숫자를 붙이는 것이 있고, 오행으로 붙이는 것으로 크게 구분할 수 있습니다.

지지	자(子)	축(丑)	인(寅)	묘(卯)	진(辰)	사(巳)	오(午)	미(未)	신(申)	유(酉)	술(戌)	해(亥)
숫자	1	2	3	4	5	6	7	8	9	10	11	12

그러나 오행을 기준으로 하면 다음과 같이 달라집니다.

지지	자(子)	축(丑)	인(寅)	묘(卯)	진(辰)	사(巳)	오(午)	미(未)	신(申)	유(酉)	술(戌)	해(亥)
숫자	1	10	3	8	5	2	7	10	9	4	5	6

사실 사물의 변화는 천간보다 지지에서 더 많은 차이를 나타냅니다. 그것은 하늘은 본래 무형이기에 변화가 일어나도 잘 안 보이지만, 땅에서는 극심한 변화가 발생하기 때문입니다. 또한 12지지는 3음, 3양이 음양으로 변화하여 나타나는 상징적인 숫자라고도 할 수 있는데, 그것은 다음과 같습니다.

숫자(6기)	1양	2양	3양	1음	2음	3음
지지	자축	인묘	진사	오미	신유	술해
방위	동방			서방		

12지지에 붙은 숫자의 의미는 이미 오행으로 본 숫자를 참고하면 될 것입니다. 1, 6수, 2, 7화, 3, 8목, 4, 9금, 5, 10토로 통용되는 것이 바로 그것인데, 이에 대한 것은 보면 볼수록 넓이와 폭이 더 원대해지게 되는 걸 알게 될 것입니다.

3. 수리로 본 간지(干支)

천간은 10개요, 지지는 12개이므로 그 공배(共配)를 맞추어가면 정확히 60개가 나옵니다. 천간의 첫 번째인 갑과 지지의 첫 번째인 자를 합한 甲子가 다시 등장하는 것은 61회째가 되어야 하는데, 갑이 다시 나온다고 하여 환갑(還甲)이라고 보통 말합니다.

10천간은 목화토금수라는 5행이 음양으로 벌어진 것이요, 12지지는 천지가 각기 6회씩 순환한 것입니다. 12지지 중에서 子는 天이요, 丑은 地요, 寅은 天, 卯는 地, 辰은 天, 巳는 地, 午는 天, 未는 地, 申은 天, 酉는 地, 戌은 天, 亥는 地에 해당합니다.

이처럼 간지는 각기 천지의 5와 6을 기본으로 하여 음양이 펼쳐진 것인데, 왜 5와 6을 기본으로 하는 걸까요? 그것은 하늘은 공간이요, 땅은 공간 속에서 움직이는 물체이기 때문입니다. 공간은 5방이요, 그 속에서 변화하는 것은 6기입니다.

5는 5운을 하고, 6은 6기로 변화합니다. 그것을 도표로 만들면 다음과 같습니다.

(5운)

순서	5자	5축	5인	5묘	5진	5사	5오	5미	5신	5유	5술	5해
갑	갑자	을축	갑인	을묘	갑진	을사	갑오	을미	갑신	을유	갑술	을해
병	병자	정축	병인	정묘	병진	정사	병오	정미	병신	정유	병술	정해
무	무자	기축	무인	기묘	무진	기사	무오	기미	무신	기유	무술	기해
경	경자	신축	경인	신묘	경진	신사	경오	신미	경신	신유	경술	신해
임	임자	계축	임인	계묘	임진	계사	임오	계미	임신	계유	임술	계해

(6기)

순서	6갑	6을	6병	6정	6무	6기	6경	6신	6임	6계
자축	갑자	을축	병자	정축	무자	기축	경자	신축	임자	계축
인묘	갑인	을묘	병인	정묘	무인	기묘	경인	신묘	임인	계묘
진사	갑진	을사	병진	정사	무진	기사	경진	신사	임진	계사
오미	갑오	을미	병오	정미	무오	기미	경오	신미	임오	계미
신유	갑신	을유	병신	정유	무신	기유	경신	신유	임신	계유
술해	갑술	을해	병술	정해	무술	기해	경술	신해	임술	계해

  이처럼 5와 6은 각기 천지의 기능을 상징하고 있는데, 그걸 좀 더 생각을 해보면 5는 태양을 가리키고, 6은 달을 가리킨다는 사실을 알게 됩니다. 왜 그러냐하면, 하늘의 공간인 5방을 비추는 존재가 태양이며, 땅을 비추는 존재가 달이기 때문이지요. 땅에서 바라보는 달은 회현삭망의 갖가지 모습을 보여주고 있는데, 그것은 달은 지구를 돌고, 지구는 태양을 돌고 있다는 사실을 말해줍니다. 하늘의 공간인 5방은 결코 변하지 않건만, 그 속에서 운행하는 달과 지구는 시시각각으로 변합니다. 이런 변화는 기(氣)를 타고 이루어지는데, 그것을 가리켜 6기라고 부릅니다. 즉 양은 자(1), 인(3), 진(5), 오(7), 신(9), 술(5)의 6기를 타고 1−3−5−7−9의 양수로 변하고, 음은 사(2), 유(4), 축(10), 해(6), 묘(8), 미(10)의 6기를 타고 2−4−6−8−10의 음수로 변합니다. 이처럼 지구는 6기를 타고 변화를 하는데, 그 중심에 달이 있기 때문에 6을 가리켜 달의 중심수라고 하였습니다.

  태양과 달이 어울려 세월(歲月)을 만들어내는데, 歲는 한 해를 가리키고, 月은 한 달을 가리킵니다. 즉 세월이란 말 자체가 '태양과 달의 운행 상태'를 가리킨다는 걸 알 수 있습니다. 5와 6을 합하면 11귀체가 되어 음양의 조화와 평등을 의미하고, 5와 6이 곱하면 30이 되어 한 달을 형성합니다.

　한 달은 30일이요, 그것을 시간으로 환산하면 360시간입니다. 그러나 30일은 60환갑에 비하면 아직 절반 정도에 지나지 않으므로 음양이 조화한 상태는 아닙니다. 따라서 다시 한 번 더 30일을 돌아야 하는데, 그렇게 되면 속에 숨어서 그 모습을 드러내지 않던 1태극이 마침내 그 형상을 드러냅니다. 따라서 60일이 아니라 61이 되어야 합니다. 선천에는 양을 위주로 하였으므로 양월(陽月)을 31일로 하고, 음월(陰月)을 30일로 하였습니다. 하지만, 음을 위주로 하는 후천에서는 반대로 음월을 31일, 양월을 30일로 하게 됩니다. 이렇게 해서 61일이 3음, 3양으로 6회전을 하면 1년 366일이 됩니다.

　1년을 360일로 계산하면 4,320시간이요, 거기에 원심(圓心)에 해당하는 6일 72시간이 있으니, 72를 가리켜 '음양둔갑수'라고 합니다. 즉 사물의 중심에서 모든 둔갑을 조종하는 존재가 6수라는 말이지요. 이런 까닭에 천부경의 한 중심에도 '六'을 집어넣었습니다. 사실 6은 천지인 3신이 합한 수(1＋2＋3)이기도 하지만, 원형이정(元亨利貞)이 합한 상태이기도 합니다. 6을 원형이정으로 나누면 1.5씩으로 나누어지는데, 이걸 시간으로 환산하면 18시간입니다.

　황극력은 364.5일이 되어 1.5일을 존공(尊空)합니다. 존공이라 함은 "일부지기(一夫之朞)는 375도이니 15를 존공(尊空)하면 정오부자지기(正吾夫子之朞)는 당기(當朞) 360일이니라. (『정역』 금화오송)"에서 나온 말인데, 15를 1／10로 축약(縮約)한 것이 1. 5입니다. 이처럼 1／10로 축약하는 까닭은 비록 10무극이 우주라고 하여도 그것은 결국 1태극을 낳기 위한 것이기 때문입니다. 이걸 일부 선생은 '十退一進之位 尊空 神也'라고 하였습니다. 10이 물러나고 1이 앞으로 나온 자리를 가리켜 존공이라 하며, 신이라고 한다는 말씀입니다. 비유하자면 여성의 자궁이 출산(1)을 하게 되면 다시 예전의 텅 빈 상태(10)으로 돌아간다는 얘기입니다. 십퇴일진하는 존공의 자리는 바로 인간의 자성 자리를 가리키는 것으로써 천지인 3재가 1.5 존공神을 바탕으로 하여 4.5를 이룬 상태라고 할 수 있습니다. 쉽게 말하자면 인간의 자성에서 천지인 3신의 축이 하나로 일관할 적에 우주와 내가 더불어 영생한다는 말입니다. 이렇게 되면 우주가 아니라 '주우(宙宇)'라고 불러야 한다고 현무경에는 기록을 하였습니다. 1.5 존공일은 18시간이요, 이것을 다시 분으로 환산하면 18×120분=2160분으로 되는데, 이것은 건책수(乾策數) 216이 10무극에 자리 잡은 상태입니다. 이런 건 현무경을 해설 할 적에 따로 언급하는 것이 좋겠군요.

아무튼 천간과 지지는 천지의 공간과 시간을 가리키는 것으로써 숫자와 불가분의 관계가 있다는 걸 강조하고 싶습니다. 공간은 항상 360도를 지니는데, 그 중심에는 5와 6이 있어서 1년이 365일로 되기도 하고, 366일로 되기도 합니다. 그리고 5와 6이 조화를 부린 30일이 12번 돌면 360도로 됩니다. 따라서 하늘은 커다란 원으로 보는데, 그 속에는 춘하추동 4계절로 변하는 지구라는 방(方)이 있어 각기 90도씩 4방으로 돌기 때문에 결국 하늘과 같은 360도를 유지하게 됩니다.

이 중심에 있는 5와 6을 천간으로 말하면 무(戊)와 기(己)라고 합니다. 물론 이건 순서 상으로 본 것이요, 만약에 오행으로 본다면 5戊와 6癸라고 해야 겠지요. 천지가 벌어지는 것은 반드시 중심에서부터 비롯하는 것이 철칙입니다. 천지의 흐름은 반드시 순서를 따라 가게 마련이요, 변화는 오행을 따라 가게 마련입니다. 따라서 선천과 후천의 기점(起點)은 戊己에서 비롯합니다. 태양이 주도하는 선천 물질문명은 戊에서 출발하고, 후천 정신문명은 己에서 출발합니다. 그러기 때문에 무기는 천지의 한문(閉門)이라고 개벽주는 말씀을 하셨습니다.

선천은 양이 주도하였기 때문에 반쪽 밖에 제대로 운행이 되지 않았는데, 그걸 상징하는 것이 바로 중앙에 5戊가 들어간 낙서였습니다. 지지도 역시 마찬가지여서 5에 해당하는 진(辰)과 술(戌)이 천간 무와 어울려 戊辰년에 낙서의 태세가 나오고, 戊戌일로 일진(日辰)이 성립하였던 것입니다. 그러나 후천에는 음양이 공조하게 되므로 10수가 등장하게 되어 10-9-8-6-5-4-3-2로 운행으로 하는데, 그 중심이 6수입니다. 따라서 己가 후천의 문을 여는데, 지지도 마찬가지로 10에 해당하는 未와 丑과 어울려 기미년에 태세가 열리고, 기축일로 일진이 잡히게 됩니다. 기미년은 독립만세운동이 벌어진 1919년을 가리킵니다. 이때부터 후천 땅의 문이 열리게 된 것입니다.

이것을 그냥 60갑자의 순서로만 얘기한다면, 다섯 번째에 해당하는 무진년이 선천의 태세요, 그 다음 여섯 번째에 해당하는 기사년이 후천 인간의 머리가 열리는 태세가 된다는 것도 신기한 일입니다. 이때의 기사년은 현무경이 나온 지 복중 80년의 신명기간이 경과한 1989년을 가리킵니다. 이때부터 세상에서는 후천 역법인 황극력을 사용하기 시작하였습니다. 11귀체에 해당하는 11번째의 갑술은 갑진과 더불어 후천의 24절국의 문을 열어주는 축(軸)이 되었으니 이 또한 신기한 일이라고 하지 않을 수 없습니다(2월 布化절국, 4월 行化절국, 6월 平化절국, 8월 亨化절국, 10월 貞化절국, 12월 性化절국)

갑자로부터 36년 천도수가 지나면 경자가 시작하는데, 갑자는 선천의 하늘이 시작한다면, 경자는 후천의 하늘을 상징합니다. 그러기 때문에 역사의 흐름을 잘 살피면 재미있는 현상을 알게 되는데, 수운 선생께서 1864 갑자년에 순도를 당하시면서 동학을 만방에 알리셨고, 그 후로 36년이 지난 1900 경자년부터 개벽주께서 천지개벽공사를 단행하셨으며, 1924 갑자로부터 36년이 지난 1960 경자년에 5·16군사혁명이 일어나 역사상 그 유례를 찾기 힘든 경제부흥을 하였습니다. 그럼 1984 갑자로부터 36년이 경과하는 2020년에는 어떤 일이 벌어질지 매우 흥미롭군요. 수운 선생의 탄생이 1824 갑신년이 된 것도 그냥 지나치면 안 됩니다. 갑신은 21번째의 간지인데, 21은 시천주라는 사실을 상기하기 바랍니다. 21수에 관한 것은 따로 언급하기로 하지만, 위대한 인물들의 탄생에는 반드시 천지의 운기가 함께 합니다. 그런 면에서는 증산 개벽주의 탄생도 빼놓을 수 없군요. 1871년 신미생으로 탄강하신 이치를 한 번 생각해 보기 바랍니다. 역사가들은 그냥 인간적인 안목에서만 평가하고 있지만, 사실은 역사라는 것은 천지인신이 함께 만들어간다는 점을 망각하면 안 됩니다. 이런 데에 눈을 뜨게 되면 한 치의 어긋남도 없이 역사의 수레바퀴가 돌고 있다는 걸 알 수 있지요.

360을 구성하는 요소들을 찬찬히 살펴보면 우주와 인생이 어떻게 구성되었는지 잘 알 수 있습니다. 360은 시간과 공간의 양면으로 보아야 합니다. 즉 평면과 입체로 보아야 합니다. 그냥 평면으로 보면 원형은 전부 360도입니다. 그러나 그 속에서 운행하는 내용물의 관계에 따라 그 주기가 달라집니다. 그 결과, 1시간도 360도요, 하루도 360도요, 1년도 360도입니다. 비록 그 형상은 같지만, 그 내용은 전혀 다릅니다. 1년이나, 1개월이나, 1일이나, 1시간이나 모두 천간과 지지가 조화하는 상태를 나타낸 것입니다. 그 내용을 살펴보면 1년 360일은 60 갑자가 6회전 한 상태이며, 1개월은 1후 5일이 6회전 한 상태입니다. 1후 5일은 60시간(5×12시간)이므로 역시 천간과 지지가 조화한 60갑 자를 가리킵니다. 60갑자가 6회전 한 것은 60일×6=360일이요, 5일이 6회전 한 것은 60시간×6=360시간입니다. 즉, 1년은 60일이 기준이 요, 1개월은 60시간이 기준입니다. 1일은 60분×24=1440분이요, 1시 간은 60초×24=1440초로 구성됩니다.

이처럼 연월일시는 각기 60일(日), 60시(時), 60분(分), 60초(秒) 등, 60을 기준으로 한다는 사실을 알게 되는데, 60은 10천간과 12지지가 공배를 이룬 수입니다. 이처럼 모든 원의 구심점은 60입니다. 10과 12 는 각기 5와 6의 배수이므로 가장 기초적인 구심점은 5와 6이며, 그 것을 나타내는 천간은 戊己요, 지지는 辰巳입니다. 그러므로 선천의 물질문명은 무진년(B.C 2212년)에서 비롯하였고, 후천의 황극력은 기사년(1989년)에서 비롯하였습니다.

지지를 순서대로 본다면 1은 子요, 6은 巳이며, 2는 丑이요 7은 午 입니다. 3은 寅이요, 8은 未요, 4는 卯요 9는 申이며, 5는 辰이요 10 은 酉입니다. 이것은 선천의 지지가 후천의 지지로 개벽하는 상태를 가리키는데, 자세한 건 용담도를 참고하시기 바랍니다. 용담도를 보 면 선천의 子로 후천에는 巳가 들어가 子時가 巳時로 시두의 변화 를 가져오며, 丑으로 午가 들어가 기서재동이 시작하고, 寅으로 未가 들어가 후천의 새로운 태세가 시작하며, 卯로 申이 들어가 선천을 음해하던 모든 걸 소멸하고, 辰으로 酉가 들어가 새로운 후천의 세 수가 출발하며, 巳로 戌이 들어가 새로운 천지지중앙을 이루고, 午

로 亥가 들어가 새로운 인간의 심령신대를 형성하며, 未로 子가 들어가 시천주를 이루는데, 이를 동학에서는 子未會라고 하였습니다.

선천	1자	2축	3인	4묘	5진
후천	6사	7오	8미	9신	10유
합	시두의 변화	기서재동	태세 변화	소멸음해	세수의 변화

이처럼 지지의 나열을 보아도 이미 선, 후천의 개벽은 질서정연하게 예정되어 있었다는 것을 알 수 있습니다.

4. 간지의 의미

이번에는 간지에 들어 있는 의미를 살피기로 하겠습니다. 간지는 천지의 공간과 시간의 상태를 상징적으로 알려주는 도구입니다. 그것을 숫자를 통해 살피면 더 한층 입체적으로 다가서는 걸 느낄 수 있습니다. 예를 들면 천간에도 음양이 있어 양간(陽干)과 음간(陰干)으로 구분합니다.

양간	3갑	7병	5무	9경	1임
음간	8을	2정	10기	4신	6계

지지도 역시 음양이 있어 음지(陰支)와 양지(陽支)로 나누어집니다.

양지	1자	3인	5진술	7오	9신
음지	6해	8묘	10축미	2사	4유

* 갑을 3, 8목

하늘에서 생기(生氣)가 되어 만물에 유행하는 것은 갑이요, 땅에서 만물이 되어 생기(生氣)를 받아들이는 것은 을(乙)입니다. 갑(甲)은 을(乙)의 기(氣)이므로 무르고, 을은 갑의 질(質)이므로 단단합니다. 갑과 을이 있으므로 목(木)의 음양(陰陽)이 구비(具備)된다고 봅니다. 갑은 동방의 하늘을 가리킵니다. 동방의 하늘에는 태양이 힘차게 비상합니다. 이처럼 힘차게 솟는 기세를 가리켜 숫자로는 3이라고 합니다. 내면에서 솟구치는 강한 용출력을 말합니다. spring이라는 용수철은 바로 갑의 성질을 잘 나타내고 있습니다.

하늘은 본래 허공이지만, 태양이 솟는 곳을 가리켜 동천이라고 합니다. 갑이 동천(東天)의 양을 가리킨다면 을은 동천의 음을 가리킵니다. 그것을 숫자로는 8이라고 합니다. 갑을 동산에 솟는 태양이라고 한다면 을은 아직도 어둠이 깃든 동천 자체를 가리킵니다. 나무로 치면 안에서 분출하는 양기를 3갑이라고 하며, 밖으로 드러난 형태를 8을이라고 합니다.

* 병정 2, 7화

병(丙)과 정(丁)은 하도에서 보는 것처럼 상양하음(上陽下陰)의 상태(狀態)로 내음외양(內陰外陽)의 상(象)입니다. 병은 불꽃과 같아서 병(炳 불꽃 병) 병이라고 하였습니다. 불을 보면 겉은 분명 뜨겁고 밝습니다. 이처럼 겉에 있는 것을 가리켜 양화(陽火)라고 합니다. 불의 내면은 오히려 어둡고 탁하게 마련입니다. 이를 가리켜 음화(陰火)라고 합니다. 정(丁)은 '장정 정'이라고 합니다. 장정은 알다시피 힘이 강합니다. 힘이 강하다면 당연히 양이라고 해야 할 텐데 연약한 음을 장정이라고 한 것은 좀 납득하기 어렵지요? 음이 강하기 때문에 정이라고 한 것이라기보다는 음화(陰火)인 정을 통해 만물이 단단해지기 때문이라고 하는 편이 옳을 겁니다.

즉, 병은 만물의 형체를 환하게 나타나게 한다면, 정은 내실을 다져 단단한 모습을 띠게 한다고 보면 틀림이 없습니다. 병은 정오의 한 점 그림자도 없는 상태의 태양을 가리키고, 정은 그런 태양을 담고 있는 하늘의 상태를 가리킵니다. 즉 정은 태양이 충만한 하늘을 가리키는 것이므로 겉모습은 항상 튼실한 장정처럼 보이게 마련입니다.

하늘은 본래 허공이지만, 태양이 남중(南中)한 곳을 가리켜 남천(南天)이라고 합니다. 병은 남천의 태양이 빛을 발하는 상태요, 정은 남천 자체를 가리킵니다.

* 무기 5, 10토

무(戊)와 기(己) 둘 하늘의 중심입니다. 땅에도 중심이 있는 것처럼, 하늘에도 중심이 있습니다. 하늘은 허공인데 어떻게 중심이 있을 수 있느냐고 의아하게 생각할 수도 있지만, 비록 보이지는 않지만 하늘에는 분명히 중심이 있습니다. 그런 것은 다른 것도 마찬가지여서 하

늘에 동천, 서천, 남천, 북천이 있다고 하는 것과 동일합니다. 무기
를 가리켜 중천(中天)이라고 합니다. 중천은 음양의 어느 한 편으로 치
우치지 않은 상태를 가리킵니다.

중천에도 음양이 있게 마련이어서 생수인 2와 3 즉, 봄과 여름의
생기가 합한 상태를 무라 하고, 성수인 7화기와 생수인 3목기가 합
한 10과, 성수인 8목기와 생수인 2화기가 합한 10을 가리켜 기라고
합니다. 따라서 무기는 병정처럼 빛을 발하거나 임계처럼 어둠을 주
관하는 것이 아니라, 중심에서 음양을 조화하고 있습니다. 무는 화기
를 주관하고, 기는 수기를 주관한다고 할 수도 있겠군요. 무는 양의
성질대로 만물(萬物)의 출생(出生)이나 극벌(克伐)을 주도합니다. 이
에 반해서 기(己)는 음의 속성대로 무와는 달리 만물의 기강을 튼실
하게 하는 역할을 합니다. 습토에는 수기(水氣)가 섞여 있으니, 이는
곧 수기가 일어난다고 할 수 있습니다. 그래서 기(己)는 기(起)와 통하
며, 잊혀 지지 않도록 한다는 의미에서 기(記)와도 상통한다고 할 수
있고, 만물의 벼리를 뜻한다고 해서 기(紀)라고도 봅니다.

* 경신 4, 9금

태양이 서방으로 기울면 맹렬한 기세는 누그러들고, 황혼으로 물들
게 마련입니다. 이때의 태양 볕을 가리켜 경(庚)이라고 하며, 그런 하
늘을 가리켜 신(辛)이라고 합니다. 따라서 경은 하루의 양기를 마감
하는 것이며, 신은 어둠이 깃들기 시작하는 하늘입니다. 사람으로 치
면 노년기에 해당한다고 할 수 있습니다. 따라서 더 이상 양기를 발

산하거나 분열하는 것이 아니라, 한 군데도 거두어들이려는 속성이 강합니다.

이런 성질을 가리켜 금이라고 한다는 것은 이미 언급한 것과 같습니다. 그러기 때문에 불필요한 것들은 가차 없이 버리는 냉정함이 있습니다. 그것은 마치 죽음을 맞이하려는 노인네의 심정과 같다고 하겠습니다. 그러기 때문에 천간으로 경신이 들어가는 해에는 인간세상에서도 살육이 자행되는 경우가 많습니다. 그것은 세상을 단단하게 하기 위한 하늘의 자구책이라고 할 수 있습니다.

* 임계 1, 6수

북방은 본래 어두운 곳입니다. 그렇다고 하여 태양이 안 뜨는 것은 아닙니다. 비록 미약하지만 그 곳에도 태양은 뜨게 마련입니다. 이처럼 미약한 태양의 상태를 가리켜 임이라고 하며, 그런 하늘의 상태를 가리켜 계라고 합니다. 태양이 없으면 만물에는 차가운 기운이 충만하게 되는데 이를 가리켜 수기(水氣)라고 합니다.

물도 땅의 물과 하늘의 물로 구분하는데, 하늘의 물은 임계라 하고, 땅의 물은 해(亥), 자(子)라고 합니다. 임(壬)은 맡기다, 혹은 임신하다는 뜻이 있으니, 그것은 마치 물이 만물(萬物)을 잉태(孕胎)하여 품고 있는 형국과 같습니다. 그러기 때문에 임을 가리켜 水라고 한 것입니다. 또한 계절로는 겨울이라고 하여 비록 대지가 얼어붙은 것처럼 보이지만, 내면(內面)으로는 양기(陽氣)가 시생(始生)하는 면을 壬이라고 한 것입니다.

壬은 '북방'이라는 의미 외에도 '클 임'이라는 뜻이 있는데, 겨울에는 비록 어두운 땅속으로 형체가 숨게 되며, 미약한 1양이 시생하지만, 두터운 음의 세력을 이기고 태어난 것이므로 크다고 본 것입니다.

계(癸)는 임에서 잉태한 1양이 싹을 틔우는 형국입니다. 양은 형체보다는 움직임을 위주로 하기에 1양이 시생하는 면에 치중하지만, 음은 움직임보다는 형체를 고정시키는 일을 위주로 하기 때문에 봄에 나올 싹을 구체적인 형태로 드러내기 위한 헤아림을 합니다. 그러기 때문에 癸는 규(揆 헤아릴 규)와 통한다고 본 것입니다. 癸라는 글자를 보면 癶(필 발) 밑에 天을 품고 있는 형국인데, 그것은 하늘의 형상을 구체적으로 헤아린다는 뜻입니다.

천간으로 보면 선천에서는 1甲 6己라고 하여 甲己合化土라는 동정운동을 하였지만, 후천에서는 반대로 己甲合化土로 정동운동을 하게 됩니다. 지지도 역시 1子 6亥가 되어 양을 위주로 하는 선천에서는 子時로 시두를 삼았지만, 음을 위주로 하는 후천에서는 亥時를 시두로 하게 된다는 걸 일부 선생께서 밝히셨고, 개벽주는 아예 북방의 亥를 남방의 巳로 바꾸어 '巳時'를 시두로 삼았습니다.

* 인묘 3, 8목

천간으로는 갑을목이지만, 지지로는 인묘가 목이라고 합니다. 갑목과 을목의 차이가 있는 것처럼, 인목과 묘목에도 차이가 있습니다. 천간의 목은 하늘의 목기를 음양으로 구분을 한다면, 지지의 목은 땅의 목기를 음양으로 구분합니다. 하늘의 목을 일월의 관계에서 파악한다면, 땅에서의 목은 일월로 인해 나타나는 나무의 변화상을 가리킵니다. 즉 태양의 기운으로 죽죽 뻗어가는 나무의 성질을 가리켜 3인 목이라고 한다면, 밖에서 그것을 보호하여 담고 있는 상태를 가리켜 8 묘목이라고 합니다. 혹은 뿌리에서부터 시생한 2음이 마지막 음으로 성장하여 음이 8방으로 드러난 8음을 가리켜 묘목(苗木)이라고도 합니다. 나무의 부드러운 상태는 8음이요, 위로 뻗는 성질은 3양이라고도 할 수 있습니다. 3의 양기를 그대로 두고 제어하지 못하면 나무는 위로만 뻗게 되어 매우 위태한 지경에 이릅니다. 적당히 나무 잎도 나와야 하고, 꽃도 피어야 하며, 옆으로도 벌어져야 쓸모 있는 법입니다. 종(l)과 횡(-)이 서로 어울려 十이 되는 것이 음양의 중도이며, 자연의 철칙입니다. 3은 5를 통해 8이라는 음과 만나 중도를 이룹니다.

선천에는 양이 주도를 하게 되므로 3과 8 중에서 3이 강력한 양기를 발산하게 마련입니다. 그 결과 낙서의 정동방에는 3진뢰가 자리를 잡게 되었지만, 후천에는 음이 주도를 하므로 8간산이 자리를 잡게 됩니다. 천간도 역시 선천에는 3丙 8辛의 원리에 따라 丙辛合化水가 되는 동정(動靜)운동을 하였지만, 후천에는 반대로 辛丙合化水로 靜動운동을 하게 마련입니다. 지지도 역시 선천에는 3寅 8卯의 원리에 따라 寅月이 세수가 되었지만, 후천에는 卯月세수가 되어야 한다고 주장하신 분이 일부선생입니다. 하지만 동서가 서로 바뀌어야 개벽이므로 묘와 상대적인 酉月로 세수가 됩니다.

* 사오 2, 7화

땅에서도 불의 기운이 있게 마련인데, 그 중에서 양기를 가리켜 午

라 하고, 음기를 가리켜 巳라고 합니다. 하늘의 불은 태양과 달을 가리키지만, 땅의 불은 일월의 영향을 받아서 나타나는 물질의 변화상을 가리킵니다. 巳는 아직 미약한 불이요, 午는 왕성한 불입니다. 본래 불이라는 것은 밖으로 발산하는 기운이 강한 법이기에 밖을 밝게 하는 반면, 정작 내면은 어둡게 마련입니다. 그것을 잘 보여주는 것이 바로 하도의 2, 7화입니다. 겉에는 7양화가 있지만, 내면에는 2음화가 있어서 음과 양, 생과 성의 조화를 이루고 있습니다. 땅에서 생기는 불은 사물 속에 들어 있는 음양의 충돌이나 상극이 5의 조화를 통하여 7이라는 형상으로 드러나는 법인데, 이것이 2+5＝7이라는 수리입니다.

선천의 천간은 2乙 7경의 원리에 따라 乙庚合化金으로 動靜운동을 하였지만, 후천에는 반대로 庚乙合化金으로 정동운동을 하게 됩니다. 지지도 마찬가지여서 선천에는 2巳 7午였는데, 낙서의 정남방에 午가 자리를 잡았었지만, 후천에는 巳가 정북방으로 이동하여 새로운 시두가 되었습니다.

* 신유 4, 9금

서방에는 4, 9금의 기운이 있는데, 하늘에는 태양의 기운이 겉으로 지면서, 안에서는 달의 기운이 성큼 강해진 상태입니다. 이렇게 되면 땅에서도 그 영향을 받게 되는데 가을의 산천이 그 좋은 예입니다. 봄과 여름에는 밝은 태양 아래 자태를 한껏 뽐내던 것들이, 가을이 오면 낙엽만 무성하게 떨어뜨리면서 속에서 알찬 열매가 나옵니다. 이 열매를 가리켜 4, 9금이라고 합니다.

사실 열매는 태양의 양기를 모아 놓은 상태입니다. 봄과 여름에는 양기가 허상으로 있었지만, 가을이 오면 그것이 마침내 구체적인 형상으로 나타나는 법인데, 그걸 가리켜 열매라고 부릅니다. 열매의 겉모습은 단단하게 생기는데, 그것은 천지의 4상이 5를 통해 가장 단단한 상태인 9금으로 되었기 때문입니다.

온갖 열매를 보면 속에는 부드러운 수분이 들어 있으나, 겉으로는 단단한 껍질이 있게 마련인데, 이것은 곧 안에는 4가, 밖에는 9가 있는 것과 같습니다. 천간으로 말하면 선천에는 4丁 9壬이 있어 丁壬合化木이라고 하였지만, 후천에는 음이 주도를 하므로 壬丁合化木이 됩니다. 지지도 마찬가지여서 선천에는 4酉 9申이 되어, 양수인 9신이 12개월 중의 후반 6개월의 머리를 들어 7월이라고 하였으나, 후천에는 유정월로 음이 머리를 들게 되었습니다.

* 진술축미 5, 10토

땅의 중심에도 음양이 있는 법인데, 辰戌은 陽土라 하고, 丑未는 陰土라고 합니다. 양토는 천간의 5戊土가 태양이 자리한 중심을 가리키고, 음토의 천간 10己土는 그런 하늘의 바탕을 의미한다면, 땅에서의 5辰土와 5戌土는 태양이 내리 쬐어 양기가 많은 곳을 가리키고, 10丑土와 10未土는 그늘진 곳을 가리킵니다.

辰이 자리한 곳은 자1양, 인2양, 진3양이라고 하는 것처럼, 가장 밝은 시기에 해당하는 곳이라고 할 수 있으니 계절로 치면, 입하, 소만

이 시작하는 곳이며, 선천의 태세가 나오는 곳입니다. 이와 정반대편에 있는 戌은 가장 어두운 곳인데 오1음, 신2음, 술3음이라고 하는 것처럼, 계절로 치면 입동, 소설이 시작하는 곳이며, 선천의 일진이 나오는 곳이라고 봅니다.

선천에서는 양을 위주로 하였기에 태세는 무진년이요, 일진은 무술일이었지만, 후천의 태세는 기미년이며, 일진은 기축일이라고 하는 것을 보면 선천의 기준은 진술이었지만, 후천에는 축미가 된다는 걸 알 수 있습니다.

양을 위주로 하는 선천에서는 5무와 10계가 한데 어울려 戊癸合化火라고 하는 동정운동을 하였지만, 음을 위주로 하는 후천에서는 반대로 癸戊合化火라고 하는 정동운동을 하게 됩니다.

* 천간과 지지가 온전히 일치하는 숫자를 지니고 있는 경우를 나열하면 다음과 같습니다.

숫자	1	2	3	4	5	6	7	8	9	10
양	임자		갑인		무진,무술		병오		경신	
음		정사		신유		계해		을묘		기미,기축

위에서 보는 것처럼, 천간 壬도 1이요, 지지 子도 1이며, 천간 丁은 2요, 지지 巳도 2라는 식으로 10개의 천간과 12개의 지지의 숫자가 일치하는 경우는 12개입니다.

4장 팔괘와 수리

1. 팔괘의 형성

8괘는 개벽주가 개벽을 단행하는 데에 있어 필수적입니다. 8이란 숫자는 앞에서 이미 언급한 것처럼, 천2×지2×인2에서 나왔습니다. 천2는 하늘의 음양이요, 지2는 땅의 음양이며, 인2는 인간의 음양입니다. 수박을 가를 적에 한 번 갈라서 나타나는 두 조각은 천2요, 두 번 갈라서 나타나는 네 조각은 지2이며, 세 번 갈라서 나타나는 여덟 조각은 인2입니다.

◉ 1태극

--		-		: 양의(兩儀)――5 천

==	==	==	=	: 사상(四象)――20 지
태음	소양	소음	태양	

: 팔괘(八卦)――60인

☷	☶	☵	☴	☳	☲	☱	☰
곤	간	감	손	진	이	태	건
지	산	수	풍	뢰	화	택	천

땅의 사상 28   하늘 사상 32

태극에서 음양이 나오고, 음양에서 사상이 나오며, 사상이 다시 갈라지면 8괘가 됩니다. 따라서 8괘를 이해하려면 음양과 사상부터 알지 않으면 안 됩니다. 음을 상징하는 --을 가리켜 음효(陰爻)라 하고, 양을 상징하는 -을 가리켜 양효(陽爻)라고 합니다. 음효의 모습을 중간이 비어 있고, 양효는 이어진 형태입니다. 음효의 속이 텅 빈 것은 속을 채우기 위함이요, 양효가 속이 채워진 것은 밖으로 발산하기 위함입니다.

8괘는 얼핏 보면 다 비슷한 것 같아서 식별하기가 곤란하다고 하는 분들이 많은데, 맨 밑에 있는 효를 기준으로 보면 그리 어렵지 않습니다. 예를 들면 하늘 사상인 건태이진 네 괘를 보면 맨 밑에 있는 효는 모두 양효로 이루어져 있고, 반대로 땅 사상인 손감간곤 네 괘를 보면 맨 밑에 있는 효는 모두 음효로 이루어져 있습니다.

건괘는 세 개의 효가 모두 양으로 이루어져 있으므로 건삼련(乾三連)이라 하고, 곤괘는 세 개의 효가 모두 끊어진 음효로 이루어져 있으므로 곤삼절(坤三絶)이라고 합니다. 태괘는 맨 위의 효가 끊어진 음이므로 태상절(兌上絶)이라 하고, 간괘는 맨 위가 이어진 양효이므로 간상련(艮上連)이라고 합니다. 이괘는 중앙이 텅 비었으므로 이허중(離虛中)이라 하고, 감괘는 반대로 중앙이 양효이므로 감중련(坎中連)이라고 합니다. 진괘는 맨 밑이 양효이므로 진하련(震下連)이라 하고, 손괘는 맨 밑이 음효이므로 손하절(巽下絶)이라고 합니다.

2. 팔괘와 수리

음효는 두 개로 나누어졌으므로 숫자로 2라하고, 양효는 비록 겉으로는 한 개이지만 갈라진 두 개를 하나로 이어주는 또 하나가 중앙에 있으므로 숫자로는 3이라고 합니다.

1	2		1	2	3
有	無		始	中	終

위에서 보는 것처럼 음효는 만물의 유와 무를 가리키고, 양효는 시, 중, 종을 가리킵니다. 즉 음은 만물의 겉으로 드러난 형태를 가리키고, 양은 만물이 움직이는 변화를 의미합니다. 만물의 유무는 형체를 기준으로 하고, 시, 중, 종은 형체의 변화를 기준으로 합니다. 그러기 때문에 음효는 항상 숫자가 2요, 양는 3으로 계산합니다. 따라서

음효와 양효의 합인 태극 ◐은 2와 3의 합이므로 5라고 합니다. 대정수가 55인 까닭은 이와 같은 태극이 11개가 되기 때문입니다. 즉 숫자 열 개가 모두 태극이요, 열 개가 합한 것도 역시 또 하나의 숫자이므로 도합 11귀체가 되기 때문에 5×11이라고 한 것이 대정수입니다.

사상의 합은 태음은 2×2이므로 4요, 태양은 3×2이므로 6이요, 소음과 소양은 각기 2+3이므로 5가 되어 도합 20입니다. 이런 식으로 8괘의 합을 계산하면 도합 60이 나옵니다. 수박을 한 번 가르면 5가 되고, 두 번 가르면 20이 되며, 세 번 가르면 60이 된다는 말입니다. 60중에서 하늘의 사상을 합하면 32가 되고, 땅의 사상을 합하면 28이 됩니다. 이것은 각기 4×8과 4×7인데, 4×8은 32相이요, 4×7은 28성수를 가리킵니다. 즉 8괘는 하늘의 28수와 땅의 32상을 합해 놓은 상태입니다. 60에 관한 수리를 살필 것 같으면,

  6×10: 6이 무극을 여섯 바퀴 돈 상태. 뒤집어 말하면 무극이 여섯 바퀴 돈 상태.
  5×12: 5가 12번 변한 상태.
  4×15: 4방에 천지인 3신의 중심(5)이 그 모습을 드러낸 상태.
  3×20: 천지인 3신이 4방에 중심(5)을 드러낸 상태.
  2×30: 음양이 5행과 6기를 운행한 상태.

라고 할 수 있습니다. 8괘의 수리를 합하면 60이지만, 각기 8괘와 결합하면 64괘가 되어 4의 차이가 생깁니다. 그것은 4가 동서남북의 기본이기 때문에 그럴 수밖에 없습니다. 4는 사방이라는 方을 가리키는 것이므로 64괘는 결국 원이 아니라 방을 가리킨다는 사실을 알

게 됩니다. 방은 땅을 의미하고, 땅은 형상을 위주로 하는 법이므로 64괘는 만물의 형상을 통해 진리에 도달하려는 방편이라고 할 수 있습니다. 형상은 겉에 드러난 음양이므로 '주역은 음양이라는 둘 만 보았지, 3을 못 보았다'는 주장을 하는 일부 사람들의 주장에도 일리는 있습니다. 하지만 그건 역의 근원을 파악하지 못한 소리라고 하겠습니다. 易이라는 글자 자체가 이미 '변화'를 내포하고 있으며, 변화는 반드시 3을 기본수로 하고 있음을 감안한다면 그런 주장을 할 수 없겠죠.

8괘에는 모두 24효가 있는데, 음효와 양효를 살피면 건괘에는 양효가 3, 태괘에는 양효 2, 음효 1, 이괘에는 양효 2, 음효 1, 진괘에는 양효 1, 음효 2이므로 하늘 사상에는 양효 8, 음효 4가 있기에 이를 숫자로 환산하면 32상이 됩니다. 손괘에는 양효 2, 음효 1, 감괘에는 양효 1, 음효 2, 간괘에는 양효 1, 음효 2, 곤괘에는 음효 3이므로 땅 사상에는 음효 8, 양효 4가 있기에 이를 숫자로 환산하면 28수가 됩니다.

64괘를 수리로 보면 건위천 18, 곤위지 12, 수뢰둔 14, 산수몽 14, 수천수 16, 천수송 16, 지수사 13, 수지비 13, 풍천소축 17, 천택리 17, 지천태 15, 천지비 15, 천화동인 17, 화천대유 17, 지산겸 13, 뇌지예 13, 택뇌수 15, 산풍고 15, 지택림 14, 풍지관 14, 화뢰서합 15, 산화비 15, 산지박 13, 지뢰복 13, 천뢰무망 16, 산천대축 16, 산뇌이 14, 택풍대과 16, 중감수 14, 중리화 16, 택산함 15, 뇌풍항 15, 천산돈 16, 뇌천대장 16, 화지진 14, 지화명이 14, 풍화가인 16, 화택규 16, 수산건 14, 뇌수해 14, 산택손 15, 풍뇌익 15, 택천쾌 17,

천풍구 17, 택지췌 14, 지풍승 14, 택수곤 15, 수풍정 15, 택화혁 16, 화풍정 16, 중진뢰 14, 중간산 14, 풍산점 15, 뇌택귀매 15, 뇌화풍 15, 화산여 15, 중손풍 16, 중태택 16, 풍수환 15, 수택절 15, 풍택중부 16, 뇌산소과 14, 수화기제 15, 화수미제 15인데 이를 도합하면 18이 1, 17이 6(102), 16이 15(240), 15가 20(300), 14가 15(210), 13이 6(78), 12가 1이 되어 960입니다.

960의 9와 6, 0을 합하면 15인데, 9는 건이요, 6은 곤이므로 결국 64괘는 건곤의 합이라고 하지 않을 수 없습니다. 건9, 곤6이 합하면 15요, 곱하면 용담수 54입니다. 1刻은 15분이므로 하루는 96각입니다. 刻이라는 글자를 보면 亥와 刂(칼 도)가 합한 상태인데, 亥는 6이므로 刻은 곧 6을 해부한다는 의미가 있습니다. 亥는 돼지요, 서북방의 3음지간인 戌亥之間을 가리킵니다. 자축에서 시작한 1양은 술해지간에서 3음으로 모든 걸 마칩니다. 3음(☷)을 괘상으로 본다면 곤괘입니다. 곤괘는 덕을 가리키며, 덕은 자성의 빛을 발산하는 것이므로 자성수인 6을 해부하는 것이라고 볼 수 있습니다.

> 960은 여러 가지 의미가 있는데,
> 80×12: 구구성리가 12번 돈 상태. 9변 9복이 12번 이루어진 상태.
> 64×15: 64괘가 15번 변화한 상태.
> 60×16: 60갑자가 16회전 한 상태.
> 48×20: 48장의 중심 5가 4상으로 충만한 상태.
> 30×32: 5행6기가 32상에 충만한 상태.

라고 할 수 있습니다. 64괘에는 384효가 있는데, 음효 192와 양효 192개로 되어 있습니다. 음효 192×2=384이며, 양효 192×3=576입니다. 이 둘을 합하면 960인데, 음효의 합수 384의 3, 8, 4를 합하면 15요, 15의 1과 5를 합하면 6이므로 곤괘의 수가 나옵니다. 양효의 합수 5, 7, 6을 합하면 18이요, 18의 1과 8을 합하면 건괘의 수 9가 나옵니다. 음효의 합수 384는 일원수 360에서 24가 더한 수인데, 24는 4방이 지니고 있는 원의 핵(6)입니다. 즉 앞에서 말한 60과 64의 차이라고 할 수 있습니다. 양효의 합수 576은 용담수 540에서 36을 더한 수인데, 6자성이 스스로 6곱한 천도수입니다. 24와 36을 합하면 60이 되니 이는 곧 간지가 60환갑을 이루는 숫자입니다. 따라서 960 중에서도 60은 중심에 해당하고, 900은 겉에 해당합니다.

이번에는 8괘에 대한 수리를 알아보기로 하겠습니다. 건괘 ☰는 9요, 곤괘 ☷는 6입니다. 이 둘을 합하면 15가 됩니다. 태괘 ☱8과 간괘 ☶7을 합해도 역시 15이며, 이괘 ☲8과 감괘 ☵7을 합해도 15이고, 진괘 ☳7과 손괘 ☴8을 합해도 15입니다. 이처럼 8괘는 모두 네 개의 15가 있기에 도합 60입니다. 이렇게 15가 기본을 이루는 것은 하도의 중심에 15가 있는 것과 같은 이치이며, 건9, 곤6의 합이 기본이라는 이치와도 상통합니다. 여기서 9건, 7진, 7감, 7간은 홀수이므로 아버지, 장남, 중남, 소남 등, 양을 가리키며, 6곤, 8손, 8리, 8태는 짝수이므로 어머니, 장녀, 중녀, 소녀 등, 음을 가리킵니다. 이처럼 8괘의 남녀를 가리는 기준은 숫자로 합니다.

그러나 8괘의 음양을 가리는 기준은 형상을 위주로 하기 때문에 음효가 많으면 음괘요, 양효가 많으면 양괘라고 합니다. 예를 들면 건태 중에서 건괘는 양효가 셋이요, 태괘는 둘이므로 건괘를 양이라 하고, 태괘를 음이라 합니다. 또한 이진 중에서 이괘는 양효가 둘이요, 진괘는 음효가 둘이므로 이괘를 양괘, 진괘를 음괘라고 합니다. 손감 중에서 손괘는 양효가 둘이므로 양괘라 하고, 감괘는 음효가 둘이므로 음괘라 합니다. 간곤 중에서 간괘는 양효가 하나 있지만, 곤괘는 세 효가 모두 음이므로 간괘를 양괘, 곤괘를 음괘라고 합니다.

복희도, 문왕도, 용담도의 효에 대한 수리를 살피면 다음과 같은 법칙이 나옵니다.

복희도	음효	양효	문왕도	음효	양효	용담도	음효	양효	합		도합
1건천	0	3	9리화	1	2	2곤지	3	0	음4,	양5	23
2태택	1	2	4손풍	1	2	7손풍	1	2	음3,	양6	24
3리화	1	2	3진뢰	2	1	8간산	2	1	음5,	양4	22
4진뢰	2	1	8간산	2	1	3감수	2	1	음6,	양3	21
5손풍	1	2	2곤지	3	0	9리화	1	2	음5,	양4	22
6감수	2	1	7태택	1	2	4태택	1	2	음4,	양5	23
7간산	2	1	6건천	0	3	5진뢰	2	1	음4,	양5	23
8곤지	3	0	1감수	2	1	10건천	0	3	음5,	양4	22
합	12	12		12	12		12	12	음36(72둔)	양36(108진주)	180

위의 도표에서 알 수 있는 것처럼, 8괘는 각기 음효 12, 양효 12 합 24효가 있으므로, 복희, 문왕, 용담을 합하면 72효가 있어야 합니다. 음양둔갑수를 가리켜 72라고 한 것은 이와 같은 이치에 의한 것입니다. 물론 태양이 적도를 기준으로 남, 북으로 각기 3도씩 승강을 거듭하므로 72도를 둔갑하기 때문에 벌어지는 자연의 현상 때문에 72둔갑수라고 하는 것도 유념해야겠지요. 음효 36×2＝72둔갑수가 되고, 양효 36×3＝108진주라고 하는 것도 유념해야 합니다. 3도의 8괘의 모든 효를 다 합하면 180인데, 이는 36×5입니다. 5는 음(2), 양(3)

이 합한 태극수이므로 180은 8괘의 태극을 가리킵니다. 태극이 음양으로 벌어지면 360이 되어 일원상수가 됩니다.

3. 팔괘의 괘상과 변화

* 건괘(乾卦 ☰)

건괘는 세 개의 효가 모두 양효로 되어 있으므로 건삼련(乾三連 ☰)이라고 합니다. 양은 단단한 상태(剛)를 나타냅니다. 그러므로 가장 단단한 상태를 건괘라고 합니다. 가장 단단한 상태를 가리켜 하늘(天)이라고 하여 건천(乾天)이라고 부릅니다. 하늘이 가장 단단하다니? 그게 무슨 말일까요? 하늘은 허공이니까 사실 단단하다고 하는 것보다 차라리 부드럽다고 하는 게 타당하지 않을까요? 그러니까 양이라는 개념을 다각도에서 바라보아야 합니다. 단단한 것, 밝은 것, 밖으로 돌출한 것, 적극적인 것, 가벼운 것, 위로 올라가는 것 등이 양의 개념입니다.

하늘은 이런 것들이 모두 모여 있는 곳입니다. 비록 하늘은 허공이며, 무형이지만 그렇기 때문에 결코 변하지 않습니다. 형상이 있는 것은 반드시 변하게 마련이지만, 무형은 본래 형체가 없기 때문에 변할 것도 없습니다. 영원히 불변하는 것이므로 가장 단단한 상태라고 본 것입니다. 하늘은 위에 있으니 가볍고 밝은 양의 기운이 충만한 상태입니다. 그러므로 건괘는 빛을 상징합니다.

이처럼 하늘은 모든 형상의 기본 중의 기본이기에 복희도에서 1건 천이라고 하였습니다. 복희도의 1건천이 자리 한 곳은 정남방이며, 하 루로 치면 정오에 해당하며, 1년의 절기로는 하지에 해당합니다. 정 남방이나 정오, 하지 등은 모두 광명을 상징합니다. 正午는 말(馬)에 해당하는 것이므로 건괘를 가리켜 짐승으로 말이라고 합니다(乾馬). 격암유록의 맨 처음에 등장하는 건마곤우(乾馬坤牛)는 이런 데에 연 유합니다.

하늘은 태양을 비롯한 모든 별들을 담고 있는 큰 그릇입니다. 그릇 에는 음의 그릇과 양의 그릇으로 크게 구분하는데, 하늘은 양의 그 릇입니다. 양의 그릇에는 세 개의 양괘가 담겨지게 마련인데, 장남인 진괘, 중남인 감괘, 소남인 간괘가 모두 건괘에 담겨 있습니다. 그래 서 건괘를 가리켜 아버지(乾父)라고 합니다. 하늘이란 말이 본래 큰 얼을 담고 있다는 의미에서 '한 얼' 혹은 '한 알' '한 울'이라고 한 다는 점을 상기하면 금방 이해가 될 것입니다. 문왕도에서 건괘는 서북방으로 자리를 옮기고, 숫자도 1이 아니라 6수가 붙어서 '6건천' 이라고 합니다. 서북방은 본래 자축에서 시작한 1양이 인묘 2양, 진 사 3양, 오미 1음, 신유 2음, 그리고 맨 마지막으로 술해 3음으로 끝 나는 곳입니다. 그래서 선천에서는 가장 어두운 곳을 가리켜 서북방 이라고 하였는데, 문왕도는 물질의 변화를 위주로 하는 것이요, 물질 의 변화는 물에서 비롯하는 법이므로 북방에 1과 6을 배치할 수밖 에 없습니다.

하도와 낙서의 차이점은 금화교역으로 인해 남방과 서방의 오행이 바뀌었다는 사실입니다. 그런데 그것도 잘 살펴보면 문왕도의 정북방으로 1감수가 들어가고, 서북방으로 6건천이 들어갔습니다. 문왕도의 정동, 정서, 정남, 정북의 四正에는 1, 3, 7, 9라는 양수가 들어가 있는데, 그것은 그만큼 문왕도는 양을 위주로 한다는 걸 말해줍니다. 반대로 용담도의 사정에는 2, 4, 8, 10이 들어가 있으므로 음을 위주로 한다는 걸 알게 됩니다. 이것은 선천은 양을, 후천은 음을 위주로 한다는 걸 의미합니다.

1은 양이기에 정북방이요, 6은 음이기에 서북방이라고 하는 건 이해했다고 치고, 왜 6을 하늘이라고 했을까요? 1을 물(坎水)이라 하고, 6을 하늘(乾天)이라고 한 이유는 도대체 어디에 있을까요? 사실 물질로만 따진다면 1은 양이므로 하늘이라 해야 하고, 6은 음이므로 물이라고 해야 하는 게 도리가 아닐까요? 아니 그보다 왜 1, 6수에 감괘와 건괘를 함께 붙여야 하는 걸까요? 그 이유는 물은 하늘에서 나오기 때문입니다. 이를 가리켜 옛 사람들은 '天一生水'라고 하였습니다. 복희도의 8곤지로 1감수가 들어간 것은 음이 다하면 양이 시생하는 자연의 원리를 그대로 보여주는 것입니다. 그러므로 8곤지에 1감수가 들어간다고 하였으며, 하늘을 6이라고 한 것입니다. 즉 1감수에서 나온 물질의 출발인 生水는 5중앙토의 기운을 받아 6에서 成水로 변한다는 말입니다.

문왕도의 6건천 자리로 용담도에는 5진뢰가 들어갑니다. 즉 술해지간은 모든 것이 다 끝나는 3음곤의 기운이 있던 곳이므로, 그곳에서 새로운 1양이 솟아나야 하는데, 그걸 준비하기 위한 바탕으로 나온 것이 문왕도의 6건천입니다. 그곳에서 새로운 하늘을 준비한 것은 바로 후천의 1양이 시생하는 것인데, 그것이 바로 5진뢰입니다. 진괘는 밑에서 1양이 시생하는 상징입니다(☳). 진괘의 숫자가 5가 된 것은 그곳이 선천과 후천의 하늘이 교차하는 중간이기 때문입니다. 5는 항상 모든 형상의 중심이라는 점을 상기하기 바랍니다. 그러기 때문에 그곳을 가리켜 천붕우출(天崩宇出) 하는 곳'이라고 부릅니다. 낙서에서 1감수+2곤지+3진뢰+4손풍+5중앙+6건천=21로 합을 이룬 곳이므로 시천주의 상징이 되었습니다. 개벽주께서는 시구법문에서 개벽처를 가리켜 '五老峯前二十一'이라고 노래를 하셨는데, 바로 용담도의 5진뢰 자리를 두고 하신 말씀입니다.

이렇게 되면 비로소 하늘은 정북방으로 들어가 10건천으로 되어 복희도의 8곤지와 한 몸이 되어 음양동거를 이룹니다. 선천 복희도나 문왕도의 하늘은 곤과 하나 되지 못하였으나, 용담도의 하늘은 11귀체를 이루게 되니, 이곳이 바로 의식이 바로 잡힌 인간의 머리를 가리킵니다.

* 태괘(兌卦 ☱)

태괘는 태상절(兌上絶)이라고 하여 맨 위의 효가 음효로 이루어져 있습니다. 밑에 든든한 양효가 두 개나 버티고 있으므로 위에 있는 음이 비교적 풍요로운 형상입니다. 음은 내면의 상태를 나타내는데, 음이 풍요롭다고 하는 것은 그만큼 내면의 세계가 풍성하다는 의미입니다. 그러므로 태괘의 의미는 열(悅 기쁠 열)이라고 합니다. 하늘의 맨 위에 있는 음의 상태를 태괘라고 하는데, 그것이 바로 구름과 같은 습기의 결정체라고 보면 될 것입니다. 구름 한 점 없이 맑은 하늘을 건괘라고 한다면 습기가 찬 어두운 하늘을 가리켜 태괘라고 합니다.

그러기 때문에 건괘를 1이라 하고, 태괘를 2라고 합니다. 1과 2는 본래 한 짝인데, 그 속에 있는 양적인 걸 1이라 하고, 음적인 걸 2라고 한 것입니다. 그러기 때문에 건괘와 태괘는 본래 같은 태양(═)을 기반으로 하고 있습니다.

하늘 아래에서 발생한 음을 손괘(巽卦)라 하며 장녀라고 하는데 비해, 하늘 위에서 발생한 음을 태괘라 하고, 소녀라고 합니다. 소녀는 맨 마지막 번째의 딸이라는 의미인데, 마지막에 나타난 형상이라는 뜻입니다. 여하튼 태괘의 형상은 밑에 든든한 양이 있는 터전 위에 음이 있는 형상인데, 음은 땅을 가리키므로 땅 밑에 단단한 금이 충만한 상태라고도 봅니다. 그러기 때문에 태괘는 풍요의 상징이라고 하여 짐승으로도 羊에 해당한다고 봅니다. 한 가족의 구성원으로 보면 소녀, 즉 막내딸이라고 하는데, 막내딸은 귀여움과 사랑을 듬뿍 받는 상징입니다.

그러기 때문에 문왕도의 정서방에 태괘가 자리를 잡게 된 것입니다. 서방은 4, 9금의 열매가 나오는 곳이기 때문이지요. 복희도에서는 건태가 본래 같은 사상인 태양(═)에서 비롯한 것이므로 1건천, 2태택으로 함께 붙어 있었지만, 문왕도에서는 열매는 방위로는 서방이요, 계절로는 가을에 맺혀지는 법이므로 서방으로 배치하였습니다. 그런데, 그 숫자가 7태택이라고 하는 이유는 무얼까요? 서방이라면 당연히 4나 9라고 해야 하는 게 아닌가요? 문왕도는 양을 위주로 하므로

9라고 해야 하겠군요. 하지만 그건 열매가 완숙한 가을의 상태를 가리키는 것이고, 여름에 해당하는 문왕도에서는 열매는 풍부한 일조량을 필요로 하는 것이므로 7화의 기운을 받아야 하기 때문에 7태택이라고 한 겁니다.

그것이 용담도에서는 동일한 서방에 자리를 잡고 있으면서 다만 숫자만 4태택으로 변하였습니다. 용담도는 완숙한 가을을 가리키므로 본래의 모습인 4, 9금으로 돌아와야 하는데, 음을 위주로 하는 것이기에 9가 아닌 4태택이라고 한 것입니다. 선천 여름 문명에서는 9가 가장 높은 하늘에 올라 9리화로 온 세상을 불지옥으로 만들었던 것입니다. 여름의 극렬했던 7火의 기운을 4金의 기운으로 음양조화를 부려 11귀체를 이루어 이상적인 상태로 화하게 하는 것이 바로 용담세계입니다.

* 이괘(離卦 ☲)

이괘는 이허중이라고 하여 중간에 음효가 들어간 상태입니다. 하늘의 위에 음이 들어가면 태택이요, 밑에 음이 들어가면 손괘라고 중간에 음이 들어가면 이괘가 됩니다. 이괘의 형상은 밝은 양 속에 어두운 음이 묻힌 상태라고 할 수 있는데, 그것이 바로 불입니다. 불을 보면 겉으로는 매우 뜨거운 양기를 발산하는데, 정작 그 속은 어두워서 아무 것도 안 보입니다. 그래서 복희도에서는 3리화(離火)라고 부릅니다. 즉 3은 불을 가리킨다는 의미입니다. 1이 맑은 하늘을, 2가 하늘에 있는 음기의 집합인 澤을 가리킨다면, 3은 하늘에서 움직이는 불덩어리이므로 태양이라고 합니다. 하늘에서의 3수는 바로 태양입니다. 그러기에 개벽주는 자신을 가리켜 '나는 3리화니라'고 말씀 하셨던 겁니다. 그것은 3수에 이르러야 비로소 만물을 살리는 광명이 발산하기 때문입니다.

문왕도에서는 이괘가 9리화로 변합니다. 9는 사실 火가 아니라 金인데, 굳이 9리화라고 한 이유는 어디에 있을까요? 그것도 역시 앞에서 말한 것처럼, 열매는 불의 연단을 거쳐야만 하기 때문입니다. 9는 양수의 마지막입니다. 북방의 1에서 출발한 양의 기운은 3木에서 왕성해지고, 7에서 가장 극렬하게 마련이기 때문에, 만약 7화를 정남방에 그대로 두었다가는 온 세상이 다 타버리기 때문에 자연은 9수로 방비를 하였던 것입니다. 같은 양수이지만, 9수는 모든 걸 단단하게 마무리를 하는 기능이 있기 때문에 7화의 극렬한 불기운에서 세상을 막아낼 수 있었습니다. 이처럼 땅에서의 이괘는 남방에서 9금의 기운으로 단단하게 영글어가는 상징입니다. 이는 곧 하늘의 기능을 태양이 대신하고 있다는 얘기가 되겠습니다.

용담도에서의 이괘는 서남방으로 자리를 옮깁니다. 문왕도를 보면 그 자리에는 본래 2곤지가 차지하고 있었는데, 2와 9가 서로 자리를 바꾸는 2·9착종이 벌어졌습니다. 여름 문명의 끝 자락인 9양에 가을 문명의 시작인 2음이 착종하여, 결국 양의 꼬리와 음의 머리가 두미화합(頭尾和合)을 한 셈입니다. 2와 9가 합하여 11귀체를 이루었으니 이 역시 이상세계의 도래를 상징합니다. 2는 火요, 9는 金이므로 화극금(火克金)이 화극생금(火極生金)으로 되었습니다.

* 진괘(震卦 ☳)

진괘는 진하련(震下連)이라고 하여 맨 아래 양효가 하나 있습니다. 음은 땅이므로 두터운 땅 속에 금이 묻힌 형국이라고 보면 됩니다. 양은 본래 발산하는 성향이 강한 법인데, 위에서 두터운 음이 내리 누르고 있으니 그 반발력이 엄청 크게 마련이지요. 이런 이유 때문에 진뢰(震雷)라고 하게 되었습니다. 진괘를 복희도의 동북방에 배치한 까닭도 그 위치는 입춘에 해당하기 때문입니다. 입춘은 봄에 얼었던 두터운 얼음벽을 깨고 생물들이 양기를 싹이라는 형태로 틔우는 것이 흡사 우레를 닮았기 때문입니다.

진괘를 가리켜 龍이라고 하는 것도 이런 이치에 의한 것입니다. 용은 온갖 풍운조화를 부리면서 변화무쌍함을 자랑합니다. 이괘가 하늘의 불덩어리인 태양이라면, 진괘는 태양의 기운을 물 기운으로 감싼 상태인데, 그것이 바로 번개입니다. 이처럼 강력한 발산력을 자랑하는 진괘이므로 장남이라고 합니다. 비록 이괘가 태양이라고 하지만, 음이 중심에서 작용을 하고 있기 때문에 중녀(中女)라는 둘째 딸로 비유합니다.

하늘에서의 4수는 진괘의 성격을 띠고 있습니다. 4를 죽을 死라고 하는 까닭은 진괘의 강력한 기운은 모든 생물을 죽이기에 안성 맞춤이기 때문입니다. 그러기에 이목구비에서 진괘는 입에 해당한다고 하는데, 그 이유는 입에서는 지상의 모든 물체가 다 죽어야 하기 때문입니다. 뇌와 풍이 복희도에서 한 짝을 이루어 뇌풍항이 되는데, 그걸 이목구비로 말한다면 입(진)에서 항문과 생식기(손)로 이동하는 것을 가리킵니다. 손괘에서는 생명이 1음으로 싹을 틔우게 마련입니다.

문왕도에서의 진괘는 3진뢰라고 하여 동방에 자리를 잡습니다. 3
과 8을 동방목이라고 하지만, 문왕도에서는 양을 위주로 하므로 3이
정동방에 있게 되었는데, 그것을 상징하는 괘상이 바로 진괘입니다.
진괘는 오행으로 陽木이라고 하므로 당연히 동방에 배치를 하게 된
것입니다. 손괘도 역시 목이지만 陰木이므로 정동방에는 양목인 震
木이 배치하게 된 것입니다. 용담도에서의 진괘는 5진뢰라고 하여 서
북방에 자리를 잡습니다. 그 자리는 문왕도의 6건천이 있던 곳인데,
그 곳은 본래 술해지간인 3음지처였습니다. 음이 다 하면 1양이 시
생하는 원리에 의해 1양이 시생하는 진괘가 들어서게 된 것입니다.

* **손괘(巽卦 ☴)**

손괘는 손하절(巽下絶)이라고 하여 맨 아래에 음효가 하나 있습니
다. 손괘나 감괘는 다 같이 사상 중의 소양(少陽 ☱)을 바탕으로 하고
있다는 점에 유의해야 합니다. 소양은 그 성질이 안으로는 음이 있고,
겉으로는 양이 있는 형국이니, 이는 곧 전형적인 가을의 상태입니다.
가을은 따스한 양의 여진(餘塵)이 겉으로는 남아 있지만, 속으로는
차가운 음의 기운이 스며 있습니다. 이와는 반대로 소음(少陰 ☳)을
바탕으로 한 이괘와 진괘는 겨울의 잔재(殘在)가 남아 있는 형국입
니다. 그러기에 겉으로는 음이 있지만, 속에서는 따스한 양기가 솟아
나고 있습니다. 그걸 바탕으로 나온 것이 진괘와 이괘였습니다. 진괘
가 두터운 어둠에 묻힌 불(번개)이라고 한다면, 단단한 담을 무너뜨

리는 한 줄기 바람이 손괘입니다. 양은 단단하게 작용을 하는 반면,
음은 부드럽게 작용을 합니다. 위에 있는 두 개의 양효는 곧 뜨거운
열기를 가리키는 걸로 보면, 그걸 이기는 것은 밑에서 살랑 살랑 불
어오는 바람입니다. 따라서 진괘와 손괘는 다 같이 강력한 개혁을 가
리키는 공통점이 있는데, 다만 진괘는 양괘이므로 불처럼 강렬한 번
개처럼 변동을 가져오는 반면, 손괘는 음괘이므로 바람처럼 부드러
우면서도 지속적인 변화를 한다는 점이 다릅니다.

손괘가 위치한 곳은 하루로 치면 오후가 시작하는 시기에 해당하
고, 1년으로 치면 입추에 해당합니다. 즉 하늘에서의 5는 바람과 같
은 의미가 있습니다. 그것이 땅으로 내려오면 문왕도의 4손풍으로 변
합니다. 즉 바람은 땅에서 4금의 역할을 한다는 뜻입니다. 복희도의
2태택이 있던 곳으로 문왕도의 4손풍이 들어가는데, 그 이유는 그
지점이 입하에 속하는 곳이기 때문입니다.

복희도의 태괘와 건괘가 있던 곳은 입하와 하지에 해당할 정도로 더
운 곳이므로, 시원한 바람이 불어주어야 합니다. 시원한 바람만 부는 것
이 아니라, 금의 기운도 함께 하여야 비로소 화극금에 의해 나무가 알
차게 성장하는 법이므로 2, 7화의 자리로 4, 9금의 숫자가 들어서게
된 것입니다. 그러므로 손괘에는 숫자로는 4금이요, 오행으로는 풍목
이 되어 금과 목의 성질이 함께 들어가게 된 것입니다.
이것이 용담도에 이르면 숫자만 7로 바뀌고, 위치는 그대로 동남
방에 자리를 잡게 됩니다. 이를 가리켜 '고목(古木)'이라고 하는데, 그
이유는 낙서시절이나 용담시절에 걸쳐 자리를 지키고 있는 나무이기
때문입니다. 본래 음괘는 자리를 변하지 않는 것이요, 양괘가 변하는

법이기에, 태괘와 손괘는 낙서나 용담이나 그 자리를 그대로 지키고 있습니다. 그러나 음괘에해당하는 이괘는 낙서에는 정남방을 지키기 만, 용담에는 서남방으로 이동하고 있는 점이 음의 속성과 맞지 않습 니다. 하지만 그렇게 된 배경에는 리괘는 감괘와 더불어 영원한 중 도를 상징하기 때문입니다. 감괘는 곤괘의 중심으로 들어간 1양이요, 리괘는 건괘의 중심으로 들어간 1음이 되어, 각기 음과 양의 중도를 이루고 있습니다. 그러므로 복희도에서는 동서의 일월이 되어 천체 의 형상에 기준을 세워주고, 문왕도에서는 남북의 수화가 되어 물질 의 음양변화의 기준이 되어주고 있으며, 용담도에서는 천종(天終)과 지시(地始)가 되어 동북과 서남에서 '月出山境千像出 日照地戶萬里 明'을 이루고 있습니다. 마음의 태양과 달을 밝혀주는 역할을 감리 가 맡는다는 의미입니다. 물론 이때의 월출은 태을주를 가리키고, 일 조는 시천주를 가리킨다는 건 두말할 것도 없습니다.

* **감괘(坎卦 ☵)**

감괘는 감중련(坎中連)이라고 하여 양효가 곤괘의 중심으로 들어간 상태를 가리킵니다. 비유하자면 태양이 물속에 빠진 형국이라고 하여 坎(구덩이 감, 빠질 감)이라고 합니다. 태양이 어둠에 빠지면 달이 뜨 게 마련입니다. 따라서 감괘를 달이라고도 부릅니다. 복희도에서는 남 북으로 천지가 기준을 잡고 있는데 반해, 문왕도에서는 감리, 즉 일 월이 기준을 잡고 있게 된 것은, 그만큼 감리가 물질의 음양을 주관 한다는 걸 말해 주고 있습니다. 복희도에서 동방에는 리괘가, 서방에 는 감괘가 자리를 잡고 있는데, 그것은 태양이 동에서 뜨고, 달이

서에서 뜨는 자연의 현상을 그대로 보여주는 겁니다. 문왕도에서 리괘는 남방에서 9리화로 있고, 감괘는 북방에서 1감수로 있게 된 것은, 하늘에서는 태양이 광명을 밝히고 있으며, 땅에서는 달이 기준이기 때문입니다.

감괘를 짐승으로 비유한다면 돼지라고 합니다. 그 이유는 돼지는 겉으로는 물이 많아서 통통하지만, 속에서는 발산하는 기운이 솟납니다. 그러기 때문에 돼지는 잠시도 가만있지 못하고 돌아다니기를 좋아합니다. 그러면서도 음이 강하기 때문에 음식물을 저장해 두는 기능이 탁월합니다. 복희도에서 굳이 감괘를 서방에 배치한 까닭은 돼지의 이런 속성이 마치 달과 흡사하기 때문입니다. 달은 커다란 음의 덩어리이지만 그 속에는 태양 볕이 들어가 반사하게 되어 있으므로 돼지와 같다고 본 것입니다.

그것이 문왕도에서 정북방의 1감수로 등장하게 되는 이유는, 곤괘의 중심으로 1양이 들어가야 비로소 물질이 생성되기 때문입니다. 곤괘는 어머니인데, 어머니의 자궁으로 1양이 들어가야 생명이 싹을 돋우게 마련입니다. 그러나 용담시대에서는 감괘는 3감수가 되어 동북방으로 자리를 이동해야 합니다. 왜냐하면 용담도는 인간의 자성이 밝아지는 상태를 상징하는 것이기 때문입니다. 자성이 밝아지는 곳은 東天에 心月이 떠야 하는데, 동북방에 8간산의 높은 봉우리가 문왕도의 자리를 차지하고 있고, 그 위로 용담의 달 즉, 心月이 떠올라 '月出山境千像出'이 됩니다. 선천에는 그 곳에서 물질적인 변화를 가리키는 세수 寅月이 정월 달로 떴지만, 후천은 心月로 정신적인 깨달음의 달 즉, 3감수가 자리를 잡게 됩니다. 물론 12지지로

는 기미년이 후천의 태세가 되고, 午坎未가 되어 태을주가 성립하게
되므로 심월이라고 한다는 것도 염두에 두어야겠지요.

* 간괘(艮卦 ☶)

간괘는 간상련(艮上連)이라는 말처럼, 맨 위에 양효가 하나 있는 상
태를 가리킵니다. 곤괘에 양이 중심으로 들어가면 감괘라 하고, 맨
밑에서 변하기 시작하면 진괘라 하는데 비해, 맨 끝에서 변하기 시
작하는 것을 가리켜 간괘라 합니다. 맨 나중에 나타난 양이기 때문에
막내아들(少男)이라고 부릅니다. 양이 맨 마지막으로 나타나기 때문
에 그 의미는 '止(그칠 지)'라고 합니다.

복희도에서는 서북방에서 7간산으로 자리를 차지하고 있는데, 곤괘
와 더불어 사상 중의 태음(☷)을 바탕으로 하고 있습니다. 태음은 겨
울의 속성을 가리키는 것으로써 그 중에서도 양에 속하는 것을 간괘
라 하고, 음에 속하는 것을 곤괘라 합니다. 그러므로 간괘와 곤괘는
속성이 동일하다고 보기 때문에, 오행으로는 간토(艮土), 곤토(坤土)
라고 합니다. 그것은 건괘와 태괘를 같은 태양으로 보고, 건금(乾金),
태금(兌金)이라고 하는 것과 같습니다. 곤괘는 간괘나 곤괘는 다 같
이 흙을 가리키는 것인데, 간괘는 그 중에서도 양에 속하기 때문에
山이라 하고, 곤괘는 大地로 봅니다.

복희도의 서북방에 7간산을 배치한 것은 그만큼 그 곳이 산이 많
기 때문입니다. 지구를 놓고 보면 서북방은 울멍줄멍한 산이 많습니
다. 우리나라 지도를 보아도 서북방인 황해도와 평안도는 산악지대입
니다. 산은 끝이 뾰족한 것이 날카로움을 상징합니다. 그러기 때문에

전반적인 모습은 날씬하다고 보아야 합니다. 날씬하면서도 속에는 강력한 양기가 도사리고 있어서 그 음성이 힘이 있는데, 그런 모습을 취한 짐승은 개입니다. 그것을 계절로 치면 입동에 해당하는데, 개의 속성이 입동과 흡사합니다.

간괘의 형상이 밑에 음효가 두텁게 층을 이루고 있는 위에 양효가 있는 형국인데, 그것은 땅 밑에 금이 매몰되어 있는 태괘와는 정반대로 땅위로 튀어 나온 금입니다. 그러기 때문에 어두운 가운데서 유독 밝은 상태라고 할 수 있으니, 예리한 통찰력이나 명석함을 자랑합니다. 이런 까닭에 복희도에서는 간괘를 7이라고 한 것입니다.

문왕도에서 간괘는 8간산이라고 하여 동북방에 자리를 잡습니다. 문왕도의 동방은 3, 8목이 자라는 곳인데, 문왕시절은 양을 위주로 하므로 3에 해당하는 진괘가 정동방에 위치하고, 음에 해당하는 8간산은 동북에 자리를 잡게 된 것입니다. 사실 그곳은 12지지 중에 寅이 자리한 곳인데, 인은 낙서의 정월이 뜨는 곳입니다. 그러므로 월출산경이라고 하였습니다.

용담도에서는 간괘가 역시 8이라는 숫자는 그대로 정동방으로 이동을 하는 점이 다릅니다. 문왕도에서나 용담도에서나 8간산이라고 하는 것은 그만큼 간괘가 성수(6, 7, 8, 9, 10)의 중심이라는 의미입니다. 3은 선천 생수의 중심이요, 8은 후천 성수의 중심이므로, 선천 낙서의 동방에서는 3진뢰가 태양이 되어 만물을 밝힌 것이요, 후천 용담의 동방에서는 8간산이 중심이 되어 서방의 태음인 4태택과 함께 산택통기(山澤通氣)를 이룹니다.

* 곤괘(坤卦 ☷)

곤괘는 곤삼절(坤三絕)이라는 말에서 알 수 있는 것처럼, 세 개가 모두 음효로 이루어졌습니다. 이걸 가리켜 순음(純陰) 혹은 노음(老陰)이라고도 합니다. 가정에서는 어머니에 해당합니다. 어머니는 말 없이 자신의 모든 것을 바쳐서 살림을 지탱하는 근면과 덕의 상징입니다. 곤괘도 이와 같아서 모든 생명을 포근하게 감싸주어 살아가는 데에 부족함이 없게 해줍니다. 모든 생명은 흙을 발판으로 삼는 것처럼, 8방의 8괘는 곤괘를 발판으로 삼아 살아가기 때문에 복희도의 곤괘는 맨 밑에 배치를 하였으며 숫자로는 8이라고 하게 된 것입니다. 8이라는 숫자는 천지인의 음이 세 번 곱해진 상태이므로 음이 충만한 상태라고 봅니다.

곤의 덕성은 마치 소와 같다고 하여 짐승으로는 소라고 하였습니다(坤牛). 낙서에서는 양을 위주로 하므로 양의 극치인 말(午)이 맨 위에 버티고 있었지만, 용담에서는 음을 위주로 하므로 음의 극치인 소(丑)의 울음소리를 따라야 합니다. 소울음 소리를 상징하는 것이 바로 태을주라고 합니다. 태을주에 대해서는 따로 장을 달리하여 언급할 것입니다.

곤괘의 형상이 모두 음효로만 구성되어 있는 것은, 천지인 3계에 걸쳐 속을 텅 비웠다는 말이지요. 사실 속을 텅 비운 것은 하늘의 허공이므로 당연히 건괘라고 해야 할 텐데, 곤괘의 속이 텅 비워져 있다는 것이 좀 이상하지 않나요? 그러니까 형상으로는 곤괘가 하늘의 모습이요, 내용적으로는 건괘가 하늘을 상징하고 있다고 보아도 무방하겠군요.

곤괘가 문왕도에서는 서남방에서 2곤지로 되어 있습니다. 복희도에서는 북방에서 8곤지라고 한 것과 무슨 차이가 있을까요? 정북방은 어둡고 차가운 상황을 가리킵니다. 즉 복희도는 형상을 위주로 하는데, 형상적으로 보면 땅은 하늘에 비해 어둡고, 차갑기 때문이지요. 하늘은 밝고 태양을 비롯한 발광체들이 무수하게 많이 있는 것과는 대조적입니다. 건괘의 삼효가 모두 양효로 구성된 것은, 곧 하늘은 양기로 충만해 있다는 의미이고, 곤괘는 반대로 양기가 전혀 없이 텅 빈 곳이라는 의미입니다. 문왕도는 물질의 변화를 위주로 하는 것이므로 복희도의 손괘가 있던 서남방으로 자리를 옮기게 된 것이며, 2라는 숫자로 나타나게 된 것입니다. 손괘는 건태이진이라는 하늘의 사상(천지사상)이 끝난 후, 땅에서 시작하는 곳이 바로 서남방입니다.

그러니까 절기로 치면 입추에 해당하는 지점이지요. 선천은 건이 맡아서 모든 생물들의 형상을 숙성하게 하는 법이고, 후천은 곤이 맡아서 형상이 아닌 열매를 맺게 하는 법이므로, 곤괘는 당연히 서남방으로 이동을 하게 된 것입니다. 손괘의 형상을 보면 건괘의 밑에서부터 1음이 시생하는 모습인데, 그것은 자축 1양, 인묘 2양, 진사 3양에서 알 수 있는 것처럼, 동남방의 진사지간으로 이동하였고, 그 자리로 곤괘가 대신 들어가게 된 것입니다.

용담도에서 곤괘는 숫자로는 그대로 2가 되고, 방위만 정남방으로 옮겼습니다. 복희도에는 정남방에 1건천이 있었지만, 용담도에는 2곤지가 들어간 셈이니, 그것은 곧 하늘 자리로 땅이 옮겨 천지가 하나로 합한다는 뜻입니다. 즉 양기로 충만한 하늘에 음기가 조화하여야만 하늘과 땅이 온전해지기 때문입니다. 이를 가리켜 '日照地戶萬里明'이라고 표현합니다. 땅은 본래 배를 가리키고, 하늘은 머리를 가리키므로 머리와 배가 하나 되는 경지를 일컫는다고 볼 수도 있습니다. 하늘은 깨달음이요, 땅은 복록을 가리키므로 깨달음과 복록이 합쳐지는 것이 후천 인존문명이라는 걸 일러줍니다.

문왕도의 2곤지는 자연적인 물질의 변화를 위주로 하지만, 용담도의 2곤지는 인간의 자성 속에서 벌어지는 상황을 가리킵니다. 다시 말하자면 물질의 끝수인 9는 자성의 시작인 2에서부터 시작해야 하는데, 자성은 본래 밝은 광명이므로 정남방에서부터 출발을 하게 된다는 말입니다.

복희도와 문왕도의 팔괘의 배치를 보면 복희도는 1건천과 8곤지가 짝을 이루고, 2태택과 7간산이 한 짝이며, 3리화와 6감수가 한 짝을 이루고, 4진뢰와 5손풍이 한 짝을 이룹니다. 그러니까 부모가 한 짝이요, 장남과 장녀가 한 짝이며, 중남과 중녀가 한 짝이고, 소남과 소녀가 한 짝을 이루었으니 천지의 이치에 어긋남이 없습니다.

그러나 문왕도를 보면 1감수와 9리화로 중남과 중녀만 제 짝을 찾았을 뿐, 다른 것은 모두 제 짝이 아닙니다. 이걸 사람들은 '무도' 혹은 '불법'이라고 규정합니다. 이렇게 된 것은 문왕도가 상극의 법칙으로 흘렀기 때문입니다. 금화교역으로 상징되는 문왕도의 팔괘의 배치는 3진목과 4태금이 한 짝을 이루었으니 금극목이요, 4손목과 6건금이 한 짝을 이루었으니 이 역시 금극목입니다. 물론 1감수와 9리화도 역시 수극화로 상극을 이루고 있습니다. 유일하게 2곤토와 8간토가 같은 토이므로 상극이라고 할 수는 없겠지만, 그 역시 어머니와 막내 아들이 한 짝을 이루고 있으니 합당한 상황은 아닙니다.

이에 비해서 용담도의 8괘를 보면 건곤, 감리, 간태, 진손이 모두 제 짝을 찾았다는 걸 알 수 있습니다. 다만 다른 점이 있다면 하늘에 있던 건태이진이 땅으로 내려가고, 땅에 있던 손감간곤이 하늘로 올라가 서로 자리를 바꿨다는 점입니다. 이것은 곧 온전한 개벽을 가리킵니다. 하늘은 반드시 땅과 하나 되어야 '與天地合其德'이라고 할 수 있습니다. 이렇게 되어야만 비로소 인간도 도덕군자가 됩니다. 다시 말하자면 용담도는 복희도의 완성판입니다. 복희도가 씨앗이라면, 문왕도는 꽃이요, 용담도는 열매라고 보면 틀림이 없습니다. 씨앗과 열매는 서로 지하와 지상이라는 위치가 다르므로 8괘도 역시 천지가 서로 바뀌어서 나타나게 된 것이지요. 또 하나 복희도와 용담도의 차이라면 복희도에서는 건태가 서로 한 조합을 이루었지만, 용담도에서는 사이를 띄고 있다는 점입니다. 이괘와 진괘도 마찬가지여서 서로 사이를 띄었습니다. 손감괘도 그렇고, 간곤괘도 그렇습니다. 그것은 복희도는 만물의 형상을 그대로 보여주는 것인데, 형상은 상하로는 천지가 있어야 하고, 그 사이를 일월이 왕래한다는 걸 나타내기 때문에, 건곤감리가 동서남북에 배치될 수밖에 없었던 것이며, 문왕도는 물질의 변화를 나타내기 때문에 수화목금이 사방으로 벌어져야 하므로 감리진태가 동서남북으로 배치될 수밖에 없었습니다. 용담도는 이 모든 걸 다 포함하는 열매이므로 소남과 소녀가 등장하지 않을 수 없어서 사방에 곤건간태가 배치될 수밖에 없습니다.

숫자로 본다면, 복희도는 1건천과 8곤지의 합이 9요, 2태택과 7간산의 합이 9요, 3리화와 6감수의 합이 9이며, 4진뢰와 5손풍의 합이 9이므로 사방 36이 나옵니다. 이는 곧 복희도는 9궁이라는 성리를 이루기 위한 집합체라는 의미인데, 이는 곧 8괘는 사물이 천지인 3단계로 9변하는 과정을 보여주기 위한 것이라는 뜻입니다. 문왕도는

1감수와 9리화가 합해서 10을 이루고, 4손풍과 6건천이 합해서 10이 되며, 3진뢰와 7태택이 합해서 10을 이루고, 8간산과 2곤지가 합해서 10을 이룹니다. 이것은 낙서는 10무극을 이루기 위한 것임을 말해줍니다. 무극은 천지인신의 본바탕입니다. 낙서의 9궁을 통해 나타나는 만물의 변화상은 결국 천지인신의 본바탕을 드러내기 위한 과정이라는 뜻입니다. 이처럼 문왕도는 5방에서 9변을 하고 있으므로 그 합이 45수가 됩니다. 용담도는 2곤지와 10건천이 합해서 12가 되고, 7손풍과 5진뢰가 합하여 12를 이루며, 8간산과 4태택이 12를 이루고, 3감수와 9리화가 12를 이룹니다. 이것은 용담도는 천지인 3계가 동서남북 4방에서 나타나는 형상과 변화를 동시에 갖추고 있다는 증거입니다. 12의 내용은 11이므로 11귀체를 용담도가 보여준다는 것도 알 수 있습니다. 11귀체가 5방에서 이루어졌으므로 용담도수는 55가 되어 대정수를 드러냅니다. (용담도는 2에서 10까지 있으므로 54라고 하지만, 눈에 안 보이지만 1도 포함시켜야 함. 이 1이야말로 진정한 자성임)

4. 64괘

8괘가 각기 8괘와 관계를 맺으면 64괘가 됩니다. 8괘라는 것이 본래 9궁의 내용에 속하여 겉으로 드러나는 만물의 형상을 나타내는 것처럼 64괘도 역시 마찬가지입니다. 수박을 세 번 가르면 겉으로 나타나는 조각이 8조각이요, 그걸 언급하는 것이 바로 8괘라고 하였습니다. 8괘의 속에는 하나로 모이는 중심점이 있는데, 이를 가리켜 9宮이라고 합니다. 즉 만물이 겉으로 드러나면 8괘요, 그 속의 중심은 9궁이라고 정리를 할 수 있습니다.

그런데 중심에도 수박을 세 번 갈랐으니 당연히 세 개의 중심이 있어야 합니다. 쉽게 말하자면 문왕도의 중심에 있는 9궁은 숫자로 보면 5가 되는데, 그것은 이 세 개의 중심이 일관하는 자리에서 본 것이 아니라는 말입니다. 5는 9의 중심이므로 만물의 형상이 변화하는 9변의 중심에서 모든 사물을 보았다는 말이지요. 이에 비해 용담도의 중심에는 1과 6이 들어가는데, 1은 10무극과 2음양의 중심이요, 6은 9복의 중심이므로 천지인 3계의 중심을 하나로 보는 관점이라는 걸 유념해야 합니다. 따라서 용담도에는 천지인, 복희, 문왕, 용담까지 모두 하나로 조화한 완벽한 도솔천 내원궁이라는 사실을 잊으면 안 됩니다. 그래서 용담도만 잘 이해하면 선천의 모든 학문까지도 온전히 알 수 있다고 하는 것입니다.

64괘는 이미 오래 전부터 주역이라는 이름으로 설명이 되어 있으니 그것을 참고하면 도움이 되리라고 봅니다. 64괘는 8괘를 각기 조합한 것인데, 그 명칭은 다음과 같습니다.

* 64괘 도표

	十乾天 ☰	九離火 ☲	八艮山 ☶	七巽風 ☴	六中宮	五震雷 ☳	四兌澤 ☱	三坎水 ☵	二坤地 ☷
十乾天 ☰	重乾天	火天大有	山天大畜	風天小畜	中	雷天大壯	澤天夬	水天需	地天泰
九離火 ☲	天火同人	重離火	山火賁	風火家人	中	雷火豊	澤火革	水火旣濟	地火明夷
八艮山 ☶	天山遯	火山旅	重艮山	風山漸	中	雷山小過	澤山咸	水山蹇	地山謙
七巽風 ☴	天風姤	火風鼎	山風蠱	重巽風	中	雷風恒	澤風大過	水風井	地風升
六中宮	中	中	中	中	中之中	中	中	中	中
五震雷 ☳	天雷无妄	火雷噬嗑	山雷頤	風雷益	中	重震雷	澤雷隨	水雷屯	地雷復
四兌澤 ☱	天澤履	火澤睽	山澤損	風澤中孚	中	雷澤歸妹	重兌澤	水澤節	地澤臨
三坎水 ☵	天水訟	火水未濟	山水蒙	風水渙	中	雷水解	澤水困	重坎水	地水師
二坤地 ☷	天地否	火地晋	山地剝	風地觀	中	雷地豫	澤地萃	水地比	重坤地

이에 대한 상세한 설명은 계속하여 출간 할 '이야기 현무경'에서 다루기로 하겠습니다.

5장 천부동

천부동 발기 선언문

우리는 모두 신성한 하늘의 씨앗이며 열매다. 인간 위에도 인간은 없고, 인간 밑에도 인간은 없다. 이것은 만고불변의 철칙임에도 불구하고, 세상은 너무나 많은 차별과 장벽에 싸여있다. 맘과 몸의 분리, 남녀의 차별, 인종 간의 차별, 학력차별, 지역감정, 빈부의 차별 등은 말할 것도 없고, 요즘은 같은 직장 내에서조차 정규직과 비정규직이라는 기막힌 차별시대에 살고 있다.

인간은 너나없이 모두 행복하게 살 권리를 갖고 있다. 또 누구나 그러기를 바란다. 하지만 현실은 이런 것들은 그냥 희망사항이란 장식품으로 걸려 있다. 그러나 언제까지나 이런 부조리와 모순 속에서 살아야 하는 것인가? 이제는 더 이상 좌시할 수 없다.

그간 쌓아온 역사의 교훈과 경륜을 바탕으로 이제는 진정한 하늘사람들이 사는 하늘나라를 건설해야 한다. 우리는 이 모든 것의 원인이 바로 나 자신에게 있다는 걸 천명한다. 이제는 내가 거듭나고,

가정이 거듭나며, 사회가 거듭나야 한다. 나와 가정, 사회의 뿌리는 영원한 진리와 사랑이다. 우리 모두는 본래 한 뿌리다. 우리 모두는 본래 한 식구다. 한 식구라면 당연히 동고동락해야 한다.

지금처럼 살벌한 약육강식의 상극문화는 종식해야 한다. 이런 일은 하늘의 도와 땅의 덕으로 무장한 도인들이 모여 모델을 제시해야 한다. 이에 우리는 새로운 문화가 살아 숨 쉬는 도인촌의 건설이야 말로 필연적인 시대의 산물임을 만천하에 선포한다.

과거에 혁명이란 이름으로 저질렀던 무력행사, 빈부의 격차를 조장하는 자본주의, 또는 공동생산, 공동분배라는 미명 하에 세계를 양분했던 공산주의의 망령에서 벗어나 우리 민족이 지향한 개천입교, 홍익인간, 재세이화의 기치를 높이 들고 우리는 앞으로 나아갈 것이다.

   <천부동 십계명>

1. 정직무사(正直無邪)
2. 성경불리(誠敬不離)
3. 경천애인(敬天愛人)
4. 물사자존(勿思自尊)
5. 항사자과(恒思自過)
6. 일심무이(一心無二)
7. 신지무의(信之無疑)
8. 물념타과(勿念他過)
9. 물회우매(勿悔愚昧)
10. 심기인시(心起寅時)

영부문화선양회(일명 오운회) 안내문

　천부동에서는 인터넷 상이 아닌 현실에서의 천부동을 건설하려고 합니다. 예로부터 유토피아를 꿈꾸는 사람들은 많았지만, 현실화 된 건 없었습니다. 그런 면에서 보면 애초부터 천부동(天符洞)은 잠꼬대일지도 모릅니다. 하지만 하느님의 능력이 함께 하면 불가능한 것은 없다고 봅니다.

　하느님이 함께 한다는 것은 시간과 공간과 인물이 함께 한다는 걸 의미합니다. 천지는 시공을 빚어내고, 인간은 그것을 적재적소에 활용합니다. 그간 유토피아가 헛된 물거품으로 사라져야 했던 까닭은 바로 천지인이 함께 하지 못했던 데에 그 원인이 있었습니다. 인간만의 힘으로는 절대 그런 꿈은 이루어지지 않습니다. 천지인이 하나 되지 못하면 결단코 이루어지지 못합니다.

　다행스럽게도 무도(無道)한 선천(先天)을 소멸(消滅)하고, 후천 5만 년의 개벽(開闢)을 단행하신 개벽주께서 시간과 공간의 법칙을 인류에게 알려주시고, 현무경이라는 개벽경을 상서(祥瑞)로 남기셔서 이런 인류의 꿈을 이루도록 하셨으니 이 어찌 커다란 홍복(鴻福)이라 하지 않을 수 있겠습니까?

　그렇다고 하여 천부동을 특정한 종단으로 인식한다면 커다란 우(愚)

를 범하는 일이라고 감히 말하고 싶습니다. 개벽은 특정한 종단을 위한 것이 아니라, 우리 인간 뿐 아니라, 동식물들까지도 함께 잘 살 수 있도록 한 것이기 때문입니다.

우리의 육신은 물질이라는 틀을 뒤집어쓰고 있기 때문에, 하나가 될 수는 없지만, 그 속에 있는 영혼은 얼마든지 하나가 될 수 있습니다. 개벽주가 전해 준 현무경과 그 핵심인 용담도에는 영혼이 하나가 되는 길이 완벽하게 들어 있습니다.

하느님은 우리 인류가 너나 할 것 없이, 모두가 한 뜻이 되어 당신처럼 온전한 진리와 사랑 안에 살아가길 바라십니다. 그러나 기존의 종교들은 참다운 깨달음이 없다 보니 입으로 하나님, 부처님, 도덕군자를 외치고 있을 따름입니다. 사랑과 자비를 외치면서 그들의 세계에는 세상과 다를 바 없는 차별과 대립이 상존(常存)하고 있습니다.

천국은 거저 누군가가 만들어 주는 것이 아니라, 우리가 만들지 않으면 안 됩니다. 물론 하느님의 지혜와 능력, 사랑이 함께 해야 하는데, 그것은 바로 우리 모두가 하나 될 적에 가능한 법입니다.

오운회는 다섯 사람이 한 조가 되어 하느님의 수족을 이루는 시스템입니다. 개벽주께서 후천의 시간대(時間帶)를 알려주셨으니, 이제 남은 것은 그 시간대에 맞추어 인간들이 할 일을 해야 합니다. 천부동 오운회는 일꾼들을 기다리고 있습니다. 지금까지 하느님의 마음을 담는 그릇, 즉 몸뚱이가 없었던 것을 오운회에서 후천을 맞이하여 새로운 시스템으로 시작하게 된 것입니다.

그럼 구체적으로 오운회에서 하는 일을 소개하기로 하겠습니다.

1. 선후천을 종합하는 깨달음의 지향: 어느 일이건 먼저 올바른 생각이 있어야 합니다. 생각은 깨달음입니다. 어느 개인의 단편적인 깨달음이나 지식이 아닌, 위대한 개벽주가 남기신 현무경을 통한 깨달

음을 좇아야 한다고 우리는 믿습니다. 그러기 때문에 현무경과 그걸 수행하는 영부일기법을 소개하고, 전수하는 일에 매진해야 한다고 봅니다. 그러므로 깨달음을 지향하는 방편으로 천부동 강좌, 영부수련, 인쇄물 발간 등은 필연적입니다.

2. 광제창생(廣濟蒼生): 인간 뿐 아니라, 모든 생물체와 더불어 잘 살 수 있는 기틀을 마련해야 하는데, 음양 어느 한 쪽으로 치우침이 없는 평등한 세상을 만들어야 합니다. 종교 간의 갈등 해소, 부익부 빈익빈의 해소, 지역 간의 갈등 해소, 학력차별철폐, 노사분쟁 소멸, 약육강식의 경제 전쟁 해소, 인종과 국가 간의 분쟁 해소, 질병 없는 사회 구현, 남북 통일에 대비한 제반문제를 깨달음의 원칙과 사랑으로 해결해야 합니다. 이런 것들을 위해서 오운회에서는 이상적인 경제공동체를 제시할 예정이며, 진실과 사랑이 숨 쉬는 교육을 제시하고, '나'를 통해 깨달은 진리를 '우리'와 더불어 나누는 문화를 제시할 것입니다.

3. 포덕천하(布德天下): 도는 반드시 행위가 따라야 하는데, 그걸 가리켜 덕이라고 부릅니다. 덕이 없는 도는 냉철하기 짝이 없는 얼음과 같으며, 도가 없는 덕은 금세 피었다가 사그라지는 불꽃과 같습니다. 덕을 펴는 일을 가리켜 정사(政事)라고 합니다. 오늘날의 패거리 정상배가 아닌 천지의 도덕을 품수한 오운회원이 많아질 적에 저절로 진정한 정사가 나타나게 됩니다. 오운회에서는 도덕을 겸비한 원사, 명사, 법사, 영사, 신사, 덕령, 도령, 신령 등의 단계를 통하여 신인합발이 이루어진 온전한 정사를 이땅에 구현할 것입니다. 그러기 위하여 대도시와 지방에 천부동 도장을 건립하여 영적인 질병과 육적인 질병을 다스리고, 건전한 가정을 세워 튼실한 사회를 이루는데 이바지 할 것입니다.

세부적인 계획 사항은 오운회원들과 상의하면서 실천할 것이므로, 뜻이 있는 분들은 오운회에 가입을 하기 바랍니다.

靈符文化宣揚會

	상임 고문 정산 왕의선	010-7244-2358
임원진	회장 순산 최석봉	011-248-6520
	부회장 백산 김영희	02-917-4057
	부회장 안산 신선자	011-235-7113
	총무 송산 서영수	010-8121-2358
	부총무 지산 류형준	010-3168-6137
서울	서울 지부 화산 김재옥	010-7244-3253
	관악 지회 계산 이순옥	010-7273-9615
	양천 지회 청산 조용수	010-9345-2989
경기	경기 북지부 죽산 정성자	011-9119-9744
	경기 남지부 월산 신순석	010-2997-6836
강원	강원 지부 상산 김성규	017-380-8214
대전	대전 지부 옥산 송형기	011-9235-2975
부산	부산 지부 덕산 박점이	010-8276-7368
대구	대구 지부 하산 오병현	010-4527-4232
제주	제주 지부 심월산 홍용심	010-7557-5891

약 력

精山 왕의선(王義善)

1952년 임진생. 직장생활도 포기한 채 오직 진리탐구에만 몰두하여 성경, 불경, 천부경 등 각종 경전의 해독에 심혈을 기울이기도 하였으며, 단전호흡, 밥 따로 물 따로 등, 여러 수련을 몸소 체험하면서 '나를 찾아서' 초지일관 정진하는 중 송월학 대선사를 만나면서 천지공사를 단행한 개벽주를 알게 되고, 현무경과 영부를 접하게 되어 일대 전환점을 맞이하게 된 저자는 그 이후부터 우주변화의 원리를 체계적으로 정리해야 할 필요성을 느끼고, 인터넷 카페 '진리의 광장 http://cafe.daum.net/unith'과 '천부동 http://cafe.daum.net/11boo'을 개설하였다.

현재 활발한 저술과 강좌, 수련회를 통해 한민족의 뿌리와 정신을 바로 세우는 데 전력하고 있다.

저서로는 '다시 피는 무궁화 - 오덕원 1991년'
        '한민족의 원류 - 양문출판사 2001년 5월'이 있다.

약력: 무궁화보급본부 총무역임
      밥 따로 물 따로 상담원 역임
      천도영부삼우회 총무원장 역임
      영부문화선양회 상임고문(現)

천지인신 현무경

• 초판 인쇄	2008년 2월 15일
• 초판 발행	2008년 2월 15일
• 지 은 이	왕의선
• 펴 낸 이	채종준
• 펴 낸 곳	한국학술정보㈜
	경기도 파주시 교하읍 문발리 513-5
	파주출판문화정보산업단지
	전화 031) 908-3181(대표) · 팩스 031) 908-3189
	홈페이지 http://www.kstudy.com
	e-mail(출판사업부) publish@kstudy.com
• 등 록	제일산-115호(2000. 6. 19)
• 가 격	31,000원

ISBN   978-89-534-8139-8 93150 (Paper Book)
        978-89-534-8140-4 98150 (e-Book)